"十四五"时期国家重点出版物出版专项规划项目

★ 转型时代的中国财经战略论丛 ◢

中国传统文化范式

Paradigm of Chinese Traditional Culture

韩书堂 著

中国财经出版传媒集团

·北京·

图书在版编目（CIP）数据

中国传统文化范式/韩书堂著．——北京：经济科学出版社，2024.4

（转型时代的中国财经战略论丛）

ISBN 978 – 7 – 5218 – 5728 – 3

Ⅰ．①中⋯　Ⅱ．①韩⋯　Ⅲ．①中华文化 – 研究　Ⅳ．①K203

中国国家版本馆 CIP 数据核字（2024）第 061086 号

责任编辑：郑诗南
责任校对：李　建
责任印制：范　艳

中国传统文化范式

ZHONGGUO CHUANTONG WENHUA FANSHI

韩书堂　著

经济科学出版社出版、发行　新华书店经销
社址：北京市海淀区阜成路甲 28 号　邮编：100142
总编部电话：010 – 88191217　发行部电话：010 – 88191522
网址：www.esp.com.cn
电子邮箱：esp@esp.com.cn
天猫网店：经济科学出版社旗舰店
网址：http://jjkxcbs.tmall.com
北京季蜂印刷有限公司印装
710×1000　16 开　14.5 印张　231000 字
2024 年 4 月第 1 版　2024 年 4 月第 1 次印刷
ISBN 978 – 7 – 5218 – 5728 – 3　定价：60.00 元
（图书出现印装问题，本社负责调换．电话：010 – 88191545）
（版权所有　侵权必究　打击盗版　举报热线：010 – 88191661
QQ：2242791300　营销中心电话：010 – 88191537
电子邮箱：dbts@esp.com.cn）

总　序

转型时代的中国财经战略论丛

"转型时代的中国财经战略论丛"是山东财经大学与经济科学出版社在合作推出"十三五"系列学术著作基础上继续在"十四五"期间深化合作推出的系列学术著作,属于"'十四五'时期国家重点出版物出版专项规划项目"。自2016年起,山东财经大学就开始资助该系列学术著作的出版,至今已走过7个春秋,其间共资助出版了152部学术著作。这些著作的选题绝大部分隶属于经济学和管理学范畴,同时也涉及法学、艺术学、文学、教育学和理学等领域,有力地推动了我校经济学、管理学和其他学科门类的发展,促进了我校科学研究事业的进一步繁荣发展。

山东财经大学是财政部、教育部和山东省人民政府共同建设的高校,2011年由原山东经济学院和原山东财政学院合并筹建,2012年正式揭牌成立。学校现有专任教师1730人,其中教授378人、副教授692人,具有博士学位的有1034人。入选国家级人才项目(工程)16人,全国五一劳动奖章获得者1人,入选"泰山学者"工程等省级人才项目(工程)67人,入选教育部教学指导委员会委员8人,全国优秀教师16人,省级教学名师20人。近年来,学校紧紧围绕建设全国一流财经特色名校的战略目标,以稳规模、优结构、提质量、强特色为主线,不断深化改革创新,整体学科实力跻身全国财经高校前列,经管类学科竞争力居省属高校首位。学校现拥有一级学科博士点4个,一级学科硕士点11个,硕士专业学位类别20个,博士后科研流动站1个。应用经济学、工商管理和管理科学与工程3个学科入选山东省高水平学科建设名单,其中,应用经济学为"高峰学科"建设学科。应用经济学进入软科"中国最好学科"排名前10%,工程学和计算机科学进入ESI全球排名前1%。2022年软科中国大学专业排名，A以上专业数18个，位居省属高校第2位，全国财经类高校第9位，是山东省唯一所有专业全部上榜的高校。2023年软科世界大学学科排名，我校首次进入世界前1000名，位列910名，中国第175名，财经类高校第4名。

2016年以来，学校聚焦内涵式发展，全面实施了科研强校战略，取得了可喜成绩。仅以最近三年为例，学校承担省部级以上科研课题502项，其中国家社会科学基金重大项目3项、年度项目74项；获国家级、省部级科研奖励83项，1项成果入选《国家哲学社会科学成果文库》；被CSSCI、SCI、SSCI和EI等索引收录论文1449篇。同时，新增了山东省重点实验室、山东省重点新型智库、山东省社科理论重点研究基地、山东省协同创新中心、山东省工程技术研究中心、山东省两化融合促进中心等科研平台。学校的发展为教师从事科学研究提供了广阔的平台，创造了更加良好的学术生态。

"十四五"时期是我国由全面建成小康社会向基本实现社会主义现代化迈进的关键时期，也是我校合并建校以来第二个十年的跃升发展期。2022年党的二十大的胜利召开为学校高质量发展指明了新的方向，建校70周年暨合并建校10周年校庆也为学校内涵式发展注入了新的活力。作为"十四五"时期国家重点出版物出版专项规划项目，"转型时代的中国财经战略论丛"将继续坚持以马克思列宁主义、毛泽东思想、邓小平理论、"三个代表"重要思想、科学发展观、习近平新时代中国特色社会主义思想为指导，结合《中共中央关于制定国民经济和社会发展第十四个五年规划和二〇三五年远景目标的建议》以及党的二十大精神，将国家"十四五"时期重大财经战略作为重点选题，积极开展基础研究和应用研究。

"十四五"时期的"转型时代的中国财经战略论丛"将进一步体现鲜明的时代特征、问题导向和创新意识，着力推出反映我校学术前沿水平、体现相关领域高水准的创新性成果，更好地服务我校一流学科和高水平大学建设，展现我校财经特色名校工程建设成效。我们也希望通过向广大教师提供进一步的出版资助，鼓励我校广大教师潜心治学，扎实研究，在基础研究上密切跟踪国内外学术发展和学科建设的前沿与动态，着力推进中国特色哲学社科科学学科体系、学术体系和话语体系建设与创新；在应用研究上立足党和国家事业发展需要，聚焦经济社会发展中的全局性、战略性和前瞻性的重大理论与实践问题，力求提出一些具有现实性、针对性和较强参考价值的思路和对策。

山东财经大学党委书记 王邵军

2023 年 8 月 16 日

目　录

转型时代的中国财经战略论丛

导论 …………………………………………………………… 1
 一、中国传统文化范式概述 ………………………………… 1
 二、作为"范式"的金字塔结构 …………………………… 3
 三、中国传统文化范式的特征 ……………………………… 5

第一章　中国传统文化范式的历史形态 ……………………… 9
 一、中国传统文化范式的滥觞："宇宙范式" …………… 9
 二、先秦时期中国文化范式的展开 ………………………… 14
 三、秦汉至清末中国文化范式的深化 ……………………… 26

第二章　中国传统文化范式的哲学基础 ……………………… 42
 一、哲学之思：道与阴阳 …………………………………… 42
 二、结构范型：礼与乐 ……………………………………… 51
 三、实践机制：中庸与中和 ………………………………… 58

第三章　中国传统文化范式的范畴系统 ……………………… 74
 一、一元范畴系统 …………………………………………… 75
 二、二元范畴系统 …………………………………………… 79
 三、三元范畴系统 …………………………………………… 93

第四章　中国传统文化范式的实践表征 ……………………… 100
 一、礼制与法治 ……………………………………………… 100

二、仁政与德治 …………………………………………… 140
　　三、无为与不治 …………………………………………… 179

第五章　中国传统文化范式时代性创新转化的维度 …………… 186
　　一、现实之维：现实需要的价值理性 …………………… 186
　　二、历史之维：历史资源的批判性接受与创新性发展 … 192
　　三、关系之维：共时存在的思想资源的对立统一 ……… 197
　　四、主导力量之维：政统与道统的生态策略 …………… 202
　　五、思维模式之维：主体把握世界的致思方式 ………… 210

参考文献 …………………………………………………………… 221

导 论

人与自然的关系、社会与组织伦理、政治理想、个体的性命双修、人生与处世态度等问题，是中国传统思想所考虑的重点。比如，天、地、人的关系是什么？道、神、心、物、灵、身、理是何种关系，如何安置它们？最良好的政治或政体应该如何设计？人，我们应该以何种心性、德性和智慧存在？等等。通过对这些问题的思考，中国文化表现出博大精深的、诗性的、辩证的智慧，经过现实实验和历史的选择，各种思想资源融会贯通，逐渐形成内容丰富、有分有合、彼此配合、互补共在的思想和文化格局。从思维方式、方案设计和行为实践上看，在对世界构成诸元素关系的处理上，这个格局超越了形而下的器物、观念的差异、流派的分歧，抽象地、整体地结构化为"中国传统文化范式"。

一、中国传统文化范式概述

美国科学史家库恩在《科学革命的结构》一书中提出，科学是有一定"范式的"。"范式"以"结构"为依托，"结构"是"范式"的基础构架和实体存在形态，"结构"是"范式"革命的载体和对象。科学的革命就是"范式"的革命和创新，而"范式"的革命和创新就是某种旧有的"结构"被打破、推翻和重建，进而形成新的、呈现为具有新的"结构"的科学"范式"。所以，"范式"是一个充满辩证法色彩的概念，"范式"描述的是"作为基本固定的某个结构，处于不断革命更新的历史进程中，并历史地获得新的形态结构，从而再次获得某种相对固定的结构"的科学形态。"范式"是处于运动变化中的，同时也是相对稳定性的某个"结构"，其稳定性和变动性都是相对的。"范式"

用以观察科学的本质、属性、规律及其历史的革命的过程，是本质、结构、逻辑和历史的统一，凸显出科学发展的一般形态和规律。

"范式"（paradigm）一词来自希腊文，包含"共同显示"的意思，在具体的学术理论应用中，被引申为模式、模型、范例、结构、秩序、范畴、范式、构型、构架、逻辑、模型等义。本书借助"范式"这一概念，旨在研究和阐述中国传统文化的本质属性、规律特点、结构模型，并指出，这个本质属性、规律特点也是历史地生成的，在不断的变革中，获得新的质素内容和形态表现。其时代差异、种别差异，投影到思想史和文化史的背板上，就是理论与现实统一、逻辑和历史统一的"中国传统文化的范式"。因而，本书首先要对中国文化传统结构有一个具体、清晰、定式的表述，同时，也必须以历史的眼光，观察这个稳定性结构历时态的发展进程。

中国传统文化范式的实质，是"关系"，是"方案"，是"安置各种关系的结构性呈现"。认识和处置构成"中国文化"的各种元素的关系，为这些元素合理定位，阐释其由上下左右的距离、其间的逻辑和现实意义关联形成的位置，观察这个结构的逻辑和义理构造，是中国思想史和中国文化的核心议题。这种关系一旦安排成型，就生成了一个逻辑，同时其也是现实形态的外显结构；这个处理各种"关系"而生成的"结构"，本质上就是范式。简言之，中国传统文化范式就是"中国传统文化的结构性关系"，在这个关系结构中，诸如人与自然、人与社会、君与民、义与利、心与物、善与恶、上与下、理与心、真与假、有与无、色与空、出与入等，都"应该"有固定位置，符合规则和逻辑，呈现为某种"结构"的整体性格局。

总之，中国传统文化范式是基于某种对"关系"的处置方案而设计的、结合实践需要和经验构建的一种合乎理性，有精神主导、有固定原则和价值导向，呈现为某种纵横层级模式，能被所有主体接受从而生成的和谐、稳定、有效的关系性、价值性结构。中国传统文化范式，是中国传统文化和思想史的一个中心问题，"范式"旨在探索世界构成物的关系结构，为中国人的世界、政治、社会、经济、文化、人心德性、生命生活等提供一种合乎理性并行之有效的设计和实践方案，用以解决哲学与宗教中的阴与阳、道与器、真与假、有与无、色与空、理与心、一与多的关系，宇宙中自然与人的关系，政治中统治者与人民的关系，组织中上级与下级的关系，家庭中长辈与晚辈的关系，社会中各种伦理关系，经济中的义与利的关系，逻辑中的名与实的关系，语言中能指与所指的关系，人生观中出与入的关系，历史中古与今的关系，等等。

二、作为"范式"的金字塔结构

"道""至善""一"是中国人处理各种关系的最高原则。这个原则首先呈现为某个象征物，如北极星、祖先、皇帝、家长、心性等。它处于结构的最顶端和中心位，具有生育、统领、监督、控制之职能和无处不在的全局渗透性。它类似于功能被极端强化的神，其凌驾于一切之上的权威性、无远弗届的影响力和控制力，以及至高无上的地位是天经地义的、不容置疑的。其功能的发挥依靠某种次级平面系统向下层层传递信息和力量，在经纬、纵横两个维度达到宽度和深度的末端。在这个不断变得宽广、不断加深的整体性、结构性体系中，沿着由上而下、由顶端到底部、由中心向边缘的路径，"道""至善""一"这个最高的、抽象的、玄秘的神化理念或精神本体，逐渐世俗化、现象化、社会化、具体化，呈现为可触、可感、可见，以实体状态存在，具有特定功能的器物、现象与人，"一"变成"多"，由"高"向"低"延伸，"君权"控制着万千"百姓"，"中心"牢牢地控制着"边缘"，"心性"控制并有效安置着"自然和身体"。由此，一个立体的经纬交织、层级分明、有机圆融、结构紧密、高效稳定的"金字塔结构"得以生成。这个"金字塔结构"，就是中国传统文化范式最典型的结构性呈现。

在这个秩序形态中，"道""至善"或"一"首先是居于最顶端的神一样的权威性存在，它生成、控制、拥有天地之间的世界各元素。此外，它还是一种属性，是这个整体结构、秩序性组织系统的本质属性，像灵魂一样存在于所有的元素中，如盐入水，不在而在，无处不在。正如道家之道，虽惟惚惟恍、无形无象、无声无息、不可看不可触不可感，但它确确实实存在于世界的任何构成物内部，如禅宗所言，道甚至存在于屎溺之中。也就是说，中国传统文化范式的结构属性，就是合乎大道、尽善尽美、和谐一元，就是"道""至善""一"本身。作为神性和结构属性的"道""至善"或"一"，是中国文化、中国思想、中国精神的终极之境、价值巅峰、本质属性。"道""至善"或"一"这个精神实体的光辉,不仅生成世界,高高在上地照亮世界,还自然而然、永不停息地向着结构中的每一个细胞渗透,并永久地存在其中,最终成为这个结构乃至于这个民族的文化精神和灵魂。此即所谓"一以贯之",也就是"以'一'贯之"。所以,这个结构是个"道统"结构,以道为神,由道统贯,上下左右如一,各种关系相互和谐一体地有机勾连为一个整体。

这个中国传统文化范式的金字塔结构是"合和"思维和实践的结果。任何成熟的文化,其思想探索无论多么复杂、深奥或庞大,它们的最终目的其实都在于追求简单而实用的结论,即找到一种方法、一个方案,能够在实践中实施运用并产生期望的效果。哲学的末端是实践和方法论。中国思想同样也具有这个特性,并且表现得更为突出和典型。

中国文化的逻辑理论是以"合"而"和"终于"一元"。中国式思维,是首先把世界的构成元素,全部抽象为两个基本方面,分别具有两个基本属性,即"阴"与"阳"。"阴"与"阳"的关系是平等共在、头尾接续、互根互依、互相转化的,在运动中借助于力量和速度发生合和,其结果就是"道"或"一"。因而,构成世界的所有元素,其关系不是对立的、矛盾的,而是相互依存、互转互化的,原本二元或多元的存在者,"大道相通","道通为一",总是归于"一统":"阴阳合一""不二一体""齐物""无差别""天人合一""物我合一""他我合一""心物合一",等等。中国人追求整体性、一体性、和谐性,希望这个世界是没有对立、没有分裂的和谐整体;希望这个世界是超级稳定的、长久的、健康的,而其稳定性源于这个整体内部各元素以"至善"为原则的互动和自觉调整,而不是矛盾的对立与斗争。中国人认为,天地人是一体的、异质同构的,不过是大宇宙与小宇宙的区别而已;天的结构与人间政体也是同一的,政体不过是对于天的形态和结构的复制,中央与地方、上级与下级、中心与外缘的关系,不就是天上众星拱卫北极的关系吗?诸如此类,举凡天文、地理、人文、政治、政体、政权、社会、家庭、各种组织,都可以此思维模式"一言以蔽之"。甚至,处理文化关系(如儒家道家与佛教的关系、汉文化与少数民族文化的关系、中西文化关系),处理人际权利关系,处理个体内部的心与物的关系,也都是本着求同存异、取消对立、寻找共性、共生共在而不相害的原则,以"合"的动作求"和"的结果,诸如万物一体、万法归心、大道归一、社会大同、和气仁道,都是"合和"文化的终极境界。

三、中国传统文化范式的特征

中国传统文化范式的金字塔结构具有如下特征。

其一,诗性和情感色彩。中国式思维关于阴阳合一、天人合一、大道归一的观念,是一种整体性的诗性智慧,与西方以二元对立、矛盾斗争的文化理念截然不同。西方文化把世界分解成绝对对立的二元:主体与客体、主观与客观。前者作为万物的灵长,对作为"对象"和"物"的后者进行审视、研究、剖析、利用与征服,发展出哲学和自然科学。与此相对,中国式思维着力建构"和合"关系的整体性和谐生态,追寻一个有机的、充满活力的、有意识地消解矛盾和对立的、关系融洽的整体。中国文化的最典型的表现方式是诗,"意象""感悟""直觉",对标的正是这种文化思维方式。它所呈现出的"金字塔结构"就具有诗性、无分别性、柔和性和融合性,充满情感色彩和人文特征。

其二,内敛性。中国文化的这种范式结构,不具有向外的无边界的扩张性,重点在于内向性的收缩。万物同于自然,天地皆入于"心",内外无外乎"和"。即使面对外来民族的侵略,也仍然是以自己强大的文化潜能"怀柔"地把它们"同化",使中国文化呈现出极强的对外接受、整合、融通能力,最终达成理想的合体和谐的生态。因而,中国传统文化不具有对外侵略性,而具有无限包容性。即使某个历史时期处于政治动乱、经济萎缩、民生凋敝、国力衰退的状态,然而其文化品性不改,同化能力不变,始终能把外来威胁改造为自身文明发展的新鲜血液和丰富营养,造就出强大而源远流长的中华文明。

其三,超级稳定性。由于构成中国文化这个结构的各个元素,都是由道生成、由道主导,其关系也是由道协调统一的,这个系统作为"道统"就是牢不可破、坚不可摧的;各个元素之间互根互依,可以互相转化,充分"感知"或"体谅"他者的"心情""状态",并且一荣俱荣、一损俱损,这种可以互换身份、能够设身处地、可以做到心灵相通的"感应"关系,使它们之间呈现出一个被浇铸为一体的整体性架构,具有超级稳定性。

其四，行动高效性。由于"道"是唯一的控制性和生产性力量，是全知全能、无处不在、力量无限的精神实体，其他任何元素都处于被它控制、统治且不能悖逆、不能违反、只能顺从的状态，反制的力量几乎不能存在，那么，"道"所要传达的信息和所要施放的力量即可一路畅通、所至披靡、群起响应，使这个结构呈现出决策和行动上的高效率性。

其五，顽强的生命力。超级稳定性、行动高效率、对外包容性，加上内部关系的理性、平和与情感认同的精神质素，使得这个结构具有顽强的生命力。向心力的存在使结构内部不易崩溃，也不易被外部力量摧毁。在面对内部的或外部的反抗、侵略力量时，它会在内部发生"日新，日日新，又日新"的自我革命与革新，并在统一的文化、价值观与精神激励之下一致对外对抗侵犯。每一个政权都有过这种自身革命和调整的努力；政权可以更新迭代，但文明却是终始如一；汉民族之于其他民族的关系（华夷之辨）也由此得到调适。中华文明是唯一没有中断或消失的文明，原因就在于顽强的生命力。面对当下的世界，主张一元和谐大同的诗性的东方文明，与主张二元对立斗争的哲理性和工具性的西方文明，各有千秋，各有长短，东西方文明各领风骚，双峰并立，日月同辉，并生共荣，就是文化意义上"世界秩序"的理想蓝图。

其六，强大的爆发力。无穷的力量和能量，是中国文化范式结构的必然财富。内敛性、向心性、包容性，把各种力量整合到这个体系性结构中，以无限的资源聚合促成能量聚变，其稳定性、高效性是能量爆发的必备条件保障。所以，这种文化范式以及由此支撑的文化与文明，在合适的时候必然产生能量聚变，爆发出无穷的力量。

如果说，以上六个特征是中国传统文化范式这个体系性结构的优点，那么，与此相应，其缺陷也显而易见。由于对整体性、集体性的过于强调，由于对"道"这个唯一之神的绝对服从，个体性属性及其独立性精神也就被无限制地弱视甚至压迫，使之消失或处于无言无声无权无领域的无存在感状态，表现出政治上的专制性、社会的阶级性、家庭的家长制，表现为下对上、女对男、臣对君、子女对父母的"忠孝"，而"忠"与"孝"在思维方式上，其本质就是无我、去我的"顺从"。也就是说，这个结构的优秀表现是以牺牲个人利益和个体性甚至是以牺牲个人主体意识为代价的。这是历史成本，也是文化成本。个人的存在感极低，个人的主体性缺失，政治专制、言论控制、精神规训、顺从思维和宿命观念，使得个人权利、个体的思考欲望、个体的思维能力和基于个体性的创新能力被压抑于最极端的黑暗角落，有时竟至于消失不见。这势必会造成这个有机体内部的腐败朽烂。从大周到大秦，从大汉、大唐到大宋，从大明到大清，中国古典时期的任何政权都是大而强且充满生命力的，但最终物极必反、盛极而衰，走马灯一样被别的新政权取代，历史充满循环性和宿命性的原因就在于此。

明清以来，外来文化开始入侵，传统的"天经地义"遭遇了"天崩地裂"，中华文明进入近现代时期。从1840年算起，这个时期已经历经近200年。中西矛盾、民族矛盾、阶级矛盾，使中国近现代史呈现出争论不休、战乱不止的动荡，寻找中国道路，就是近代以来仁人志士们的崇高理想。从晚清经学关于古文经学与今文经学的争论，到五四时期的民主与科学主题，从关于中西文化何为体何为用、传统与现代的关系的论争，到孙中山引入西方的资产阶级共和国政治制度的失败，世界需要一个什么样的秩序？新的中国传统文化范式应该是什么样的？中国人的思考从来没有停止过，古老的中国传统文化范式也并没有退出中国现实的舞台，仍然处在更生和发展的历史进程中。因而，中国传统文化范式具有面向未来性：作为文化的本质，作为独特性身份的文化品类，它不会改变也很难改变。当下要思考的问题是，在大与小、集体与个体、一与多、力量保障与权利分配、宽松与严律、传统继承与文化创新等方面，我们是否做好了应对和调整的思想准备？这大概就是"创造性继承和创新性发展"的应有之核心要义。

总之，"金字塔结构"是中国传统文化范式的表现形态，是可以泛化、具象化为所有结构形式的抽象模型；这个结构的超级稳定性是由其结构内部追求"合和"的价值导向和实践特征决定的。作为基本模型，它可以用于解释中国的政治、经济、社会、文化乃至于价值观、心性道德等几乎所有的关乎人的存在的元素、语境和关系；同时，作为中华文明的思想的、历史的和现实的构架，它还是中华民族文明生命力的保证，也是中国人的精神的和现实的理想形态。还原历史、继承遗产，关注当下、创新创造，面向未来、振兴文化，是中国历史发展到今天赋予我们的崇高使命。

本书从中国思想史出发，认为中国传统文化范式是中国思想史的中心问题，也是中华文明的关键要素，是历史的必然，因而也是各个历史时期的"当下"选择的必然。它具有深刻、完整、系统的哲学基础，基于中国人一元论、合和理念的思维方式和诗性的感悟方式被构建。进一步分析，作为逻辑构型，它具有一系列的范畴支撑，而这些范畴，本来就是实践过程与现象存在的抽象，所以它完整、如实、有效地呈现、表征为中国政治、经济、社会、文化和心性精神的诸种形态。这些内容，正是我们今天要研究、创生的理论资源，把它们放在什么样的维度系统中，整理我们的丰富资源，厘定我们发展的策略，也必将是中国思想研究首先要解决的问题之一。

第一章　中国传统文化范式的历史形态

如前所述，超越历史与各种思想流变形态，抽象地看，中国传统文化范式是一个"由中心支配边缘、由上控制下"的、呈现为次序等级序列的"金字塔"结构；具体地看，这个范式不是单一的、一成不变的，而是历史地、多元地处于不断变革、变化、深化、发展的进程中，呈现为内容丰富、形态多样、辩证创新的思想史的宏大景观。这正是"范式"自身的应有之义。

中国传统文化范式，最初滥觞于早期的宇宙观，在先秦时期"百花齐放"，呈现为儒、墨、道、法、阴阳、农等各家各派多样化的范式形态，极大地丰富了文化范式的探索途径和内容，奠定了中国思想与文化范式的基本结构样式，定义了中国思想史的范畴，甚至规定了中国文化范式发展的路径和轨迹。秦汉以迄清末的范式变革，正是这些范式方案自身发展的时代性、社会性的深化，也是各种范式对立、冲突、彼此穿插、相互搅拧与支撑、双向吸收与辩证统一的历史性的具体表现。

一、中国传统文化范式的滥觞："宇宙范式"

对宇宙结构及其呈现方式的观察，是中国传统文化最原初、最核心的问题。它是起点，是基点，也是参照物。相关的宇宙信息，在人间社会、政治组织与意识形态等方面都被完整精确地复制。中国古代思想一开始就与"天"相关。天地结构是世界的本源，也是人类社会结构的本体和价值本源。宇宙起源于"道"，太极生两仪，两仪生四象，四象生八卦，八卦交相堆叠、演绎而现象化为宇宙。宇宙的结构则是以五方八卦九野二十八宿这样的规则组合，万物就在这种整齐有序的格局中有秩序地循环不息。宇宙是一个从中心向四面八方无限延伸的、对称而整齐的空间构成的整体；这个由相对而在的天地及其时空构成的宇宙，是规范有序、相互影响、动态机械的组织系统。这个系统，呈现为一个由"中心"和"权威"构成的，坚固、永恒、稳定的金字塔结构。若由上方向下方做正投影平面观察，它有一个"中心"，其他所有构成元素都围绕此中心合理分布、相互协作、有机组合，如天就是"天下"的核心的认识，"中国"与"中原"观念，"华夷之辨"问题中的华夏中心主义，政治上的中央集权主义，以民为本的政治价值观，等等，即源于此；而立体视之，此结构必然有一个最高点，并由此最高点依次向下宽幅延展、投射，形成上下分明、左右有序的等级结构，如，天是结构的最高点，皇帝是人间社会的最高点，家长是家庭的最高点，道是精神世界的最高点，仁义是人间关系和价值追求的最高点，等等，这个最高点天经地义地具有最高的权威性和神圣性。这是中国传统文化范式的起源。

  关于宇宙的本原，古人推出"天道"观，认为居于宇宙中心和最高位置的是北斗、北极。北斗、北极逐渐被哲理化为本体的"道""太极""太一"或"一"。它既是宇宙起源的本原，又是宇宙精神的本质，是万物现象世界之母、之本、之神。它拥有其他一切现象世界中各种事物都不具备的绝对性和终极性，它是"道枢""枢"，若"得其环中"，即可"以应无穷"（《庄子·齐物论》）。它作为"中央者，太一之位，而神仰制焉"（《鹖冠子·泰鸿》）。这样，天地中心被想象成绝对的"道"、终极的"极"和无上的"一"，一切都由此而来。天地包容一切，而天地的中心却是一切的依据。这是天地之本、宇宙之道、社会伦理与道德规则，是知识的起点和终点，是学术、思想与精神探索的神秘终极目的地，更是自然和人类社会最直接、最具体、最强大的运动力量。"当这种'道''一'或'太一'的绝对性和终极性被确认，人们就反过来把它当成一个确定的、不言而喻的经验的基础或理性依据，那种和谐完美的自然秩序就是'道'的无言自化，于是星辰运转与四时推移，日月升坠与阴阳变化，四面八方与天象安排，乃至社会秩序和人间道德，都是不可言说的'道'的现象化显现，是天经地义的自然法则，是冥冥中神意的安排。"① 作为思索的基础和依据，"道"被广泛运用于对天、地、人的结构性分析中，成为中国古代宇宙思想的重要背景，同时也被作为人之本性与人际伦理的合理性依据，投射到关于社会组织的论争与建设实践中，成为古代中国政治和社会思想的始点和起源。这是中国传统文化范式之金字塔结构的塔尖。

关于宇宙的结构，古人认为，天以北斗为中心，天道左旋，星辰定位。地由中央与四方构成，中央的地位高于四方、四方要环绕中央。地分五服即甸、侯、宾、要、荒，或分五方即东西南北中，或分九州，中州之外有八方，层层向外推衍。四方各有星象。这是空间分布，是经。从时间上看，年复一年，一年分四季，二十四节气，365天，这是时间流变，是纬。同时，四季配四方，春与东、夏与南、秋与西、冬与北相配。如是，经纬交织，时间空间化，空间时间化，形成一个立体结构。这个结构不是上下等径或等值的圆柱体或立方体，而是由最居于顶端的、唯一的"道""一"或"帝""长"统率着，随着时间之维的向下伸展而同时不断在空间平面之维得以宽幅拓展的金字塔结构。这种结构观念决定了政治上的权力中心主义、皇权神授法则，决定了善恶刑德的社会学原理，决定了中国与四夷的"华夷之辨"。而把"天、地、人、鬼"联系起来成为现象界整体、把人与自然联结起来成为世界整体、把人与人联系起来成为一个和谐的社会整体的精神因素是"一以贯之"的"道"、是世界属性"一分为二"的"阴阳"、是运动变化相生相克的"五行"、是人性本善行动有规则的"仁义"，等等。这样，天地神人鬼、物质与精神、个体与社会的大网络遂得以完备地有机生成。这是中国传统文化范式的结构模式。

为什么能够把宇宙的规律和结构复制到人间社会乃至于精神思想和心性上呢？这要从思维方式上看。古人使用的是"异质同构"的"推衍"与"同声相应、同气相求"的"感应"的方法。如，从天可以推知地，从地可以推知人，从自己可以推知他者（如"恕"："己所不欲，勿施于人"）。再如，天地神人等组成宇宙的各个主体要素及其关系，都被人格化了，它们之间可以产生情感或感觉上的"感应"、某种莫名其妙但是真真切切的同一情感或知觉，即"移情"。中国的诗性思维重

---

① 葛兆光：《中国思想史》第一卷，复旦大学出版社2001年版，第148页。

视的天地关系、天人合一观、神秘的体验、灵性的直觉，都是这两种方法的表现。又如，人们常常把自然灾异与政治人事相联系，《史记·董仲舒传》记载董仲舒"以《春秋》灾异之变推阴阳所以错行，故求雨闭诸阳，纵诸阴，其止雨反是"，以及《春秋繁露》中关于"灾异"是"天谴"、帝王将兴有"美祥"、将亡有"妖孽"，治世与乱世有不同征兆与不同之气的认识等，就是典型的推衍与感应。周易的"类同相召，气同则合，声比则应"（《吕氏春秋·览·恃君览》），陆贾所说"事以类相从，声以音相应"（《新语·术事》），公孙弘说的"气同则从，声比则应。今人主和德于上，百姓和合于下……故阴阳和，风雨时，甘露降，五谷登，六畜蕃，嘉禾兴，朱草生，山不童，泽不涸"（《汉书》卷58，《公孙弘卜式兒宽传》），董仲舒也说"气同则合，声比则应，其验皎然也"（《春秋繁露·同类相动》），都相信"气同声比"时的感应。人类早期的巫觋活动，后世道教的模拟自然、祈福禳灾、画符治病、吐纳导引、性命双修、善恶报应等，都是以这种思维方式主导的实践活动。也就是说，人间社会与天地同源同构，拥有同一来源、同一结构、同一特性，并呈现为与天地的完全对应。天、地、人、鬼之间发生着神秘的、必然的联系和感应，宇宙、社会、人类具有同样的状态、规律和特点，这就是天象预警、察天象而知人事、预测与先知、趋吉避凶的卜卦与风水相面术的理论基础。当人们把自然宇宙的本原、结构、属性和原理进一步推衍到人与社会，一个彼此相连又和谐的整体，一个由天、地、人组成的整齐和谐的结构性宏大系统，就被建构完成。在这一结构中，古代中国确立了自己的价值本原、观念样式和行为依据。把这一原理推衍到社会，如周代礼制的核心，就是确立血缘与等级的同一性。这种同一性推衍开来，就是社会横向的"亲疏"与纵向的"高下"两种秩序：以父、长子关系为纵轴、夫妇关系为横轴、兄弟关系为辅线，划定血缘亲疏远近次第的"家"；以君主关系为主轴、君主与姻亲诸侯的关系为横轴、君主与领属卿大夫的关系为辅线，确定身份等级上下的"国"。而且，人间与自然、家与国相重叠，构建了一个严整、和谐、有机并具有相当深刻的自然、道德和伦理意义的结构系统。如此，建立各种礼俗制度便有其理论根据，如君臣尊卑仿效天地，官僚体制模拟五行，依四时春夏则有仁爱慈柔，依四时秋冬则有法纪严明。这样，社会就应该是一个取法天地、高度组织化的君臣制度体系。至于人，只是一个法天地的小宇宙。"气"分阴阳,阴阳化合而生人,人以天地为法则,男女仿佛阴阳,正如气分阴阳一样,头圆像天,足方似地,五官是仿效五行,四肢是配合四时,三百六十骨节如三百六十日。在这种庞大而复杂的理论体系中,包含了一直作为中国古代知识背景的阴阳五行思想、名实语言的思辨、法律制度的基础与依据,包含了儒学以道德探讨为人之"道"的社会义理、道者通过体验寻觅天之"道"的自然理想,甚至还有墨子的鬼神崇拜,这些内容都以数字化的(一、二、三、四、五、六、七、八、九、十、十二)、程式化的理路整齐有序地编排在一起。人与社会得到自然法则的支持,具有极强的合理性与合法性。"道德既来自人性又吻合自然秩序,法律制度既是社会纲维所需又出自自然法则,逻辑是外在世界的程式也是内在思维的理路,名称是'道'生万物之后造物主命名的产物也是万物无可逃遁的符号,就连医药知识也因为有了阴阳五行的支持而拥有说服力,养生方法也因为吻合了宇宙起源的次序而获得理论支点,一切都显得那么井井有条、合情合理。"①在这个不容置疑、有着不言而喻的终极依据的系统中,人们才感到安全和安心。

这就是中国古代思想中对宇宙和文化"范式"的基本理解。天地人鬼神、自然社会与人心,都有这么一个秩序作为终极的存在样式,并且都必须以这一"范式"作为存在的法则。这种客观的源于宇宙的秩序法则和人们主观上对于此秩序法则的心理认同,在自商周以来的中国社会和文化理念中,一直被视为"天经地义"而不可违反、移易。可能在思想争鸣或政治动乱或战乱频仍或国家分裂的某些时间段,这一原则受到一定程度的挑战,但是,总体上、历史地、全局性地观察,思想斗争与发展的最后结论与形式,都是为这一"范式"服务。因为,所有的政权都要建设自己的政治与社会乃至于人心的"范式"。

整体的秩序是以牺牲个体性、个人利益为代价和成本的,前者追求整体性、结构的固化性、体制的力量、方向的单一,后者追求差异性、独特性、自由性和方向的多点发散。中国文化把个体性、个人权力压缩到最低限度,而以这种集体主义的、道德与伦理主义的、理想主义的"秩序"性,保证了国家的强大、保障了文明发展的连续性。它保证了

---

① 葛兆光:《中国思想史》第一卷,复旦大学出版社2001年版,第214页。

我们引以为豪的中华文明的生命力和持久性，当然同时，中华文明因而也比较轻视个人主义和自由主义。这是中华文明的宿命，其合理之处和弊端皆了了分明，值得我们理性地予以时代性的分析和再造。

然而，到了近代及其以后，中国知识与西洋知识相遇，古典的天地宇宙系统才真正地"天崩地裂"，中国思想与精神在古与今、中与西、体与用的对立中，反复探讨、争论和实验，古老的"范式"受到挑战继而崩溃，系统崩溃，文化自信消失。在一百多年的近代史中，中国人继续寻找另一种可能的"范式"形式与系统。即便如此，古代中国的"范式"观，却永远不能消失于中国文化精神的核心圈外，古典或传统文化的复兴，其要义仍然在于，借助古典的知识、学术与理论资源，在人与自然的关系、社会与政治伦理、人心与道德关怀方面，完成一次再生与新变，建构一个符合时代要求和特征的新"范式"来。由此，中国传统文化范式，是中国历史的精神内核，是中国文化的不变基因，是中国文化与学术永远的精神目的地，是中国文化存在与发展的必然律。

二、先秦时期中国文化范式的展开

中华文明肇基于周代的礼乐文化，而礼乐文化的基础是商代以来的祭祀礼仪与巫术。"礼乐文明"是中国传统文化范式的初始形态。

（一）周代的"礼乐文明"范式

自"开天辟地"以来，控制着人类社会的天地系统、神鬼系统与祖先系统，作为神秘的力量一直在控制着社会组织、人的观念与行为"范式"。对于这些神秘力量的崇拜与礼敬，形成了以巫、史、祝、宗为主体行为责任人、沟通天地人与鬼神祖先的祭祀，并按照严格的程序、不同的规格待遇、不同的礼节安排进行着。这种祭祀中的程序、规格待遇的差别，结合对于天道的体察，渗透着对社会和人性的把握，构成了"礼"这种规范人们行为、构建国家体制和政治形态的仪式化、秩序性真理，呈现为一套专业化的仪式，构建了完整的象征系统，指征出一个秩序井然的世界。这是一种蒙昧形态的巫术文化，但是，这种文化对于"秩序"的强烈要求,却最早地成为中华文明的基因,贯穿于整个中华文明的历史长河。当然,祭祀中还有一个重要元素,那就是"乐"。因为,"礼",对于活生生的、个体化的、各有主观意志和情感的具体的人而言,无异于一种强制性外力,具有压制、压迫、管理和约束功能。如果文化只能给人提供这种异己的力量,那么,该文化范式一定不能算是"尽善尽美"的,人的生命力被压抑,人会生活在压力甚至于压迫之中。中华文明的"阴阳"合一的思维模式,也不会把思维局限在单向度的这个"阳性"力量上,而是同时且比较完善地考虑到另外一支"阴柔"的资源和力量,给人生提供新鲜而活泼的生机和活力,那就是"乐"——音乐、乐感、美感、诗意、解放的元素。这样阴阳合和的结果是,周代的文化范式体现为一压迫一解放、一严酷一宽疏、有封闭有开放、有专制也有民本,体制与结构的稳定性、强力性得以保证,却也不会因内在压力的发酵和膨胀而爆炸、崩解。一言之,商周以祭祀仪礼为基本形式、以"礼"规定的"秩序"约束人们的行为、以"乐"等诗性元素对冲"礼"之规范的压力,从而形成阴阳和合、刚柔兼济的"礼乐文明",是中华文明的总开端和最有生命力、传承性的文化范式。

进入春秋时期,随着周政权衰落,诸侯王国力量崛起,以周王为核心、诸侯拱卫四方的封建体制瓦解,繁缛的"周礼"规定的"范式"开始崩溃,出现了"礼崩乐坏"①的文化和政治变革。这是对周代蒙昧的礼乐文化的反动,也是一个理性昌明时代的开始。"天子失官,学在四夷"(《左传·昭公十七年》),由巫、史、祝、宗变化而来,下沉而生成的专业知识分子向诸侯国的分散流动,士阶层崛起成为独立于政权之外的独立思考者。个人性、个体性、创新性成为冲决既有"范式"堤坝的强大力量,由之主导的思想与知识的变革,导致广泛而彻底的体系性分化和结构性断裂:思想与政治权力分离,思想与实用技术分离,仪与礼分离,人道与天道分离——过去那种祭祀礼仪规定的权威知识受到了思想者们的怀疑和思考,从而开始失效。

那么,旧的"范式"失效之后,还需要新的"范式"吗?如果需

---

① 清·章炳麟《与简竹居书》:"中唐以来,礼崩乐坏,狂狡有作,自己制则,而事不稽古。"《论语·阳货》:"三年之丧,期已久矣。君子三年不为礼,礼必坏;三年不为乐,乐必崩。"

要，应该是一个什么样的"范式"？相对于"旧范式"而言，"新范式""新"在何处？有何新质素？于是，秩序崩塌、道术分裂的局面中，学派纷起，见仁见智，"百花齐放""百家争鸣"，一个学术昌盛、思想自由的伟大时代出现了。每个学派、每个理论思考者，都试图从某个独特的角度，为这个时代的"范式化"目标，交出自己的方案设计。

（二）孔子的"名、仁、礼"范式

儒、墨、道者之流，皆是从早期作为知识者的巫、史、祝、宗阶层发展而来，与礼制文化有渊源关系。儒，本为掌礼之士，但到了孔子时代，仪与礼分离，"吾求其德而已"，"我后其祝卜矣！我观其德义耳"（马王堆帛书《要》）。人们对仪式本身不再过分追求，仪式基本成为虚设，人心、人性、德性、秩序自身开始成为关注的重心。"礼"开始人间化、社会化。孔子不是非常重视外在的仪式规则，而是更加重视礼之于社会秩序的内在义理。"非礼勿视，非礼勿听，非礼勿言，非礼勿动"，以及"君君、臣臣、父父、子子"（《论语·颜渊》）等纲常规定，不再与祭祀仪礼相关，而只剩下完全的之于社会结构和人间诸种关系的具体规定。而作为"范式"的"礼"，也由协调天地鬼神祖先与人之间的关系、维护周王朝的天然合理性和合法性的规约，转而成为协调人间关系的规则与规范。孔子从仪礼的规则推衍到人间的等级结构，更注重"礼"的意义。殷周以来的仪礼，无论从祭祀对象、祭祀时间与空间，以及祭祀的次序、祭品、仪节等方面来看，都是在追求建立一种上下有差别、等级有次第的差序格局。这种表现于外在仪礼上的规则，其实就是一个整顿人间的"范式"。"不学礼，无以立"（《论语·季氏》），礼仪不仅是一种动作、姿态，也不仅是一种制度，它象征的是一种"范式"，保证这"范式"得以实施的是人对于礼仪的敬畏和尊重。而对礼仪的敬畏和尊重又依托着人的道德和伦理的自觉，没有这套礼仪，个人的道德无从寄寓和表现，社会的"范式"也无法得到确认和遵守。

从仪礼象征的意味中，孔子发展出来"名"的思想。人的"名字"是对个人属性和在世界与社会中的定位的描述，事物的"名称"是对该事物属性和定位的描述。所以，"名"决定着秩序和规则。"名不正，则言不顺；言不顺，则事不成；事不成，则礼乐不兴；礼乐不兴，则刑罚不中；刑罚不中，则民无所措手足。故君子名之必可言也，言之必可行也。君子于其言，无所苟而已矣。""必也正名乎?"(《论语·子路》)"正名"的必要源于"名"作为符号的指称、暗示、隐喻作用，它象征着事实世界本身，"名"的整饬有序就是事实世界的整饬有序，"名"的崩溃就意味着世界的结构性崩溃。于是，人们就常常希望通过"名"这个"符号"清理和确认"事实"，希望通过"正名"来"正实"，通过借助对名义的规定来确认一种"范式"的合理性。

而有条不紊、上下有序、协调和睦的"范式"的普遍合理性又来源于保证社会组织的道德伦理，即"仁"。"仁"有对个人和社会关系的双重规定。首先，"仁"字构形 （《说文》古文）是上"身"下"心"，其本义当是"心中想着人的身体"，就是要求身心合一、身心健康，身体与精神都是健康而且是和谐的。其次，从"仁"字的字形历史演变来看，(春秋 战国 战国《说文》古文 秦《说文》小篆 汉 汉 楷书) "仁，亲也。从人，从二"(《说文》)，本义是两个人之间的友善、相亲。"仁者爱人"(《孟子·离娄下》)，"仁"就是对社会关系基于亲情的一种规定。它是血缘亲情向社会的同质同构化扩展，"己所不欲，勿施于人"(《论语·颜渊》)，将心比心，设身处地，换位思考，把"人"与"己"视如一体，从内心深处自然生发一种对"他人"的平等与亲切之情，从而"在邦无怨，在家无怨"(《论语·颜渊》)，这是建立伦理的基石。孔子所说的"夫仁者，己欲立而立人，己欲达而达人"(《论语·雍也》)这个"一以贯之"的"忠恕之道"，就是社会伦理的一种规定。而基于血缘、作为"仁之本"的"孝悌"(《论语·学而》中说，"其为人也孝弟，而好犯上者鲜矣，不好犯上而好作乱者，未之有也。君子务本，本立而道生，孝弟也者，其为仁之本与!")，是善良和正义的源泉与依据，是处理自己与他人的关系之最原初的动机和出发点。

孝悌使人从爱此到爱彼，从爱父兄到爱其他人，这样，从内向外层层推衍，为理性社会提供了心理基础，也使"礼"的秩序得到自觉遵从，"名"的象征功能得以长久保证。这样，确立了"名分大义"，找到了伦理道德的心理基础"仁"，孔子的思想已经离开了外在的仪礼世界，转而从人的内心世界和情感需求来追求外在的"范式"规约，"正是这种不言自明的权威性的律令由外在的礼乐转向内在的情感，古代思想世界中的神秘意味开始淡去，道德色彩开始凸显，中国思想就完成了它的'蜕皮'过程，从新思想中萌生出来的，是一个依赖于情感和人性的自觉凸显来实现人间秩序的学说。"① 这种学说是一种充满道德理想主义的人文主义学说。儒家提供了一个由君子人格（有"道"之"士"）执行和标榜的道德仁义、正心诚意的行为和心理规范，规定了诚信、中正、忠贞、刚毅、仁义、博学、笃和、推贤、利国的基本品格，提供了一个六艺教育内容体系和"有教无类"的育人方法，使儒家形成了自己的知识系统和思想传统，代代薪火相传、不断发扬光大。儒家的伦理主张成为个人、集体、政权的政治治理活动的标准和行为规范，个体德性与群体"礼"性相互作用，用以整理秩序，安定万民，"留意于仁义之际"，"助人君顺阴阳明教化"（刘歆《七略》，见《汉书·艺文志》），从而建设理想的、秩序井然的和谐社会。

（三）老子的"天道自然"范式

如果说，儒家为人们的社会关系与人心德性提供了一个"范式化"方案，那么，道者，则是为人与自然、心与物的生态关系提供了一个"范式化"方案。如果说，儒家思想是对于人与人的关系的社会性规范，那么，道家则是人与天地万物关系的自然性协调。道家之学几乎与儒学针锋相对，如它反对违背天地自然的"道""德"而被儒家高倡的仁义、孝顺、礼②，主张源于大道的自然而然。其中，老子哲学与黄帝之术混杂一起，被称为"黄老之学"。老子的学说具有更强的哲学色彩，而黄帝学说却以治术为根本内容和特征。老子之自然学说，黄帝之天道学说和刑德理论，以及主张"无言的自然"的宋钘一系、主张"柔顺的自然"的彭蒙、田骈、慎到一系，主张"人欲的自然"的杨朱一系，加上商周以来的祭祀仪礼的巫术程式，成为后世之道教的理论和历史资源。就老子而言，他是从"道法自然"的命题来展开"天道"变化、"世道"崩坏及其重塑、"人道"的永恒追索等问题的。作为哲

---

① 葛兆光：《中国思想史》第一卷，复旦大学出版社2001年版，第96～第97页。
② 《道德经》第三十八章："故失道而后德，失德而后仁，失仁而后义，失义而后礼。夫礼者，忠信之薄而乱之首。"

学本体的"道",先天地而存在、能够笼罩和涵盖一切,万象纷纭的宇宙就被归纳到"道"与"阴阳"的规则和运转体系之中。老子将"天道"作为终极的依据推衍于"世道""人道",认为世道、人道与天道,世德、人德与天德,世间之失、人世之失与天地之失,是同类比德的东西,比如天地之生是从"道生一"开始的,那么世间之治也是如此,"是以圣人抱一为天下式"(《道德经》第二十二章),因为这"一"也是"道",是根本,"天得一以清;地得一以宁;神得一以灵;谷得一以盈;万物得一以生;侯王得一以为天下正"(《道德经》第三十九章)。进而,他主张"无为而为",以"天道"之朴素无为对世道进行激烈的批评,非贤、非礼、非智,主张虚廓自然、清静无为,"道常无为而无不为"(《道德经》第三十七章),"为无为,事无事,味无味"(《道德经》第六十三章),当人真正能够"损之又损,以至於无为"(《道德经》第四十八章)时,"不欲以静,天下将自正"(《道德经》第三十七章)。人若如"天","不自见","不自是","不自伐","不自矜"(《道德经》第二十二章)即"昏昏""闷闷"而不是"察察昭昭",社会就会真正进入澄澈而透明、永恒而崇高的境界。这样,"范式"被简化为"自然"的投影,只要自然而然,"范式"就会自然生成。同样,只要遵循自然,作为个体的生命存在的"人"就能本乎"道"而得到永生。顺应天道,形神相保,重在养生,老子从天地之无言自化、宇宙之无中生有、万事万物之归根复命等经验中,体会出人道保全生命、克服异化的方法,那就是处在超越时间和空间的无为状态和自在境界,"不欲盈"(《道德经》第十五章),像"溪""谷",渊深沉静、无欲无念,"专气致柔,涤除玄鉴"(《道德经》第十章),"致虚极,守静笃"(《道德经》第十六章),知雄守雌,知白守黑,"知足不辱,知止不殆"(《道德经》第四十四章),"挫其锐,解其纷,和其光,同其尘"(《道德经》第五十六章),用退让、克制、示弱、柔软的方式使自己保持平静的心境,像"天"一样顺大道而行,这就叫"人法地,地法天,天法道,道法自然"(《道德经》第二十五章)。是故,老子一系道者其实也在寻求一种"范式",即自然"天道"主导的"范式"及其理想化的古代世界,同时也因为对"失范"的激愤而以"上古"对抗"当下",还由于对社会、理性、文化的失望和恐惧而注意到个体生命的价值,希望人类回归朴素和安宁,与宇宙及他人都保持和谐关系以维持人类生存的永恒，因而在传统知识中衍化出一个全然不同于儒、墨的思路。在这个思路中隐含着两种可以延伸的思路：一是以个人为中心的反社会的倾向，这将引出追寻个人自由或保全个人生命的两种不同结果；二是以内心体验为中心的反理智的倾向，引导思想超越具体有形的现象世界，直探神秘无形的终极境界。这两种思路都极出色地体现在稍晚的《庄子》的文字中。

（四）墨子的"逻辑与科学"范式

而当时与儒学并称显学的墨子之学，本出于儒，"墨子学儒者之业，受孔子之术，以为其礼烦扰而不说，厚葬靡财而贫民，服伤身而害事，故背周道而用夏政"（《淮南子·要略》）。墨家不满儒家的烦琐和奢靡才转而自立学派。他们反对儒家的礼乐、厚葬、宿命观念，主张敬天、事鬼、爱人，追求社会的繁荣、富庶和安定，确立了有利与无利的功利主义观念、人人平等的"兼爱"观念，与儒家的道德主义、等级观念、人文主义和理想主义，以及向后看的"文化复辟主义"相对立。且不说墨子的"兼爱"因缺乏儒家"仁爱"的血缘基础而被排斥，即便墨学最重要的贡献即技术追求、语言学与逻辑学、以民为本的原始民主思想，也因与政权势力、儒家文化不能相容，与中国重视伦理道德、追求生活的诗性化和理想化、歧视功利和技术、强调人生存在的高贵和典雅的诗性文化特色不相协调而被抛弃，墨子学说很快沉寂下去。只有其语言学理论和对逻辑的重视后来依附于"名学"得以保留。从近代以后中西文化的碰撞中显现出来的中国文化科学理性缺失、自然科学和哲学相对落后的特点观察，墨子的"逻辑与科学"范式的沉没，不能不说是中国传统文化的宿命。虽然，墨学与儒学分别以"仁"和"兼爱"强调人际关系和社会关系的人性之爱，但是，儒学后来演变为汉代的儒术、治术，成为国家意识形态，从而使其理论学说生命长青，但墨子的理论却没有这种幸运。只有儒、道两家，成为早期中华文明的两大构件。

（五）孟子的"尽心"范式

战国时期的思想界，真正进入了百家争鸣、人文化成的文化与精神激荡、学术对话与化合的高峰。面对王纲解纽、礼崩乐坏、文化失范的现实，追求社会需要的规则与统一的价值，思想者们沿着"范式化方案"的道路和方向继续努力。当时，以巫觋为主体的鬼怪文化依然盛行，阴阳五行学说在以齐地为源地的驺衍学说基础上获得发展壮大，刑德思想进一步发酵，以"阴阳""易"和天地为关键词构建的这个和谐、对称和整齐的"宇宙"，仍然是社会知识的一般状况。在此背景之下，儒家道家法家等种种学术流派真正发生裂变和深入。当然，他们对宇宙、社会和个人存在的思索和探求，仍然本着"范式化"这一主题分别展开。

自儒家方面观察，孔子"罕言性与天道""夫子之言性与天道，不可得而闻也"（《论语·公冶长》），是早期儒家学说的弱点；为了给外在于人本身的"范式方案"提供一个基于心性或人性的哲理依据，儒家学说在此一时期开始"向内转"，思子、曾子与孟子从孔子的重外，转向了重内：从对人性、心性及人之修养的角度，深化了儒家的社会治理理论。社会的治理应该从个体的治理开始，而个体的治理当然应该从人之心性开始，"诚意正心修身"才是"齐家治国平天下"的前提，"内圣"才是"外王"的保证。

孟子是一个阶级论者，主张社会按一定标准划分为严格的等级，其中有君子与小人、劳心者与劳力者、文明人与野蛮人；社会是一个"庸人、士、君子、圣人"们共同组成的差序格局和结构。"我"与"我存在于其中的社会"的关系是什么样的？怎样保证社会的"至善"？孟子认为，就人性而言，"性善"是天性，性善之人以推衍的思维方式，将自己善良的天性推广而至于社会，在"生"（生命肉体）与"性"（人性与理智的精神存在）之间、人与我之间、身与心之间，"知所先后"（《大学》），寻其本末，做到尽心修养，"养吾浩然之气"（《孟子·公孙丑上》），挖掘人性深处本有的"良知良能"，并把它外化于他人和社会，"老吾老以及人之老，幼吾幼以及人之幼"（《孟子·梁惠王上》），将敬爱自己老人的心推行到天下的老人，将喜爱自己子女的心推行到天下的子女，爱惜民力，轻徭薄赋，使百姓能够安居乐业，衣食无忧。如此，则"天下可运于掌。诗云：'刑于寡妻，至于兄弟，以御于家邦。'言举斯心加诸彼而已。故推恩足以保四海，不推恩无以保妻子；古之人所以大过人者，无他焉，善推其所为而已矣"（《孟子·梁惠王上》）。

如此"举心",如此"推恩",社会也变得良善、温柔、富于情感、理性和德性。那么,这种个体有修养、社会符合级差序列的状态,就是人类社会的理想状态。孟子的思想充分表现出儒家思想"温、良、恭、俭、让"的品性和贵族品格。思子与孟子后世并称"思孟学派"(儒家思想的"心性"一脉),尽管这种说法尚可存疑,但是,唐以后,人们甚至构造出曾子、子思和孟子的师承谱系,思孟学派被肯定和推崇,并被视为道统之传人。二程说,"孔子没,曾子之道日益光大。孔子没,传孔子之道者,曾子而已。曾子传之子思,子思传之孟子,孟子死不得其传,至孟子而圣人之道益尊"①。朱熹接受和发挥了二程的说法,"人言今人只见曾子唯一贯之旨,遂得道统之传,此虽固然。但曾子平日是个刚毅有力量、壁立千仞底人,观其所谓'士不可以不弘毅';'可以托六尺之孤,可以寄百里之命,临大节而不可夺';'晋楚之富不可及也,彼以其富,我以吾仁;彼以其爵,我以吾义,吾何嫌乎哉'底言语,可见。虽是做工夫处比颜子觉粗,然缘他资质刚毅,先自把捉得定,故得卒传夫子之道。后来有子思、孟子,其传亦永远"②,清晰勾勒出一个儒家"道统"。此道统未必符合宋学之前之史实,但从整个儒学发展的历史来看,却也基本描述了宋学以后的儒学发展路向。

(八) 法家的"任法"范式

与温和的儒家之主张"性善论"规定秩序不同,法家以"性恶论"为理论前提,强硬地塑造一个外压式"范式",表现为制度的刚性和残酷。申不害主张"任法而不任智"③;慎到提出"据法倚数"④;李克要用"法"控制秩序,杜绝对人欲的诱惑,韩非子说"释法术而以心治,

---

① 《二程遗书》卷二十五,上海古籍出版社2000年版,第384页。
② 《朱子语类(壹)》,选自《朱子全书》十四册,上海古籍出版社,安徽教育出版社2002年版,第408~409页。
③ 《申子》:"尧之治也,盖明法审令而已。圣君任法而不任智,任数而不任说。黄帝之治天下,置法而不变,使民安乐其法也。"《管子·任法》亦云:"圣君任法而不任智,任数而不任说,任公而不任私,任大道而不任小物,然后身佚而天下治。……不思不虑,不忧不图,利身体,便形躯,养寿命,垂拱而天下治。"
④ 《申子·君臣》(此篇原刻全脱,依《治要》补):"为人君者不多听,据法倚数以观得失。无法之言,不听于耳;无法之劳,不图于功;(二句又见《文选·长杨赋注》)无劳之亲,不任于官。官不私亲,法不遗爱,上下无事,唯法所在。"

尧不能治一国"(《韩非子·用人篇》),故心仪法术;而商鞅认为,商周时代的仪式和象征业已失效,儒家的良心和道德(心理自律的道德自觉)也宣告无用,道家的个人的精神自由与超越只能造成进一步的社会和人心散乱,只有专制主义的、以法律实施的"管制"即由权力和威势强制保证的"法",以严格、有效的官僚管理系统来强制实施,才能保证整齐、规范的社会秩序,"法任而国治"(《商君书·慎法》)。可以说,秦国厉行"法家"思想治国使国家强大及其统一六国的历史实践,证明了法家思想的巨大价值。但是,"法治"先天具有两个不能冲决的壁垒:一是政治权力("刑不上大夫")必须居于法律之上,并具有领导和控制法律之天然权力;二是血缘关系,法律被置于血缘关系之外,血缘是超越于法律规则之上的①。法家违反了中国文化的"血缘性"宗法关系本质,与中国人性格中的"温良"与"诗性"相悖,所以终究没有战胜以血缘关系、宗法制度立论的儒家思想,没有在国家治理当中凸显其至高无上的地位。法家落入次要的地位、法治被悄悄地调换为人治,也是中国文化的必然结局之一。当时的法家思想家们如商鞅、韩非、李斯等人命运与结局之悲惨而实质上被时代抛弃,就是一个"中国式法治"的象征。

(七)荀子的"群育"范式

孔子的"仁"、孟子的"义",似乎都过于温和而无力了。儒家对于文化"范式"的思考,是否应该有个新的方向和突破口?荀子认为,孟子过分理想的人文道德主义和法家过于现实的功利主义,要么过于不切实际,要么因为约束力与弹压力过大而引发反弹导致社会动乱,故而一方面主张孔子的"春秋大义"规定的"名分",即"分";另一方面也主张社会的"群",即"礼"规定的原则。荀子考察了人性的"性"(本性)、"情"(欲望)、"虑"(思考与选择)、"伪"(行为实践方式),承认人的理性和欲望,但是,承认并不能放纵和放任,而是需要对人进行教育,以后天的熏染使之养成遵守规则、服从"范式"的习惯,成为彬彬君子,从而,他把孟子的"尊德性"转到了"道问学",

---

① 《论语·子路》:"孔子曰:'吾党之直者异于是。父为子隐,子为父隐,直在其中矣。'"桓宽《盐铁论·周秦》:"闻子为父隐,父为子隐,未闻父子之相坐也。"

学问养育德性，德性哺乳社会，使社会走向"范式化"。荀子是真正意义上的教育家。荀子改变了先前儒家思想纯粹的道德理想主义和精神主义，广泛吸取了各种思想，灵活地把自己定位于世间，从抽象的道德吁请转化到具体而微的实施手段，并提出了切实合理可行的抓手即教育。从而，儒家思想出现了一个重大变化——由"道"而"术"，由纯粹的学术、学问变成了"统治之术"，即政治治理手段。同时，儒家的"治术"（礼制）与"法制"具有天生的内在关联，无论是"礼"还是"法"，其本质都是用于统治和控制的规则性手段，花叶虽异而其本则一。故而，作为儒学大师的荀子最杰出的学生，如韩非、李斯等人，却是法家的代表人物。在荀子这里，以儒而法，或以法入儒，儒法转换，强化了儒家的治世能力，为儒家的国家意识形态化奠定了坚实的基础。

（八）庄子的"天乐"范式

如果说，儒家和法家一直深耕于社会的大地之中，站在正面建构的角度，分别温和地或严酷地为社会、政治与人间关系提供切于实用的"范式化方案"，那么，道家学说则以其个体性的超越性追求，天生就具有一种反叛与批判的指向。尽管儒家重视个体存在，但是最终关注的目标不是个人，而是社会；法家反对和控制个体性，故而儒家与法家，本质上探讨的总是社会性、群体性、压抑个体性的"范式化方案"。但是，个体、个人的存在是任何思想者都不能回避的问题。个人生命的意义与社会的关系是什么？个人是否有独自存在的意义？继承了老子道学的庄子，基于人性的变化（而不是儒家和法家单纯的、非此即彼、不变的"性善"或"性恶"），基于"以其智多"（《道德经》第六十五章）对政治与社会治理的"有为"而必然对社会的"自然性"生态有所损毁的体认，基于对离"道德"日益遥远的"仁义"的批判，主张在体验、感受和玄想之中，回归古代朴素与平静的自然状态，从而构建了一个以"齐物论"为哲学支撑、以"逍遥游"为自在状态的乌托邦。庄子是强调个体性、追求个人心性自由的典范。在身体方面，他追求生命永恒；在精神方面，他追求超越生死的"天乐"。他申明遵循天道养生的重要性，教人以"用心若镜"（《庄子·应帝王》）的"至人"们观照世间的方法，以"齐物"不二、无差无别的自然宇宙观（《庄子·齐物》),以"无己""无功""无名"的"无待"的态度,以"无用之用"的人生价值观念(《庄子·逍遥游》),保障自我生存之绝对的自然性、相对的社会性,实现超越生死、超越现实的自由自在的人生——以"天乐"为特征的"达生"。庄子的思想具有极大的魅惑性吸引力,一直是后世文人知识分子们向往和追求的关于生活和生命状态的理想。

但是,这种高贵而高蹈的理想主义,只能是超越或浪漫的诗意、幻想和想象,在那个时代真的"无用"。倒是道家思想中出现的"道法转关",有一定的时代性。由于道家也极力抨击人性堕落与社会混乱,实际在逻辑上给予法家之"法制"留下了空间;由于道家思想的灵魂是"道",而"道"的超越性理解和普遍性解释,正好为权力的君权至上和广大普施提供了哲学的与宇宙论的依据。《管子》杂糅道法,韩非致力于《解老》《喻老》,《文子》"法天道"与《鹖冠子》倾力法制主义,以至于庄子也在人性"顺而不一"(《庄子·缮性》)、自然的天性被个体利益和人欲所遮蔽的认识论基础上,认为本来和谐自然的秩序因此失落,所以,他也不放弃用外在的管束与威权来维持社会秩序。

笔者一直认为,"范式"永远是中华文明最核心的文化与思想内核,"范式化"是思想史的根本目标和价值追求。春秋战国时期的思想,面对混乱与失序的社会现实,也是竭尽所能地设计种种理想的国家与社会形式,或提供一个恢复文化"范式"的各种方案,或表明自己对于"范式"建设意义十分重大的人心人性德性心性的见解。除了墨家思想灿烂而短暂的辉煌之外,儒家、道家与法家思想,关于宇宙、自然、社会、人自身乃至于人心的呈现方式,都有一个独特的观照视角。尽管视角不同、方法特异,但是,无论是儒家的社会化规范、心性修养,道家的天地宇宙系统、个人自然本性和权力,还是法家的法制手段,都指向一个最终目的:社会"范式"。这是一个不争的事实。他们为后世的思想、为中华文明的精神内核提出了永恒的问题和原则,也提供了时代性的解决方案。他们的知识、观念、方法,不断地在后代思想家的视野中发生着时代性的嬗变乃至于革命,与时俱进地进行着不断的继承创造与创新。学派在变、思想在变、形式在变、内容在变、方法在变,但是,"范式化"价值导向却永远不变。为提供"范式化方案"而不断致力于继承创造与创新的思想进程一直持续于中国文化史中,持续到当下的中国思想界,并将继续在未来的历史进程中历久弥新。

三、秦汉至清末中国文化范式的深化

春秋战国时期的思想之于中国文化范式的贡献在于，把抽象的金字塔结构式文化范式细化、分化、深化、多元化了，把范式及其革命演绎得深刻而透彻。而这些多元化的新范式如花叶果实，恰恰也是金字塔结构范式这一根本结构的革命化的结果。这些果实作为新的范式，随着历史的发展，依然行进在中国文化范式革命史的伟大历程中，并在不同的历史时期，在保持中国文化范式本质特征、根本性质不变的同时，不断发生新的范式革命，推动着中国文化的深层次、时代性跃进。

（一）秦汉"经纬成文大一统"的政治范式

秦汉之际，道家学者以其大视野、大综合、宏观的学术系统性，为当时的文化范式提供了强大的资源支持。道家以《吕氏春秋》《淮南子》《管子》等经典，对春秋战国时期的百花之果进行了系统性采撷与综合，俾先秦时期的思想获得全面的系统化总结，但因为道家天生具有的反叛性、批判性，终于与政权利益分道扬镳。

儒学则不然。儒家思想的仁义礼制思想，以及其对社会文化范式的设计符合政权的需要，不仅为无上皇权提供了观念支持，也为专制性的"金字塔结构"政体提供了学术保证，为社会的级差等级结构设计了非常实用的范式，使之能够与皇权结合，从而由儒学演变为"儒术"，成为国家意识形态。但是，意识形态化的儒学或儒术，压抑了具体的、学术性的知识与思考，作为反弹，出现了以郑玄为代表的经学大师，使儒学由义理走向知识，由庙堂延伸到民间。又由于经学是关于儒家经典研究的学问，而儒家思想作为国家意识形态备受政权之重视，于是，政府设置"五经博士"，作为专业化儒术研究机构，进一步把儒家思想推向新的时代高度。政治的儒术与学术的儒家互为表里，庙堂的权力与民间的激情遥相呼应，儒家遂进一步飞黄腾达，儒学思想成为政治灵魂，儒家的礼义观念成为文化范式，成为大汉文明范式结构的经线，儒家经典也就成为"经"。此时，儒家经典作为知识主干并被官方立于学官，形成了庞大的经典系统,以此获得政治和学术、民间和政权共同认可的权威和信仰。在汉之前,就已经有了以六经为知识渊薮与真理依据的观念,《礼记·经解》曾经说,温柔敦厚是"《诗》教",疏通致远是"《书》教",广博易良是"《乐》教",絜静精微是"《易》教",恭俭庄敬是"《礼》教",属辞比事是"《春秋》之教"。《史记·太史公自序》中说五经包括了天地阴阳四时五行、经济人伦、山川溪谷乃至草木鱼虫等,而《易》长于变,《礼》长于行,《书》长于政,《诗》长于讽,《乐》长于和,《春秋》长于治人,不仅是精神与人格,还涉及了宇宙、政治、自然、社会各个方面。《匡衡传》记载,衡于汉成帝时上书:"六经者,圣人之所以统天地之心,著善恶之归,明吉凶之分,通人道之正,使不悖于其本性者也。故审六艺之指,则人天之理,可得而和,草木昆虫,可得而育,此永永不易之道也。"儒家经典,成为高踞群书之上的"经"。

与儒学的意识形态化相伴随,继承了古老的巫术文化的纬学也开始苏醒并繁盛。产生于文明早期、颇具迷信色彩、以数术为形式的纬学,也受到社会的重视和文化的包容,上升为文化范式的另一结构性力量。《汉志·数术略》记载的占星之术、推历之术、阴阳刑德、灾异之术、筮龟即易占、物验杂占、形法(包括异域地理、相宅相物)等这些既包罗万象又流传极广的普遍知识,就是所谓纬学。关于"气""阴阳""五行"的思想为纬学提供了一个归纳与整合的理论;以北极为天,天道左旋、地道右行、四象八方、二十八宿环绕的天文知识,与地分九州,对应上天各有分野的地理知识,也已给它预设了一个时间与空间框架;古代中国十分流行,在秦汉时代达到鼎盛得到各家公认的"类同相召,气同则合,声比则应"的感应原则,又给这类知识与技术提供了一个把自身连缀为一个经验的系统与网络。加上术士们自觉地为自己的知识与技术寻找一个公认的、主流的、系统的理论依据和经典依据,于是,在秦汉时代天人合一、天人感应的说法渐次为上层人士确认的时候,纬学终于能在精英垄断的文化格局中占有一席之地。纬学作为同样具有丰富历史积淀的学问,在政治、社会和文化诸领域也有某种权威性和影响力。

同时,经纬之学也在相互渗透。儒学不断修正其过分理想主义与精神主义的道德中心思路,采纳了相当多的黄、老思想,为自己建构宇宙支持系统；采纳相当多的法术思想为其开发制度与法律系统，同时也采纳了相当多的数术方技知识为自己建构一种沟通宇宙理论与实际政治运作和实际生活之间的策略与手段。不仅董仲舒，此后相当多的学者与官僚都在运用这种以阴阳五行为骨架、天人感应为中心，灾异祥瑞与现实政治相贯通的理论。纬学也开始与政治问题挂钩，影响和调节政治的运作。经学与纬学二者合力形成了经纬成文、儒化一统的思想格局。大汉的文化范式，就是借由这种经纬交织的文化范式而形成了其独特的本质性征和面貌。

总之，在汉代，高居文化极端位置的皇权，构成了金字塔结构的塔尖；儒家思想作为国家意识形态，不仅为政治权威提供了学术支撑，其本身特别强调的"大一统"理论对稳定性、权威性、专制性的这个体制性结构，也提供了强大的精神和理论支持；儒家经学为经，纬学经典为纬，经学与纬学密切配合，经纬成文，共同成功建构了恢宏的人文景观。"经纬成文大一统"，就是大汉文化的经典范式。

（二）魏晋"玄意幽远三教合同"的革命范式

魏晋时期，是中国文人、文化、文学的自觉时期，是个人性、个体性、主体性得以发现和弘扬的时期，是中国文化和思想发展最具生产力和生命力的时期，秦汉的整体性、群体性和一统性思想，遭到了局部性、个体性和自由意志的历史反动。"中国文化范式"进入了一个革命与更新的历史时期。

汉武帝"独尊儒术"，把符合封建统治利益的政治观念、道德规范等立为名分，定为名目，号为名节，制为功名，用其对百姓进行教化，称"以名为教"，其内容主要就是三纲五常。所以，"名教"就是封建礼教，是一套在历史与社会中形成的法律、制度、习俗以及在传统与现实中形成的、赖以维护秩序运作的自觉或不自觉的正义、合理、公平观念，它们并不是"自然"的"无为"的状态而是"人为"的"强制"形式。这种形式在魏晋时期遭遇了反动。

当然，实质是，在中国政治、思想、社会、经济、文化的发展史中，从汉至清，儒家思想一直是居于主流和主导地位的意识形态，是中国传统文化范式不曾改变的核心内容和义理支撑。正是由于儒家的这种崇高地位，在不同的历史时期，它可能是被独尊的精神偶像而高高在上，也可能是被打击的对象而陷入低谷。魏晋时期的儒家思想，在文化表象上是被打击、反对、弃绝的，但从政治角度观察，曹魏、两晋，以及南朝诸汉政权和北朝被汉化的少数民族政权，其治国的理论资源、意识形态，仍然是儒家支撑的政治和文化范式（北朝佛教之繁盛，只能是佛教处于初始发展期单纯的文化现象，佛教之于政治意义，在诸夷汉化即文化、政治儒家化的历史浪潮中，并没有文化范式的意义。南朝之诸汉政权，尽管如梁武帝等人崇佛佞佛，其政治之腐朽、政权之软弱，恰好是文化非儒学化产生负面价值后果的证明）。嵇康、阮籍等被杀之理由，就是他们反儒教的大逆不道。

　　由于儒术独尊和政治思想的大一统压抑了个体性和人性的自由，秦汉确立的文化范式成为反时代精神的障碍，儒家名教衰落、道学反弹，就成为文化范式革命的必然。以"越名教而任自然"（《晋书·列传》第十九章）为口号，老庄哲学以其对于个体性的关注及超越性的义理成为文人们的谈资与时尚。崇尚名节的名士们玄意幽远的清谈，吹响了个体解放的号角。《世说新语》载"傅嘏善言虚胜，荀粲谈尚玄远"；司马昭说到阮籍，称赞他"每与之言，言皆玄幽远"；《管辂传》说到裴徽时，也用了"高才逸度，善言玄妙"的字样；而《晋书·裴頠传》则在说到裴氏时也称赞他"立言籍其虚无，谓之玄妙"。文人士子们违世遁俗，恬淡清玄，浑纯淳朴，明哲保身，追求天道自然、无言自化、"风流"与"放诞"的超越境界。而所谓"名士风流"，即是以清谈玄理和超越俗尘的玄远之思，摆落形累、物累，回归本然自我，追求自性心境的幽远情趣——如风一样随意、自在、自如、自我而无所顾忌、没有牵挂和羁绊地流淌于自然之境，大有庄子"御风而行"的神仙至人境界。这样，追求心灵超越与精神自由的人生取向，深入人心，蔚为风尚。由易、老庄以及外来的佛教构成的"玄学"，成为时代的显学，逻辑思辨、言语论辩、沉思打坐、放荡不羁、空谈清谈、惊世骇俗的言论举止，以一种对既在的文化范式的革命性冲击力量，解放着人生，洗刷着人性，清理着旧范式的痼疾，为新范式的出生铺设着温床。

　　这样，打起老庄的思想大旗，把古老的巫术祭祀文化、黄帝之学、纬学的技术成果、道家的思想理论糅合而生成的道教兴起，并在佛教的影响下，建构了自己的伦理观念、戒律系统、神祇象征系统和经典系统,并深入进行了世俗化的工作,也进入了其发展的黄金期。而道学、道教对物我合一、天人合一、自然自在的关注,以及对于"心斋"这种心性玄想方法的推崇和实践,一方面成为个体解放的有力支撑,另一方面则直接成为中国文化接引佛教的桥头堡。从此,佛教在与儒学和道学的既斗争又融合中,成为中国精神的三大构件之一。经过这样的思想革命,中国文化范式发生转换。这种转换首先表现为范式结构构成诸要素、单元的此消彼长:原来独尊并居于权威地位的儒术,地位开始下降,但仍然是政治意识形态的"潜龙";道家道学周易思想开始上升,成为思想界的热闹之选和文人知识分子们的精神良药、行为指南;佛教思想中国化并获得了几乎与儒道同等的文化和信仰地位,其"色空""真假""无我无相无念"观念与道家的"有无""自然""无为"观念同声共气,从儒家那里学习接受的善恶观念也使其获得中国化的途径——三教合流局面形成,新的文化范式开始生成:儒学的中正道德、道学的超然物外与佛教的慈悲救世,分别从社会、自然和心性的角度,共同建构着一个包容内外、身心、政治与道德、体制与自然的既矛盾又一体的有机结构。这个新的文化范式,补充了玄学(道、佛、易)的思想义理和精神,强化了人的自觉、自我意识,为中华文明的进一步发展提供了富有创造性的个体主义和主体性意识,这是中国文化发展的主体性保证;同时,借助于佛教的逻辑影响和道学易学的自然沉思,中国文化也从现象层次、体制层次、集体层面向着本质层次、精神层次和个人个性自我层面深入下去,文化的力量和深度得以强大和深刻,变得更精致、有力、强健;而儒学本身不论是"潜龙勿用"还是"飞龙在天",其作为文化范式和政治范式的地位也并未被移易或改变。恢宏绚丽的大唐文明和典雅温厚的大宋文明,不过是这次文化范式革命的历史成果和必然结论。

(三)隋唐"开放包容而失范"的文明范式

隋唐是个新的大一统时代,但以开放性的自由、包容为特征。隋唐思想以佛禅的成就为重要表征,以自由的社会与思想为载体,为中国的文化"范式"提供了多种方案。唐代,一直被视为中国经济、政治、文化、思想等综合实力的最高峰,其极度的自由与开放,对儒道佛思想均有取有舍，有重有轻，有扶有灭。但是，毕竟，儒家文脉不废不灭，韩愈原道原儒，弃毁佛教，重建并发扬儒家道统；李翱深刻阐明儒家心性之学，与韩愈内外配合。儒家思想仍然是大唐政治和文化的理论和精神支柱，并作为时代思想的判官，决定着道与佛的升降沉浮。

初唐时道教因为李氏政权把老子作为自己的祖先而给自己的政权找到了合理性和合法性，甚至成为国教；但是，其天生的迷信本性，其召考符箓、斋醮祈禳、炼丹合气的知识与技术，却被正统学术和儒家道统看作妖妄的巫觋之术，致使道教退出上层社会与主流文明。

佛教，主要是禅宗，是唐代文化发展的最重要的成果，相比而言，儒与道学展的成果乏善可陈。虽然佛教时而遭遇灭顶之灾时而受到皇权垂爱，命运多舛，路途迷茫而吉凶难测，但是，毕竟它通过接受了儒道两家的资源和观念的加持而获得了发展和传播的空间，使之在唐代完全中国化为禅宗，并"一花开五叶"，繁荣而壮观，佛教进入了历史发展的最高峰。禅宗与中国文化的诗性特质相吻合，与"易"和"道"文化的玄秘、沉思、意境、自我相互协作，褪去了原始印度佛教的逻辑性、哲理性和山林性，新变为诗性化和生活化的美学体验，哲学变为美学，逻辑让位于诗性，由是，禅宗成为中国文化尤其是知识分子内在心性修养的重地。

但是，中国文化以儒家为宗的传统不容置疑、不会改变，从儒家道统的角度看来，佛教与禅宗仍然是本质上的夷人文明和异质文化，是必然被列在"攘斥"之列的。所以，尽管在个别历史阶段和个别皇帝那里，佛禅有时尊荣华贵，如北宗神会和南宗惠能都曾经被尊为国师迎进国都，进入庙堂，但也不免在别的历史阶段惨遭灭顶之灾。其更多的还是作为文化探索和精神修养，作为"外儒内佛"或"外儒内道"的文人知识分子的精神文化人格的构成，发挥着主体心性修养而不是政治话语的功能。加之唯识宗、华严宗的佛教义理探索和体系性理论构建中表现出来的唯识之"难"和华严之"繁"，普罗大众知识分子对之并不能认可体悟，使之登堂入室，遂使佛禅思想和修为成为少数高端、高洁知识分子们的精神道场。

儒家也在韩愈与李翱等那里确立了自己的"道统"，接续了思孟的心学传统，重点探讨了性与情的问题，为儒家思想提供了心性的支持，弥补了儒学"罕言性与天道"的不足，使儒家思想在"外王"与"内圣"两个方面、两个方向不再存有缺陷，为宋代道学和理学的开创奠定了基础。虽然，儒家思想一直是政治思想的支柱和精神指南，它代表着政治利益并关涉知识分子的切身利益和前途，隋唐的科举考试更是以给知识分子提供晋身之阶的官方形式，强化了儒家学说、儒家经典至高无上的地位。但是，科举制度使儒家思想实用化、使儒家经典教条化，儒家经典被简化为考试文本，失去了对现实社会的诊断力和批评力；知识分子也因为被纳入政统序列、由帝师变成官吏，失去了自身的独立性，成为政权的附庸，丧失了独立思考的能力和可能；追求功利而轻视学问、懒于思考的士风，使知识阶层陷于浅薄与浮华，整个时代呈现出文学的极度繁荣和思想的相对萎缩。

同时，大唐自由和开放的氛围也体现在"牝鸡之晨，惟家之索"（《尚书·牧誓》）的现象和"天尊地卑，乾坤定矣，卑高以陈，贵贱位矣"（《周易·系辞上》）的宇宙论依据的坍塌上，体现在对各种文化学术活动与思想流派包括境外蜂拥而入的各式宗教的兼容并包上，体现在对西域与东方的日本与朝鲜文化的外向式交流上，在显示大国风范和文化高地的同时，也体现出一定程度的思想失控与秩序失范。"范式"似乎受到严峻的挑战，整个社会沉浸于富贵、奢靡的物质生活的幻境当中，学术知识对于权力的追求、整个社会对于物质与功利性的追求，让大唐盛世反而造就了思想的平庸。这样，儒家思想的统治地位和压倒性优势反而相对下降了。在那个自由开放、意识形态摇摆不定，换言之对各种思想流派基本上保持无边界容忍态度的时代，虽然整个国家生机勃勃，经济、政治、文化诸方面均趋空前强盛，但就思想领域来看，道家法术、佛教禅宗与儒家道统中以禅宗发展的成就为最，重经典注疏而轻义理阐释的经学有了一定的发展，除禅宗之外的儒学与道学均萎靡不彰。唐代的自由与开放和富足、文明的高度发展，与文化的失范、思想的平庸同步。文明的发达并不等于思想的繁荣和精神的富足，儒学经典考试文本化、理论语录化、人生的生活化与文学化，与思想和精神的钝化、固化、奴化，是如影相随的。因为自由，保证了现代意义上的人权或人性，保证了思想的创造和精神的自由，但是，也因为自由，可能导致社会失范而使思想与精神平庸。

（四）宋代理学"同风俗一道德"的社会范式

思想的大一统是中华文明永恒的价值标准，而个体性的自由也并未被完全无视。在"一统"的规范和"个体"的心性自由之间，就需要一个把"一统"和"个体心性"相结合的逻辑和历史阶段。所以，如果说，宋代以前的思想核心是"礼"这种外在的规范，那么，宋明时期思想的核心就是把外在规范与内在人心道德相结合起来的"理"——把外压性的"礼"在心性深处、以德性的形式变成人性和人心的需要，"礼""心性化"为"理"，"礼"就是"心"本身。在这里，与明代心学"心即理也""理即心也"不同，朱熹设定，这个"天理"首先是外在的"礼"，其次，他要求人心服从于这个天理，"礼"与"心"的统一，是统一在"礼"上，这样，就把"心"否定了，只是要求在"心绝对服从于礼"的前提之下统一的"理"。而明代心学认为没有一个外在的"天理"，人心本身就是"理"，"天理"存乎人心。这实际上是把那个外在于人心的"天理"否定掉了，"心"成了真理的主宰，成为制定秩序、构建范式结构的本体。

在宋儒这里，从"礼"到"理"变化的结果，体现在社会层面的一统性，就是"同风俗"；体现在个体心性方面的一统性，就体现为"一道德"。而"风俗"也要道德化——外在的规范必须具有内在心性的服从性；"道德"也要风俗化——内在的心性不是自己的事，而必须依赖外在的规则规范。本来是作为自由的个体意志之表达载体的"心"，现在成了"礼"的家园，道德也成了风俗的个体化心性化形式。通过这一变革，个体的自由这一要义，就被过滤掉了。这正是宋代思想的终极价值。即使是陆氏心学，虽强调个性自由和心性之本体位置，但也只是对理学的机械性、无视人的个体自由性的缺陷的一个暂时的反拨，最终还是被理学压制而不能发展，在政治意识形态话语中也并未取得话语权，反而成为攻击的对象。况且，他们对于"心"的重视，也意在强调"心"自身的规定性、立法能力，也并未走出"理"（不过是以"心"代"理"）的范畴规定。直到明代王阳明，心学才真正地大放异彩，独立成章。

宋代理学把"礼"与"心"相统一的方式，就是儒家借用佛道思想资源图变开新的范式革命。自唐代已经开始的对儒学的心性传统的开掘和强化，加上对儒家思想实用化和庸俗化的反思，儒家思想势必要求在继续发扬其规则制订者的功能的基础上，自觉地做好两个方面的工作：一是在心性修养方面有所开掘，使自己根深蒂固、枝繁叶茂，这就是"尊德性"；二是必须消除实用化、庸俗化和浅薄化的弊端，具有学术性、逻辑性和系统性，这就是"道问学"。后者的达成比较简单，依靠一众独立于政权之外、具有独立思考的文化环境的、民间的知识分子，把学术当作学术本身而不是当作晋身求荣的手段，专业研究、思考、写作、讲学即可。前者的达成却是思想发展中各资源的融合与贯通的问题，且宋儒做到了。作为儒家知识分子，他们阅读研究儒家经典，以儒家的规则规范自己的思考和实践、规范文化和社会实际存在形式；但是，为了深化的需要，为了增强逻辑性，为了强调心性支撑，他们暗中借用了大量的佛与道的思维方式和思想资源，内在地把自己变成了一个佛教或道家思想的信徒——外儒内道，或外儒内佛：以佛道心性成就儒学新变，在儒学瓶子里装上了佛道的酒，使儒学克服了前述两大问题，发生新变和获得新生。这正是宋代文化范式革命的策略和内在理路。

换言之，宋元理学是儒家思想的新变，是儒学为新时代的秩序化方案提供的内转化、心性化方案。对理、心、性等问题的探讨和挖掘，使儒家思想在文化新"范式"的设计上，拥有了"心性"这一坚实的基础，这是儒学之发生新变的本质。儒学自汉代成为国家意识形态，经过魏晋和唐代的低迷，至宋代迄于元明再次昂扬生威。宋学继承了思孟的儒家传统，学习并接受了佛道的内在向度，在道德伦理的内在规定性上做了突出的挖掘，更重视对社会秩序的内在哲学依据和经典依据的建构。这样，宋学继承并扬弃了汉代的经学传统，以理学的崭新形态出现，经学在朱熹手中再次散发光彩，并向义理方向发展。同时，宋代之新儒学受之于佛教禅宗的影响也显现出来。儒学经历了春秋战国的发轫、汉代的经学化和意识形态化、唐代的"道统"化，到宋代进入了同样是国家意识形态的"理学"化阶段。种种变革的最深处的意旨，无论是"道问学"还是"尊德性"，都仍然是以伦理道德为支柱的"中国范式"。

历史地看，宋代对唐代那种自由的失范进行了强有力的救治与矫正,是持续到封建社会最后的也是最典型的中国封建道德社会——"中国的伦理社会"的思想精神与社会形态、人的行为方式最终生成的时代。这是个崇尚文治的时代,也是一个温文尔雅的时代,更是一个道德伦理原则至高无上的时代、一个思想与行为高度同一的时代。其最重要的特征就是通过对人性的、内在心性的道德属性的挖掘,向外辐射到社会关系。"内向性"确立的新"范式"是宋代文化、思想与精神的典型特征。

究其原因,宋初残山剩水的国际环境,使赵宋政权致力于以民族主义、华夷之辨为理论基础建构"独特"而优越的文明形式,以"尊王攘夷"的口号建构文明的正统,排斥佛教,扶持道教,重建儒家圣人之学;赵宋政权得来的不光彩性和暴力性,使之致力于建设礼仪系统、文人统治的国家治理系统和重视知识与文人的文化支持系统;为达到统一与社会稳定,在生活世界倡导超越个体生命的普遍性真理即同一性文明和伦理的道德理想主义。同时,士绅阶层崛起,知识阶层壮大,建设"郁郁乎文哉"(《论语·八佾》)的文明具有了主体力量;独立的、处于民间的士绅阶层,作为"道统"一脉与"政统"发生了分离,使之能够在正统之外保持自我的批判性和思考的自由性。知识分子接续唐代的"道统"并以之为武器,从批判、指导的角度进行"帝师"式的学术探索,于是,对于"一以贯之"的"道"或"理"的探讨,就成为知识分子唯一能够掌握的话语权,并成为宋代学术思想的主题。他们接过了唐代试图确立的"道统",延续下来思孟以来的心性和德性传统,"明理辨性",以内在的严格的道德自觉建立社会秩序,把伦理提高到本原性的超级道德地位,那种超越性的"道"或"理"或"太极"或"一"也就成为贯通天经、地义与人伦的普遍原则。邵雍之"性"、周敦颐之"诚"、张载程颢之"理",对于"理一分殊""格物穷理""穷理尽性"的问题进行了深入探讨,确立了"诚"与"敬"的内在道德化原则,使中国文化与精神发生了最大程度的"内转",这种源于内在心性的普遍性道德化"理",成为高高悬置于任何人头顶上的尚方宝剑与绝对天理而必须遵守、不可逾越和践踏或放弃。在这个时代,"儒学"转变为"道学","道统"一方面是对于"政统"的约束和干预,另一方面也是对人之存在进行的"德性"约束,且在实际上则是一种强性的规定。而朱熹把"道学"发展成为"理学",他坚持"理"的超越性和形而上学的本体性规定，认为"理"是未发、无形、无言、无位的绝对空静状态，但又包孕着动静两端，涵蕴着万事万物；他主张致理的途径是"格物致知"和"正心诚意"，"道问学"与"尊德性"兼而不废。他作《四书集注》，界定经典大义；他期望"三纲五常之正道""粹然以醇儒之道自律"精神（《寄陈同甫》《答陈同甫》，选自《朱文公文集》卷三十六），为时代建构一个儒学之符合道统的、基于内在心性的、普遍的道德伦理秩序。

当然，理学内部也并不是铁板一块，而是一体两翼。与陆贽心学更重视"尊德性"相比，朱氏理学的"道问学"色彩更加强烈。朱熹强调学问致知，从而显得"支离"繁复，而陆氏强调即心即理，从而显得快捷方便。所以，"元晦（朱熹）之意，欲令人泛观博览而后归之约，二陆之意，先发明人之本心而后使之博览，朱以陆之教人为太简，陆以朱之教人为支离"（《陆九渊集》卷三十六《年谱》）。朱熹一生都在排斥佛老与杂学，而陆贽却受禅宗的影响极深，主张"天理"不是高高悬置在外、在上的，而就是"人心"本身，天地只是一心，尽心即悟真理；学问的方向不是向外的无穷无尽的"格物"，而是向内体察，"万物皆备于我，只要明理"（《陆九渊集》卷三十五《语录下》）、"学苟知本，六经皆我注脚"（《陆九渊集》卷三十四《语录上》）。朱氏更加倾向于学问上的"渐修"，陆氏更加倾向于类似于禅宗惠能学派的"顿悟"。从对"范式"思想建构的角度看，朱学高高悬置一个"天理"，崇尚形而上的道德伦理规定的先天性、必然性和本体性，弱化乃至于反对个人性（人欲），为宋代乃至于文化的中国，设计了一套体系化的道德伦理系统，其影响一直持久不息，且深入每一位中国人的内心，成为典范的"中国人"的内在的精神向度和坐标。而陆贽的心学，更多地否定了知识的涵养和学习，并且以心代理，引出了道德伦理的自我规定性，同样是以"范式"的建构这一价值为导向的。但是，陆学对自我心性的强调，对于格物功夫的轻视，对于外在规范的忽略，必然引致自我的过度耸起和道德堤坝的崩溃。陆学在宋代并没有得到呼应，到了明代的王阳明，心学才得以大发展。宋代以"理学"为标志的"秩序"，就在理学与心学的张力中得以生成微妙的平衡。

综观有宋一代，建立统一乃至同一的道德伦理化的"范式"的努力，是官方和民间知识分子的共同价值追求。经过严厉的以汉族为中心的文明的对外扩张,"一道德、同风俗"的结果,使宋代确立了生活伦理的同一性,中国生活伦理发生了深刻变化,典型的"中国式"精神由生活形态和规范生成。至南宋理宗时期,朱熹配祀孔子,理学被确立为官方学说,儒家学说再次成为国家意识形态。同时,由于理学精神深深扎根于人心,儒学也成为社会普遍认可的集体无意识。

(五)明代心学"心理不二致良知"的心理范式

理学的这种学术和思想取向,为政权稳固和社会稳定做出了巨大的贡献,但是,却无意中压抑了中国人的个体性和创造性,压抑了可能的民主与科学精神,使中国封建社会在铁板一块的思想禁锢下,在那个极端稳定却缺乏活力的文化环境中,躺在由温和绵软的宋代"词"和"瓷"、书和画织造而就的富贵繁华的温柔梦乡里,进入到开始衰落的夕阳时期。继承了宋代陆学的明代阳明心学的兴起,能否提供一次个性的革命和创造的机遇?他们又是如何建构当代关乎社会和人心的"范式"的?

理学必然同样遭到对于它的反动。理学之国家意识形态和社会集体无意识两者兼而有之的性质与功能一直持续到元代和明代前期。元朝统治者为了取得政权的合法性和合理性,自然接过理学家们的道德与心性规定,维护统治秩序,理学在尊孔、修籍(定《四书集注》为考试课本)、兴试取仕等措施中制度化,同时,教育之师官吏化,完成了知识分子生态的体制化。这样,理学逐渐文本化、教条化、实用化,成为仕进和利益交换的手段,宋代以来的新儒学丧失了独立性,以及自我超越和不断更新的空间。一般而言,自由与超越的思想是对政治与政权的监督与批评,是对旧"范式"的批判和对新"范式"的建构和维护,具有独立空间与自主品格;然而,当思想一旦进入政权序列,成为政权的政治工具和完善社会秩序的手段,就很快制度化、机械化、试题化,成为文本教条,丧失独立性、思想性和超越性,在政治化、世俗化、庸俗化中消亡。元明理学就呈现出这个发展轨迹和命运。到明代,程朱理学仍然是权力拥有者建立合法性和合理性的政治意识形态,仍然是学术与权力进行利益交换的知识,其制度化和世俗化更为严重,思想上形成以高度真理性的空洞话语表达的高度权威性的道德训诫,是政治权力与意识形态的诠释文本。学术与思想活力丧失，思想禁锢压力重重，导致明代士人转向训诂、记诵、词章之学，放弃了终极关怀与超越意识，加剧了思想的僵化。但是，很明显，思想的这种"同一性"状况与明代经济的发展、社会阶层的分裂，与造成的生活领域的灵活性、差异性背道而驰，形成了思想阐释的无效性和现实解释的理论缺席状态。这样，宋代的陆学以其简洁明快的思路和追根寻底的意味吸引了很多士人，形成了高尚其事的学风，鄙弃形而下的学问，追求心灵澄明境界，厌恶僵化的知识的平庸和支离、实用和琐碎，凸显"心"的意义，成为阳明心学的先声。

明代中后期阳明心学的兴起，继续了宋学的心性传统，强化了"心"与"理"的同一认识，并实际上以"心"代"理"，使被压抑的个体性、创造性发挥出来，从人性自我的角度，提供了一个有新义的、有活力的"范式化方案"。阳明心学源于陆氏心学，是对朱子理学的修正，而不是完全的背反。朱王之学的本质目的仍然相通，也是追求国家与社会的秩序"范式"。朱氏以格物致知的方式，寻找体悟到一个高高在上的天理，这个天理就是人人必须追求、思考和遵守的外在规范。它割裂了天理和人欲，造成了超越的天理与生活的人心之间的紧张，而且这种天理一旦被政权控制和使用，就会变成制度和训诫规则，并且具有过度的超越性并远离了民众的接受能力，普通非知识者并不具备"格致"的功夫和能力。阳明心学认为心与理不二一体，心即是理，理即是心，天理与人心并非二事，这样，伦理道德等规范，就不是由外而内的强硬的外来规定，而是自内而外的自发性心性要求。人们也不必格物——物之无穷，无法格完不说，格物未必就能够致知，平常人也无此资本——而只要"反身而诚"（《孟子·尽心上》），而"诚则明矣，明则诚矣"（《中庸》），回归自心，推己及物，推内而外，则伦理道德即是人心，秩序规范自然而然。所谓"致良知"，实则"自良知"，此良知不是外来的、不是"格致"得到的，而是人心本善、人性本具的。这样，知与行不再隔膜，知行合一，即身心一体，心理惟一，良知发动，即知即行。尽管王学后学发生了或左或右的分歧，有如禅宗之北宗、类似朱熹之格物而主张渐进功夫的"知派"，警惕心灵的放逸，回归无善无恶的心灵；有如禅宗之南宗和宋代陆学之心悟而主张速知速行的"良派"，率性而行，纯任自然。二者差别明显，但是，总体上看，阳明心学思潮强化了思想的自由创新、主体的自由存在、思想的怀疑主义、生活的人性化和诗性化，呼应了明代的社会总体状况，与文学上的明传奇、色情小说的发达与民众生活市民化、市井化相应和；影响更为深远的前瞻性表现就是，其"东海西海心同理同"①的普遍主义认知，为明代后期和有清一代，中华文明与西方文明的冲突与互融，提供了心性上深刻而坚实的基础。中国知识界已经开始做好了迎接西方文化挑战的心理准备。

（六）清代朴学"汉宋兼采回头看"的学术范式

清代是一个中华文明群体文化心理危机的时代，以考据与义理为手段的经学，回顾历史，考量异因，思考现实，既寻求中国特性，又寻找世界通则，局促而无奈。过往的"传统的""范式"不可避免地崩塌，新的"范式"方案难以出台。回头看的思维方式，显示了他们试图突出固化传统资源以寻求文化自信的悲壮情怀。历史地看，中外文明的冲突和交流从来都是一个历史现象，作为外部激励因素或资源，外来文化为中华文明的发展提供了积极的助力。汉代佛教之进入中国促进儒道佛三家对立中的交流与发展；唐代面对西域与东亚的广泛开放；元代实行的多元主义与普遍主义开放政策；等等。凡是外来的文化因子，在对中国传统固有的文化因子进行某种程度的刺激之后，总是被同化消失在我们文化的机体之中，在对立交流中中国化，与中国本土固有文化力量一起，同策群力，加入新文化范式建构的大合唱。

然而，明代中后期与清代，"中国视野"失效，"天下"开始凸显，中国长久有效的天地宇宙系统、国家行政系统、伦理道德系统、经学子学系统所建构与维护的文化范式，真正迎来了全面的坍塌，天崩地裂的时代到来。以道为终极依据的宇宙秩序——"天经"，被西洋的地动说打破；以"尊王攘夷"为理论基础的华夏中心主义——"地义"，被天下万国的地理观念打破。以老庄佛教的相对主义与和阳明心学的普遍主义思想为支撑，中国思想开始以"西学中源"的认知或"中体西用"

---

① 源出《陆九渊集》："东海有圣人出焉，此心同也，此理同也；西海有圣人出焉，此心同也，此理同也；南海北海有圣人出焉，此心同也，此理同也；千百世之上有圣人出焉，此心同也，此理同也；千百世之下有圣人出焉，此心同也，此理同也。"

的策略应对外来挑战,试图在"世界秩序"的背景下重建"中国文化范式"。

那么,我们赖以与世界对话或交流的资本是什么?我们的思想与西方思想有无交集?何处才是中华文明的新生肌肉?总结、挖掘、援西、开新,成为历史的任务,于是,与西学东渐同时,清代包含作为纯粹技术知识的考据之学和作为义理思想的考据之学蔚然兴起。王学的心灵真理渐次失效,"尊德性"让位于"道问学",历史语言学的方法也即"由文字、声音、训诂而得义理之真"的学术"范式",改变了是非真伪的传统原则,用确定的理性的方式重新估定真理,并试图寻找一以贯之的通则。这种学术与思想的努力有些悲壮,在中外冲突与交流的压力之下,在怀疑与笃定相互纠缠的心态支配之下,知识界汉宋兼采、考据与义理兼顾,古文经学与今文经学并行不悖——江藩《汉学师承记》概括为"六经尊服、郑,百行法程、朱",一方面承认古代经典的权威性,它说明、强化着古老中国的政治、道德秩序;另一方面对于经典义理的时代性、个人性新阐释,也是出于维护宋代以来的伦理同一性的需要。因为其中包含着整个传统中国社会规范和秩序的基础。"经学本来就是古代中国的主流学问,在以五经、九经、十三经以及四书为文本,用传统的经典注疏与考证方式来表现知识,并以官方确定的解释方式和叙述方式来阐述思想的时代,经典的解释有着看似朦胧实则清晰的边界,这种知识支持的是一种关于'秩序'的思想,任何越出这种边界的思想都是异端邪说。"① 然而,时代毕竟不同,资源已经变化,经典未必权威,经学不得不面对西洋新知的冲击,在对传统与现实的双重焦虑和紧张中,对经典重新进行诠释,试图重新发掘属于自己的知识与思想资源,以此回应日益涌入的新知。

但是,这种在"全球背景"的焦虑和紧张中的诠释,实际上却对古代中国的经典之学造成了无法逆转的伤害。思想已经不能再局囿传统经典,义理主观化、个人化、非权威化,经学也文学化、史学化和哲学化,瓦解了经典的神圣性,经学衰落不可避免。子学虽然一时成为应对挑战的新资源却一时乏力。佛教已然不再是宗教,而变成知识分子用作思考时代问题和东西关系的学术资源,由宗教变成了"佛学",但因其

---

① 葛兆光:《中国思想史》第二卷,复旦大学出版社 2001 年版,第 491 页。

缺乏具体的操作策略与步骤，缺乏对现实的应对能力而退潮。传统的资源、方法失去了它的目标——"范式"，旧的"范式"已经丧失，新的"范式"尚未生成，中国思想处于局促不安之中。只有到下一世纪，中国思想才能找到新的资源、方法，并经过数代人的努力，成功重建了"中国文化范式"。

第二章　中国传统文化范式的哲学基础

考察中国传统文化的范式及其变革，须明了中国人的思维方式和精神图景。在哲学意义上，中国文化范式的基本思维模式是：以"道"为本体；以"阴阳"元素及其互动关系建构文化范式；表现为"易"这个辩证法运动形态。由此而生成的范式的结构模型是："礼"+"乐"，即作为次序级差结构秩序的"礼"与作为审美生态和心态的"乐"的相辅相成，互为表里；在实践中，中庸与中和则是这种文化范式的价值标尺和动力机制。

一、哲学之思：道与阴阳

"道"是中国文化的元范畴，是一个哲学概念，是中国人知识系统的元点和思维方式的基础，也是中国人行为规范和德性要求的依据。作为"元范畴"，"道"是现实的和逻辑的起点，具有高度的概括性、抽象性和普遍适用性。现象界的产生、构成、状态、发展、性质，可以用"道"及其分化形态"阴阳"来解释。"道"与"阴阳"对中国文化的各个方面，如儒、道、佛、易、医思想，如所有的器物文化、制度设计、生产生活等，都能发挥解释的功能。

世界来自哪里的问题，是哲学和宗教共同要质问、探索和回答的本体论问题。世界万事万物纷纭复杂，千头万绪，各个不同，却又集成系统，互联共在，有机协调。在认识领域，人类总是有一种抽象的本能：这些事物的共性是什么？它们有共同的来源吗？它们之间的物理关系、逻辑关系和精神维系纽带是什么？中国古人称之为"道"。老子的回答最为经典。第一,"道可道,非常道"(《道德经》第一章),大道集虚,道是不可言说、不可解释、不可描述的东西,是无形无象、看不见摸不着、不可把握的实体。第二,"道生一,一生二,二生三,三生万物"(《道德经》第四十二章),"道"是世界所有事物的源泉、母亲,生产化育万事万物,并为之安排秩序(《中庸》:"天地位焉,万物育焉")。第三,"道""功成弗居"(《道德经》第二章),造化万物之后,退隐于事物内部,包容万物且无为虚静。第四,"道"虽然无形无相,但又泛在事物当中。"道","须臾不可离也,可离非道也"(《中庸》)。第五,世界、精神所有之表现有生有死,它们源于"道",并最终归于"道",大道归根,归根曰静,复命返虚,回归道体。老子的"道",类似于柏拉图与黑格尔的"idea"(理念、理式、型相),作为世界的本质和生成的基础,它不断地外化(现象化)为现象界,支配着现象界,并最终以更高级的形态回归到自身。不同之处在于,黑格尔以辩证思维赋予"理念"的发展变化以历史形态,体现为一种过程;而老子更倾向于在平面上分析其结构形态,关注的是状态,即使构成"道"的"阴"与"阳"的关系,也是在"道"内部发生的,却不是"道"的发生发展。实际上,中国文化认为,"道"作为"性质"(属性、自性、空性)而不是作为物性形态,是不能发展的;能够发展变化的,一定是具体之现象。

所以,这个"道"的图式化表现是阴阳太极图。事物"到底"从何处来?"究竟"之本体是什么?事物最大、最小是什么样子的?至大无外,至小无内,当我们试图去观察这个"最""到底""究竟",发现那是不可把握之对象,我们"字之曰道,强为之名曰大"(《道德经》第二十五章)、曰"虚"、曰"无"、曰"一"、曰"太极"。"太极",意谓"最极"、是"究竟"之起点,也是终点。而"太极"就是"无极",追问没有终点,如果非要给它一个终点,那就是"无"。所以,"道"就是太极或无极,或者"太一",或者"无",同质而异名。"名可名,非常名"(《道德经》第一章),故名无定名,"道"有多种概念表达方式。而"无"就是"有",因为"道"就是一切,它产生、支配一切,并存在于世界具体现象内部;而一切都是"无",因为具体的事物是有生死、增减、变化不定的,是"无自性"的,以佛教语言言之,即"缘起性空",空无自性。所以,无有无无,无色无空,无真无假,无实无虚；即有即无，即色即空，即真即假，即实即虚——于无分别、不判断处见本质。"道"是万物之源，是万物之神，也是思想之逻辑起点。

"道"，具体化为"阴阳"的二元对立与统一。世界生于"道"，太极生两仪，万物有阴阳。"阴"与"阳"的对立统一，是事物的构成状态，也是中国哲学思想的基石。"一生二""太极生两仪"，所生者就是"阴阳"。继之以"二生三，三生万物""三为万物之母"，以及"两仪生四象，四象生八卦"，世界从绝对抽象的"道"，经过不断的感性化、具体化和物化，渐次展开、呈现为现象世界。这一思路与黑格尔的"精神现象学"相同，即"精神（idea）"是如何一步步呈现为具体的"象"的。

首先，阴与阳二元呈现为相对性对立。"道生一，一生二"，这个"二"就是作为"两仪"的"阴阳"。中国早期智者，对世界进行高度抽象，根据现象界万事万物的不同属性，概括、归类为"阴"性与"阳"性两大对立的方面："阳"者，为天，为男，为热，为光，为化，为气化，为尖突，为主，为强，为刚，为雄，为有余，为牡……；阴者，为地，为女，为阴，为寒，为暗，为聚，为实体化，为凹进，为次，为副，为柔，为雌，为不足，为牝……。举凡阴阳之例，包含南北、天地、日月、昼夜、寒暑、春夏和秋冬、雷电与雨雪、君臣、夫妇、男女、律吕、奇偶、动静、开合、依违向背、人间和阴间、生克、实虚、有无、进退……立足于这个二元对立观念，中国文化生成了独到的观念系统与思想体系。如，个人与外在关系的"内与外"（物与心、理与欲）、"群体与个体"（自由与体制、他在与自在、国家与个人）、"自然与人"等；心性修养方面的"善与恶""理与心""情与性""悟与迷"等；价值理想的"实用与理想""有用"与"无用"等；政治领域的"礼与乐""治与乱""法与情""君与民""德与刑""宽与简""循与酷"等；经济领域的"富强与均平""义与利""经济放任主义与管制干涉主义"等；人生行为规则方面的"持守与放下""穷与达""名教与自然""仕进与退隐""大隐与小隐"等；语言学与知识学术领域的"名与实""道与术""知与行""知识与义理""渐与顿"（格物致知与致良知）、"诗与思"，等等。

然而，这个"二元对立"是相对的对立，对立只是观念上的对立，是思维分析的需要，而不是实存的本相。"二元"世界实质上并不存在，相对对立的二元，一定要通过某个运动模式或路线，统一并同化为一元的、不可分割的均质的整体。阴与阳作为世界构成的基本元素，其关系是二元辩证的：否定与运动。圆形的太极图（世界）是由恋人一般缠绕（纠缠）在一起的俗称"阴阳鱼"的两个部分构成的。阴与阳的关系是：第一，是对立；第二，首尾相接、此消彼长；第三，相互盘旋，同向运动；第四，互根互依，不可分离，分离的状态是不可能存在的；第五，在否定中互相转化，阴变为阳，阳变为阴。故此，对立只是暂时的、相对的、虚拟的，而互融互化生成的一体化才是最本质的真实和结论，二者构成一个圆满（圆形的）混沌（即有即无、无相对、非二元）的世界整体。这就是"阴阳"极具动态的关系"辩证法"，是中国式哲学思维的观念范式。

这种思维范式也就是"阴阳生克"：相克即是相反性的属性，相生即是互依互在互存的属性。"阴"与"阳""互根"——无阴即无阳，无阳即无阴；"阴"与"阳""互体"——二者是相比较而存在的，没有对方，自己也就不存在；"阴"与"阳"相"对立"——面对面的存在，既是一种矛盾，又是一种亲密的不可分离；"阴"与"阳"互为"消长"——此消彼长，你短我长，你进我退，你退我进，你多我少，我多你少，二者合起来，才能"圆满"；"阴"与"阳"相互"转化"，互为因果、互为目的地——互相作为对方的源头和终点，阴不会永远是阴，阴会转化为阳，阳不会永远是阳，阳会转化为阴，无阴无阳，无阳无阴，阴即是阳，阳即是阴；"阴"与"阳"相"平衡"——阴阳相反相成，首尾相接，但体积、力量相同……相亲相杀，相生相克，相互依赖，相互制衡，相互转化，处于动态的平衡当中。没有静止的存在，没有绝对的肯定，肯定即时否定，否定即时肯定，否定再否定，以至于无穷。这就是新陈代谢，就是发展前进，就是辩证法。

这一点与西方哲学截然不同。西方是绝对二元对立的，表现为观念上的主体与客体、主观与客观的绝对对立，表现为实践领域的矛盾、斗争、竞争、势不两立、非此即彼。而中国哲学中"阴阳"观念的"对立"只是暂时的、表象的、或说只是在思维层面为了更好地阐释的逻辑假设，它最终、在现实中是要被否定的。"对立"只是一个暂时的逻辑预设，而不是结论；结论是统一、同一、不二一体、中庸中和，是"和而不同"。所以中国文化思维方式是一元的。换言之，"阴"与"阳"，不过是一个学术性的或逻辑形式的假设、假定，是暂时的概念设定，是观察的理想角度，并不存在真实存在的、绝对对立的"阴"与"阳"。一旦逻辑的"分析"完成，"阴"与"阳"及其对立就随即消失。二元范畴、二元概念或观念，只是理论分析的状态、过程，而不是对于世界本相或本质的认识。世界是一元的，世界的本质，必然是与道相合的"不二圆融""混一冲和"。"一"，才是道，才是本质，才是运动与发展的终极，才是人文价值的灵魂，"天得一以清，地得一以宁，神得一以灵，谷得一以盈，万物得一以生，侯王得一以为天下正"（《道德经》第三十九章），只是因为要对世界进行更真切和准确的把握，理论势必要进行对世界整体的"分析"——"分"即以工具一分为二，"析"即以工具把整体人为割裂为部分，"一"的世界被"分析"为"二元"的理论形态，即哲学性思维的"阴与阳""有与无""色与空"等，才可能被把握。依赖于这个假定的、暂时的、纯粹意识的二元观念，以及对这个二元观念进行否定的辩证关系，中国文化生成了独到的观念系统与思想体系。这个二元对立并最终通同化一的观念系统，构织成中国思想的理论体系，形成了历史源流，解释了世界现象，指明了实践道路和方法，是中华文明的精神核心和宝贵资源。

"阴阳"的辩证动态关系也就是"易"。"易"有多个内涵，如"简单"，简便易于操作，通过对阴阳属性的定位、二元的辩证，并以一定的思维和操作模式，即可简易地把握世界及其规律，并用以指导实践行为。再如"变易"，即变化运动，世界现象及其存在的状态和过程是运动、变化、变革、不断损益的。还有"不易"之义，即，"道"作为世界的本质，虽然无声无息无形无象、不可把握、不可执着，却是世界的母亲、本体、来源，它无来无去、不增不减，不垢不净，没有生死，不会变化，所以"不易"。还有普遍性、普适性、广大、全面、周全等意思。总而言之，"世界作为现象"是"变易"的，世界的本质却是"不易"的、"普遍"的，而这是很"容易"把握的——人类理性，以"易"与"阴阳"的观念系统和思维模式，可以轻易地把握世界之运动同时又不变不易的普遍原理和规律。

就"变易"这个义项言之，作为世界运动变化机制的"易"，体现了老子所说的"返者道之动"（《道德经》第四十章）的基本原理。"易"，极具转圜之功，表现为回环往复、缠绕不止：变易不是随意的，而是有方向的，那就是往复、回归——由静而动、由动而静；由一生二、由二归一；从现象回归精神，从精神回归现象；从复杂回到简单，从简单复归复杂；从多元回归一元，从一元回归多元……。

周敦颐的《太极图说》有一段这样的描述："无极而太极。太极动而生阳，动极而静；静而生阴，静极复动。一动一静，互为其根。分阴分阳，两仪立焉。"是故"易有太极，是生两仪。"这就是"太极生两仪"，太极生出"阴"和"阳"来。继续下来就是"二生三"。周敦颐还说，"（阴阳）二炁交感，化生万物。万物生生，而变化无穷焉"。阴阳和合化生，万物以此产生、发育并获得秩序。这是一个"从无到有"的世界生成过程；同时，还有一个与此相反的"从有到无"的过程，即"回归"。人们有对世界进行抽象认识的精神冲动。世界太复杂、太多样，人们的认识面对世界应接不暇，不能全面掌控、深度认识，因而充满神秘感、畏惧感和崇高感。同时，物质文明在养育人类的同时，也使人们被物化得越来越严重，离"道"、离自己的本来面目越来越远。解决人们"生之痛"，成了哲学、宗教和思想的必然命题。人们需要简化，需要抛弃对人生多余的东西，需要去掉过于动荡的因素，需要消弭由区别造成的两个对立因素之间的鸿沟，使人不再受制于物质因素、外力因素带来的情感与心理上的分裂与撕扯、矛盾与斗争。追求"静"和"净"的简洁、轻松、简单，使自己止、定、静、安——"知止不怠"（《道德经》第三十二章），知道适可而止，止于至善，然后就能安定、安稳、不游移、不动荡、不三心二意、心猿意马、欲壑难填，然后就能静心凝神，最后做到"安心"。这就是哲学的探索、宗教的修行和人生修炼的内容。

由此，哲学、宗教就在走着一个由生而灭、由动而静、由多而一的回归之路，就是如何从纷繁复杂、压抑与异化人的物性世界，经过做减法和抽象，回归到大道本身。思想者们抽象出来一些符号，如文字、公式，或哲学的表述、宗教的教化、道德的律令等。这是一个逆向的、回归的过程：从复杂到简单，从现象到本质，从万事万物到"一以贯之"之"道"，也就是从被异化为非我、物化成对象、失去本真之心的痛苦向着本我、真我、符合大道之我的"本来面目"的回归。而这个"回归"("返")是通过"损"(做减法、断舍离)而达到的：不断地"损"，就回到"太极"这个"道"(《道德经》第四十八章："损之又损，以至于无为")。

而这个回归到道体本身的主体，即是道家的"至人""神人""圣人""仙人"，也就是儒家的"君子"，也就是佛家的"佛"或"菩萨"。此时此刻此境此理，于道家而言，"人"与"道"没有任何不同：人是万物又不是具体的万物，处于万物之中却不受万物的伤害、没有具体事物的累赘。庄子《逍遥游》说："肌肤若冰雪，淖约若处子，不食五谷，吸风饮露，乘云气，御飞龙，而游乎四海之外；其神凝，使物不疵疠而年谷熟。""之人也，之德也，将旁礴万物以为一，世蕲乎乱，孰弊弊焉以天下为事！之人也，物莫之伤，大浸稽天而不溺，大旱金石流、土山焦而不热。是其尘垢秕糠将犹陶铸尧舜者也。"这是道家阴阳生克、有无不二、万物齐一的神仙境界。"人"与"道"皆是自然："人"与"道"合一——"人法地，地法天，天法道，道法自然"，而"自然"就是"自己的样子"，就是自我的"本来面目"。这就是"天人合一"的原理。在这种状态中，人即自然，即道，即一，即万物，即自我。并没有一个与万物对立的自我、存在于万物之外的自我。同于自然，化入我心；我心即世界，世界即我心；理即心，心即理；我即宇宙，宇宙即我。山川河流、云淡风轻、动静虚实、真假有无，一切都在玄远虚淡、无界无别、无外无内、无我无他、无心无物中"化入道境"，一片光明澄洁。汉语"文化"之义，若从此一方面视之，即是"以化入道境而致以审美境界"之义。

佛家的回归是由虚假(有)向真实(空)切入的。于佛教而言，"世界"是缘起而生、缘尽则灭，因而是虚假的，只有心性(即"道""自性")是真实的，而由有到空、由虚假向真实的回归，是佛教的修行之路。产生于我们的感觉器官与意识(五蕴)的世界，没有自性，它是时时生时时灭、时时增时时减、有时干净有时污染，从而没有定性、没有自己的本性，而我们的心性却被这种"客尘"污染、蒙蔽，认假为真，误以为这种源于感觉或意识的、虚假不实的外物，比如金钱、美女、美食、美声、各种物性的存在是真实的，从而产生对于外界虚假之物的"执着"，给自己戴上无穷镣铐，受尽人生之苦，并堕入六道轮回而不能超生（超越生死）。这正是我们"痛苦"和人生悲剧的根源。我们必须做减法，放下（不执着）这些虚假之物，把自我从外物的约束和压迫中解放出来，回到原初的那个"本心""本性""自性"；放下二元对立的观念及其衍生物给人们带来的痛苦，认识到"不二一体"的本质，回归到空空一如、澄明一体的圆融状态。这就是涅槃，就是开悟，就是菩提大道，就是"般若波罗蜜""阿耨多罗三藐三菩提"，就是人生的解脱——"是故空中无色，无受想行识，无眼耳鼻舌身意，无色声香味触法，无眼界，乃至无意识界。无无明，亦无无明尽，乃至无老死，亦无老死尽。无苦集灭道，无智亦无得。以无所得故，菩提萨埵，依般若波罗蜜多故，心无挂碍，无挂碍故，无有恐怖，远离颠倒梦想，究竟涅槃"（《般若波罗蜜多心经》）。所以，修行的目的就是，认识到缘起性空，抛弃我们对"世界"的二元区别，以不二一体、无差别的世界观，放弃对世界的主观自我虚假不实的判断，放弃外缘一切非我不实之物的牵滞，回归到本无区别、不必判断、不必依赖的干净而安静的本来状态，归于寂静的涅槃或禅境，也就是心性自身的"自性"。这与道家向着大道的回归，是同一道理、同一模式。当然，佛教更为深刻的一点在于，回归到这个原初的心性还不能算完：如果你认为有一个原点可以回归，有"空"可以把握，那是一种新的执着——空亦是空，连"不执着"都不要执着、成佛也不要追求，所以真正的佛是呵佛骂祖的，是真正的"目空一切"——这才是完全的"放下"。这样的"空"，就"空"掉了一切，连"空"也被"空"掉了，"桶底脱落"①，从而进入"惺惺寂寂"（既安定又清楚明亮）的空寂状态，萧索而散淡。但是，中国化的佛教即禅宗还是从中国人的角度给出了与印度佛教稍微不同的路向：生活还是很重要的，生命还是很有诗意的，生命与生活还是要执着的，所以，我们要有"禅意"——在日常生活中，"自然"地沉浸于诗意的澄明与融合当中：放下又要担当责任，不执着还能精进进取，拿捏好度，自然随意即可。其中透露着浓烈的阴阳互转的意味。

至于儒家思想者们，他们基于血缘本体的体认、出于对封建宗法制

---

① 《五灯会元·青原下十三世·长芦清了禅师》："师一日入厨看煮面次，忽桶底脱。众皆失声曰：'可惜许！'师曰：'桶底脱自合欢喜，因甚么却烦恼？'"禅宗因以喻悟脱之境，即万缘放下、万物皆空的境界。

度的热爱,强调具有差别的社会等级性("礼"),如高低、贵贱、贫富等社会级差,如君民、夫妻、父子等伦理秩序,这是对于二元性的执着,但他们还是要在保持社会差异等级的同时,追求一个和谐而非对立的世界与社会("仁爱""诚一""中和""大同"等)。等级秩序是社会结构的基石,但等级秩序却带来冷酷与压迫,于是,中国文化设计了"乐"与"仁",以审美、情感去弥合鸿沟、消除距离、增加温度和黏合度;但这个动作尽管一直在进行却永远不可能摧毁"礼"的壁垒,它只是一个永远进行时而不可能终止于一个纯粹的审美与温情的无差别状态。"礼"与"乐"的对立互补,使中国社会与文化处于一个动态的、充满张力的秩序结构中,呈现为整体的和谐。压力永在,却不断得以释放;压力虽在,但美感充足、温情脉脉,社会结构不至于松动,等级秩序不至于被冲击,反而具有向心力和凝聚性,不会导致社会动乱和解体——"一以贯之"之"道",仍然是儒家思想的最终价值。个人存在于一个稳定的社会结构中,获得充分的安全感,在审美心态的滋养孕育中,消除心态不平与社会外缘压力,保持对社会的遵从性和个体的独立性。这个价值追求,体现为儒家的君子人格。君子,要通过格外物致良知,达到心正意诚;同时也要修齐治平,为社会做出实在努力和贡献。此即儒家之"内圣外王"。一方面需要"慎独",即君子不能只是别人看到的、外在的、社会性的外在形象,外在形象可能是虚假的表现;只有当自己独处,回归到基于人性的自我,如果还能做一个君子,表里如一,内外合一,才是真君子。君子需要"反省""反思",三省吾身,时刻检点、修正自己,做到"诚意正心",才能修齐治平。君子不能气、恨、恼、怒、怨、烦,不能把负面情绪和评价向外发散,而是要客观地、仔细地从自我找原因——个体的修养才是关键。君子好"礼",君子心"仁",君子行"义",君子尽"忠",君子"孝慈友悌",而一个理想的、整体与个体和谐仁爱的社会,就是基于组成社会的每一个个体的君子人格。

总之,无论是基于对自然现象和世界存在及其规律的观察,还是对人性的把握和对人生价值的理想性主观规划和追求,哲学地看,对立的二元不是绝对的,而是相对的;不是客观存在,而是主观意识;不是终极的世界本相,而是暂时的理论工具。二元对立的观念只相当于一个登天的云梯,一旦登天完成,这个云梯就应该撤掉。这个"天",就是

"道",具体化为天人合一、心物合一、人我合一,就是"冲和",就是融通,就是统一或同一,就是仁、和、平、定、静、止,就是无漏智慧,总而言之,就是明明白白、清清楚楚存在于那里的"一"这个至简之"道"。二者是"对立的"、多元的,最终却是"一体不二"的,"不一不二"就是中国思想中最重要的辩证法元素。"世界"生于"道"("一"),万事万物分"阴阳",复杂、变动的现象复归于"道"("一"),这就是"世界"从产生、存在、到发展变化的基本面。其中,"由二而一"、由"分殊"而致"理一"的过程,包含了中国人的世界观("道""一")和致思方式(大道归一、一以贯之、执两用中与不二一体、圆融混一)。对于"道"的探索、追求和执着,坚持"世界生于道且最终必复归于道"的理念,传承和谐、仁爱、团结、统一价值观,是中国文化和智慧的根本核心,是中国文化范式的基底。

二、结构范型:礼与乐

如果说,"阴阳"是中国文化的元思维模式,一切事物、现象及世界的存在状态和发展变化,都可以用"阴阳"来解释,充满着辩证思维的理性光辉,那么,"礼乐"则是中国政治体制、经济组织与社会伦理的基本架构,用以规定中国传统社会的结构、组织关系与人际关系乃至于心理集体意识。

"礼乐文明"是中华文明早期的典范形态,并影响到以后两千余年的封建政治,在今天的中国文化中仍然有坚实的现实基础和思想影响。在儒家的思想地图中,三皇五帝时代,作为"大同"的理想社会形态,先祖们创造了辉煌的"君子"文化,以仁义治理部落或国家。按儒家"三统"之说,"三王之道若循环,终而复始"。所谓三王之道若循环,便是:"夏之政忠。忠之敝,小人以野,故殷人承之以敬。敬之敝,小人以鬼,故周人承之以文。文之敝,小人以薄,故救薄莫若以忠"(《史记·高祖本纪》)。夏之忠、殷之敬、周之文,周而复始,也就是心性(忠)、礼制(敬)、法治(文)三种因素呈现为不同时代的各有偏重,但历史地看,却是三种文化因素的交互融合。至周代,"礼乐文明"成熟,先祖们的人文主义精神和民间关怀、平等思想,殷代的宽简政治,与周代讲究等级秩序的"礼"完美结合,成为当时的"中国"(中原地区,华夏诸族聚居地,主要是姬周文化圈)文化的标志,也就是高级文明与周边的"蛮夷"民族相区别的标志。所以,华夷之辨,不在于人种、生理或地区的差异,而在于文化的差异。在周文化与蛮夷文化的关系上,诸蛮夷民族向往华夏文明,主动学习、接受、认同华夏文明,不断地向着文明程度更高的程度发展。而华夏民族却会因其文化过于成熟而终究腐朽,则需要其他民族的新鲜血液的滋养而焕发新的青春力量。这样,文明化却仍然充满野性和活力的蛮夷文明,与华夏文明不断地通过战争、经贸、文化交流等方式交互融合,夷可变夏,夏可变夷。夷之变夏,也可以成为夏,只要它接受了"中国"文化;夏也可以变夷,如果它的文化落后而野蛮化了。所以,"夷夏"之大防,并没有一个绝对的界限。

我们现存的中华文明,历史上呈现为居于中心的"中国"文明与其他民族的融炼过程,春秋之战、战国之争、秦并六国、大汉形成、唐之繁盛、宋之典雅,其实都是这种中心文明与他者的融通与相互认同的结果。中国历史"一乱一治",分分合合,春秋战国、魏晋南北朝、五代以及近代的军阀混战等大分裂时代,恰恰是周边民族对"中国"文化的讲攻、学习、自觉同化,并为中华文明注入新的生命力的时代。

周代的礼乐文明,当时是文明的最高级形态。东夷、南蛮、西戎、北狄,把周、卫、郑、宋、晋等姬姓王国即典型的"礼乐"文明的政治单元围绕在中间地带,并努力向它们学习,最后经过春秋之战和战国之争,齐、楚、秦等蛮夷之国与晋这个华夏之国胜出,争做霸主,并最后终结于曾经位于西戎之地的秦,中华文明呈现出的这种并存、相攻、融合、铸炼状态,恰恰保证了中华文明的生命力。这个过程被描述为"礼坏乐崩",固有的礼乐文明被冲击,国家关系、政治秩序、人间伦理等旧有的形态都被重估重建,历史地构建着新的形态。井田制被破坏了,因为私有土地制度出现了;宗法制度被破坏了,因为人们的关系不再以血缘为基础,而易以商业、经济、利益关系;封建制度被破坏了,因为周天子财贫力微,不足以领导和控制各邦国,权利之争使各国争霸争王;最后,礼乐制度也破坏了,作为文明最核心的成分,它不能处理好平等的、融通中的国家关系,上下等级制度不能让所有的邦国认可。这四大文明因素的破坏，使周代的"礼乐文明"遭受冲击，于是，经过春秋战国时期的"头脑风暴"、自由知识分子们充满激情、想象力和逻辑性的积极探索；经过春秋与战国时期的大乱，而大乱之后大治的需要、大乱之中富国强兵的需要，使儒家思想强烈地偏向于"礼"治的秩序感，使法家思想站立于时代潮头努力建设"农战"之国——一种新的政治观念、政治理想、政治形态形成了，那就是郡县制的君主专制。这个君主专制的精神核心，其实仍然建基于周代的"礼乐文明"——以君主专制为核心的政治上下等级秩序、社会阶级差异、家族伦理制度、道德心性要求，是外在的约束力量；而仁心德性、百姓教养、诗教文化，在民生、民享、民乐等方面，体现为内在的心性自觉和道德修养。"礼乐"文明，作为中华文明的基因，不可磨灭，不会消失，只是在不同的时代，呈现出不同的历史特质。

关于"礼"与"乐"的关系，有各种不同的认识。笔者体悟中国古人的思维方式，也有自己的理解。"礼乐文化"的"礼"与"乐"是一组相对性概念，可以哲学地对应"阳"与"阴"，故其关系亦可以用阴阳辩证的方式去理解。在具体的祭祀活动中，"乐"是祭祀之"礼"的内在一部分，作礼之时有音乐相配合，但自"礼"与"乐"的功能上看，作为"仪礼"的"礼"和作为音乐的"乐"却是不同的。"乐"配合礼，作心理上柔性的宽慰与熨服，以缓解"礼"的严肃带来的压抑感。所以，"乐"与"礼"又是并列、配合发挥作用的。"礼"是"阳"，是外在的、被给予的、必须遵守的规范和秩序，是功能性的；而"乐"属性为"阴"，是内在的、主动自觉的心性修养，是快乐的、审美的。"礼"与"乐"阴阳和合、刚柔兼济、辩证统一，中国社会因此既有人人遵守的外在规范，又能够把这种规范建立在"我愿意、我快乐、我认可"的心理基础之上，使之获得一个超级稳定结构和心理服从基础。古人强调"教养"，"养"是民生方面的"养生送死"，而"教"，则是通过音乐、艺术、诗歌等方式的教育而让人们认可并习得"礼"所规定的规范和秩序。

从字源上看，"礼"本字是"豊"。豊，甲骨文 ![] = ![]（像许多打着绳结 ![] 的玉串 ![]）+ ![]（壴，有脚架的建鼓），表示击鼓献玉，敬奉神灵。金文 ![] 承续甲骨文字形。当"豊"作为单纯字件后，有的金文 ![]

再加"示"示（祭祀）另造"禮"，强调"禮"的"祭拜"含义；同时误将"玉串"和"建鼓"构成的金文，拆写成"曲"和"豆"，玉和鼓的形象消失。有的金文加"酉"（酒）另造"醴"，表示以美玉、美酒敬神。籀文将金文字形禮和加以综合，取禮之"示"，取之"酉"，并以"水"（酒）代"酉"（酒），大大简化字形。造字本义：击鼓奏乐，并用美玉美酒敬拜祖先和神灵。篆文禮承续金文字形。俗体隶书礼基本承续籀文字形，将籀文字形中的"水"形写成"乙"形。《说文解字》："禮，履也。所以事神致福也。从示从豊，豊亦聲。"所以，"礼"字本义，是祭祀时击鼓献玉、供奉美酒，以崇"以下尊上、以生敬死"之意。

所以，"礼"这个字，本义是祭祀之仪。祭祀是中华文明最早期的形式。人们崇拜上帝、鬼神、祖先，信任和依赖它们的神秘力量，并试图从它们那里获得护佑，为此，人们必要以祭祀的形式，奉献牺牲，祷告祈福。这里有这么几个重点。一是生人与它们的距离感；二是对于神圣、神秘对象及其力量的崇拜和尊重；三是以恭敬崇拜之意对待它们的礼节、仪式；四是实践（"履"）价值，即要达到某个具体目的。就第三点而言，对于不同的神仙、鬼神或祖先，根据其与自己的关系的远近、尊卑程度（这一点往往是由血缘关系的远近决定的），确定、规定不同的待遇和礼节，比如，奉献多少祭品（牺牲）？烧几柱香？磕多少头？能够祈祷什么样的福气祥瑞？等等。这种不同的待遇，意味着地位高低不同、尊卑各异。各种鬼神、祖先肯定都高于人类，而它们之间也是有等级差异的。这样，在祭祀中，就形成了一个等级严格的"秩序"。根据古人的"外推"思维，把祭祀的礼仪扩大到社会，社会就应该呈现为一个"级差序列"，类似于台阶或金字塔那样的结构。这样，祭祀中的"礼"就在后来被引申为伦理、规范、秩序、系统、体制、范畴之意。在古代中国，"礼"与"法"合用，礼似乎取代法，礼治取代法治，德治超越法律，是中国宗法社会存在形态与政治意识形态的关键。

然而，"礼"毕竟是外在的、被给予的、被规定的、必须遵守的，对个体的人的意志和情感、生存状态可能都是一种压抑和阻滞。这个非我的、客观的"礼"的"压抑"或"阻滞",极易引起人们的反感和抵触,比如后来春秋战国时期的"礼崩乐坏",魏晋时期以"任自然、反名教"的返回自然,明代心学的反理学、反伦理和对于个人意志的强化等,都是明证。外在性的体制形成的一个固化的、沉闷的组织系统,往往会成为专制的压抑政体或组织,其中源源不断产生的压力,必须得到及时的疏解和宣泄。中国古人的智慧就在于,在确定"礼"的核心地位、不可移易性的基础上,同时也给人们准备好了一个安全阀,就是"乐"。商周以祭祀仪礼为基本形式、以"礼"规定的"秩序"约束人们的行为、以"乐"等诗性元素对冲"礼"之规范的压力,从而形成阴阳和合、刚柔兼济的礼乐文化,是中华文明的总开端和最有生命力、传承性的元素。

从内容来看,"乐"有诗性的审美,也有物性的快乐。前者为"乐"(yuè),后者为"乐"(lè)。前者有音乐、诗歌、戏曲、游戏、书法等艺术形式,有快乐、优美、崇高、和谐等审美的快感。传统中国文化是诗性的审美,特别重视诗的美感和诗化的教育。"诗"(艺术)是人生的基底,"乐"是人之所以成为人的基本属性,艺术化人生,才真正算得上是逍遥的人生。"诗礼传家",成为很多人家的门匾箴言。能够"兴于诗,成于礼,立于乐,游于艺"(《论语·泰伯》),当然既要依赖于"礼"的规制,又要消除"礼"的刚硬和压抑,以阴柔的形式使得"礼"的负面作用得以消解。后者外延比较阔大,包括政治上的德政、仁政、君政、贵民以及由此衍生出来的经济上的物质生产富足、经济繁荣基础之上的民生、民养得以保证后的丰富满足感,君、官和民的关系,教与养的关系,义与利的关系是其中很重要的几个内容。传统中国经济追求发展、繁荣、富足、均平,轻赋税徭役,使民以时,采取适当的经济放任主义,以及我们今天沿用的"小康",其目的就是物性满足之后的快乐。总体来看,"乐"是诗性的、柔软的、情感的、审美的、快乐的。

从个体与群体的关系来看,"乐"有"乐"(lè)和"悦"两个方面。"乐"与"悦"不同。"学而时习之,不亦说(悦)乎"的"悦",是因为一个人能够在"学而时习"的过程中,获得了个人的成长,成为一个君子,通过他自己的努力而获得心性的快乐。所以,"悦"是个体的快乐。"乐"(lè)则不同。"有朋自远方来,不亦乐乎"之"乐",

显然是由于朋友的到来、人与人琴瑟和谐的情感体验引起的，是群体性的、社会性的。"樂"，甲骨文 ❦ = ❦（丝，丝弦）+ ❉（木，架子，琴枕），字形像木枕上系着丝弦的琴具。金文 ❦ 承续甲骨文字形。有的金文 ❦ 加"白" ❍（说唱），强调弹琴伴奏歌唱。造字本义：和着演奏歌唱。《中庸》云："喜怒哀乐之未发谓之中，发而皆中节谓之和。"人之有喜怒哀乐，不得外发之时，即集中于个体之上、之内，是为"中"。若寻找机遇向外发泄，亦不能随意乱发，发出来要符合音乐节拍、韵律，如此所发之情感，谓为"和"。人类所以有歌、有乐器，就在于人类必须向外抒发胸中之气使之不郁结于内，保证心理健康，做到与自然、社会合和为一。而人于弹奏乐器、载歌载舞之当下，心物合一、人我合一、天人合一，诸种关系其乐融融，天地人间充满诗情画意。这就是"由人间关系的艺术和音乐（乐 yuè）带来的快乐（乐 lè）"。可见，"乐"者，一是源于七情六欲之外发，以乐器之弹奏得以表现，二是由于此种快乐是源于"朋"——人际关系、社会关系的和谐，故"乐"（lè）是由外缘激发的一种快乐，是社会性、关系性的和谐状态引发的心灵与情感的快乐，与个体性的快乐之"悦"不同。"悦"与"乐"，成为与"礼"对立、相辅相成的"乐"的两个方面。孟子又有"与民同乐"之主张。其对齐宣王雪宫之问，谓"乐民之乐者民亦乐其乐，忧民之忧者民亦忧其忧。乐以天下，忧以天下"（《孟子·梁惠王下》），陈义尤为精当高远。

所以，"礼乐"文明的要义，具有很强的概括性、广泛性和延展性。它既指向个体生命深处的美感，如个体的德性修炼（诚义智信忠恕）、诗性修养、修心养性、艺术化体验、内圣品格等，从而构建一种至善至美的内在秩序。这也可以理解为"中""教"；也指向群体社会的快乐，如物性满足保证了民生民享（民本；重农；节用；均平；轻赋税）的快乐、现实与现世生活的快乐、文化发展的快乐、群体关系伦理有序仁爱兼爱非攻无私的快乐、外王品格等。这也可以理解为"和""养"。先秦诸子对于"礼乐"之"乐"的理解和阐发，就是在这个广阔的义域里面进行的。孔子之"六艺"，本质上既是致仕求利之术，更是个体修养之本。孔子尤其重视诗教，重视个体的德性修养。老子消极地看视社会和世界，以饱满的智慧和哲思，启蒙人们从蒙昧的外在遮蔽中解放出来，回归到清静无为、大道集虚、混沌一体的境界，汉初从老子思想里面发展出来经济上的放任主义。而庄子是纯粹的精神超越者，追求绝对的自我、自由与无政府主义。墨子"非乐"，而墨子之学短期内即告消亡，因为墨学与中国"礼乐"文明的精神内核相抵牾。孟子不仅强化人的个体心性修养、德性（礼义廉耻），更重视经济发展的有效举措，其贵民重农重视民生的政治经济理想，是以"民之乐"为出发点的。

当然，"乐"只是传统中国政治经济与文化结构与发展之一端。在"礼"与"乐"之间，古人总是本着阴阳互依互转、执两用中的中和、中庸原则，既不过于强化"礼"的外在强制性，也不过于强化内在的自主性，而总能在两者之间寻找到一个平衡点，并称此为"至善"。儒墨均重视礼义之大防，也重视德、仁和爱之情感。法家主张君权独尊，淡化民权，厉行军国主义，虽然催生出大秦帝国，使中国统一，然而过于重视"礼"（法家之"法"），而缺少柔性的"乐"的另一方面，所以法家在后世亦几近消失①。

因之，"礼乐"文化确实是中国传统文化的基因。它表现为"礼"与"乐"的阳和阴的辩证关系，二者相左相背且互为依赖、彼此成就、不可分离、相互转化，刚柔兼济，动静和合，于分别中致统一，于同一中有差异，使中国文化成为一个类似"太极图"的"圆满自足、完整完善、能量满满、生命不息"的系统，具有关系的有机性、构造性、完满性、自足性，既有外在约束的威迫性，又有内在心性的自觉性，完美地诠释了哲学上的"阴阳"原理。可以说，"礼乐"文明，恰恰可以看成是"阴阳"哲学在社会、政治层面的具体化、现实化和实践化。例如，政治上的尊君与贵民、法与仁、德与刑等，既有上下分别、贵贱差等、举止有度的冷酷的规范性，同时也接触到人心最深处的温暖柔情和美感。而这两点看似相反，实是相成。这就是中国政治的奥妙之处。具体到个人，其实就"应该"做到两点：一是守法、守礼、守道德，规规矩矩做人做事；二是要强化艺术修养、心性修养，心性快乐，情感丰富，人际关系和谐，使生命生活充满音乐的美感。法律、天理、道德不

---

① "夫以秦之任法犹不足以为法治。汉唐至明清诸代则并此任法之政策亦废。然则二千年中何尝一见法治之政体乎？"（萧公权：《中国政治思想史》，商务印书馆2011年版，第268页。）

可违,自然、心性、自我意志不能放,辩证地活成理性与诗意完美统一的形态来,这大概就是幸福的本原意义。所以,传统中国文化、中华文明,向来坚守"礼"文化的阳刚之气,发展出专制色彩深厚的政治文明,同时更加强调和强化乐教、诗教和审美教育,连孔子的"六艺",其本质也不是实用的技术、技艺,而是修身养性的审美手段,以此散发出强烈的美感气息。其结果是,在人心深处,以"乐"成"礼",以顺从的心理与心灵自觉,成就非我、外在于我乃至于压抑自我的政治秩序,强化了集体力量、大一统意识。个体心灵的审美性,与集体、国家的秩序性,阴阳协同,刚柔兼济,内外合一,既中且和,两方面的协同动作,成就了中华文明的灿烂辉煌、生生不息。故而,审美固然是人心所向,专制也并非一无是处,一切都要历史地、辩证地理解和运用。

三、实践机制:中庸与中和

已如上述,中国传统文化把世界现象、人的意识精神均分为阴阳两个属性范畴,以"阴阳和合"的思维方式处理二元对立的融通中和;至于人类社会的构成和管理运作,则相应地对应于"礼乐"文明范式,并以"阴阳"思维处理"礼乐"关系,以试图构建一个既等级分明又仁爱和谐的社会——其理想终极是小康与大同;社会各组织要素之间的关系是"和而不同"、和谐共生;人格修养则是"修齐治平""内圣外王";文化上体现为三教一体,各领风骚;学术上复古与开新并存,继承与创新并举,今文与古文并行,儒墨之复古、仁爱与法家之开新、崇法尊君皆有用武之地;治与乱、分与合循环往复:崇文尚武,且是"止戈为武",以战争赢得和平,既不惹事,也不怕事;民族关系上明华夷之辨,各民族平等共生,界限明晰,且可华可夷;国际关系是和平共处,独立自主,互不干涉内政……

那么,这种"礼乐"与"阴阳"的关系的发生机制是什么样的呢?这就是作为行为动作的"中和"与作为行为准则的"中庸"。

（一）践中庸

中庸之道，讲究的是于日常生活之用中行不偏不倚、无过无不及之道，而不是远离、脱离现实生活；讲究的是自我的建构、成就与保持。这不是自私或个人中心主义，而真正是中国文化人性化、人本化的考虑。中庸不是形而上的，而是生活与做人、社会形式及其展开的准则。中庸是世界及人的日常生活中必须遵循、发挥作用的不偏不倚、过犹不及的原理与界限。

"中庸"的精义，在于不偏不倚，不落两边，属于中道。中道为儒学德性之要、之精、之神。不偏为中，保任于中，确保自我属性及位置，立足本分，把握边界，掌握尺度，一切均不过度。习之为常而持守不怠，即为"庸"。所以，中庸，就是保持独立、谨慎、本分、规矩、无偏颇并以之作为行为的轨则。"中庸"思想，是儒家思想的核心之一，是君子人格属性、德性修养、行事实践的原则，甚至是自然法则。"中庸"，告诫人们做人做事都要有一个"度"：无过无不及、不偏不倚、中正不二、行于中道、止于至善。做人做事要"中和""执两用中"，处理好两个方面、两个端点之间的关系，从而做到包容万象，和合万物，坦荡无私，心性平和；处理好人与自然、自己与他人、自己与自己的关系，能行仁政，能和社会，能齐家治国平天下。于己能够正心诚意修身，于社会能仁义礼智信，能亲民，于自我定位能"素"能"中"，于各种关系能"诚"能"一"能"和"，故能"高明、博厚、悠远"，故能"止于至善"。

我们通常把"中庸"当作没有观点或骑墙态度的代名词，实在是庸俗化了这个深刻的词语。朱熹在《中庸章句》的《序》里边开篇就说，"中庸"，"其见于经，则'允执厥中'者，尧之所以授舜也；'人心惟危，道心惟微，惟精惟一，允执厥中'者，舜之所以授禹也"（《中庸章句序》）。也就是说，尧舜所传的大智慧，是在"人心"与"道心"之间"允执厥中"。这个说法很是玄乎，其实这是朱子本人的"理学"思想的发挥。理学认为，有一个人心，人心之外有一个道心。人心"危殆而不安"，人心是坏的、危险的、不安分的；道心"微妙而难见"，道心是微小的、难以看见的，但却无处不在，神奇妙有。理学把"人心"与"道心"对立起来，提出"绝天理，灭人欲"的要求，目的是为中国人规定一个统一于外在"道心"的伦理与道德标准，这实际上并不"中庸"了。朱熹还没有走这么远、没有绝对化走偏。他贯彻了《中庸》的思考方式和方法，把人心和道心"折中"在一起，说，"精则察夫二者之间而不杂也，一则守其本心之正而不离也"（《中庸章句序》）。他说的"精""一"的"间而不杂""一守本心"，恰当地指出了人心和道心的辩证关系。那就是，既不要偏于人心，使人欲横流；也不能偏于道心，远离现实的社会生活和人间烟火气，既不能过度，也不能不及，"无过不及之差"（《中庸章句序》），把度把握得恰到好处。这是理学家从矛盾的"人心"和"道心"的角度立论的。当然，"中庸"之意，弥纶天地，不只是这一点，而是适用于自然界和人事的全部，是无处不在、无处不适用的"大道"。

细绎之，什么是"庸"？"庸，平常也"，"不易之谓庸"，"随时而在，是乃平常之理也"（《中庸章句》），是无处不在、无处不是、无时不用。庸有二义。一是"常"，即平常、平素、平时、日常，亦即不易不变不移，与"无常"相对。二即"用"，即使用、实用。所以，庸是日常生活必然之用。这个大道是不变的，且应用于日常生活之中，"不变"和"日常之用"就是"庸"，是"中"的功能和用途。

什么是"中"？"中者，不偏不倚、无过不及之名。"子程子曰："不偏之谓中……中者，天下之正道。""中庸者，不偏不倚、无过不及，而平常之理，乃天命所当然，精微之极致也"（《中庸章句》）。"中"就是适度、合乎理性和规范，既不偏向于此，也不偏向于彼。但是，我们要防止产生误解。比如，有人把"中"的辩证法机械地理解为"既不这样，也不那样""既要这样看，也要那样看"的油滑、没有态度，自以为这样才是严密严谨。同样，也有人把"中庸"低俗地理解为"各打五十大板"、绝无态度的滑头主义、骑墙态度、不落后也不出头、没有特性等，显然是对儒家思想、儒家智慧的极大误解。

这个"中"，不是等距离的中间、不是首鼠两端的骑墙主义态度、不是固定于某个点、不是物理时空的机械式凝固，也不是人们所说的中间派，而是变化的、辩证的、理性的、价值的、真理的

"至善"之"道"。①

对于这个"中道"（太极、至善的状态），可以有两种正确的理解方式：一是线性静态思维方式，其本质是选择、取舍和决定的"点"：它像一把水平尺，那个"中"点随时处于变化之中，并在理性和规范的约束之下，不停地向着那个"中点"靠近或重合。"中"有两义：一是于空间、并列关系上的"不偏不倚"，无私无党，不偏向于任何一人、一方，不依赖任何单方面的力量。判断与行为不会倒向任何一个极端，公正无私，中正仁和，不是从一己私利的角度对双方作出不合理性的、远离客观实际的判断。二是于时间和程度上的"无过无不及"，过与不及，其实质是一样的，都不是至善，不是理性的抉择。中庸要求的是"不过无不及"，既不过分，也不能欠缺，就是"恰到好处"，适中适量适用适性。过刚易折，物极必反，九五至尊之后必然是亢龙有悔；而不足、欠缺更是不行。所以，"止于至善"，就是无过无不及。此"中"字可读为一声，为名词；也可读为四声，为动词。为动词时，"中庸"意为"中于道而于庸常中用之"。那么，"中庸"就是"日常生活合乎道之用"。能以"中庸"之道指导行动，就是大人君子。

---

① "中"不是具体的位置或物。道家和道教对于"规中"的理解可以参考。伍冲虚《内丹三要论》云："夫身中一窍，名曰玄牝。受气以生，实为府神。三元所聚，更无分别。精神魂魄，会于此穴。乃金丹还返之根，神仙凝结圣胎之地也。古人谓之太极之蒂，先天之柄，虚无之系，造化之源，混沌之根，太虚之谷。归根窍，复命关，戊己门，庚辛室，甲乙户，西南乡，真一处，中黄宫，丹元府，守一坛，偃月炉，朱砂鼎，龙虎穴，黄婆舍，铅炉土釜，神水华池，帝乙神室，灵台绛宫，皆一处也。然在身中而求之，非心非肾，非口非鼻，非肝非肺，非脾非胃，非脐轮，非尾闾，非膀胱，非谷道，非两肾中间一穴，非脐下一寸三分，作明堂泥丸，作关元气海。然则果何处也？曰：'我得妙诀，名曰规中，一意不散，结成胎仙。'《参同契》云：'真人潜深渊，浮游守规中。'此其所也。《老子》曰：'多言数穷，不如守中。'正在乾之下，坤之上，震之西，兑之东，坎离水火交媾之乡。人之一身，天地之正中，八脉九窍，丝络联接，虚间一穴，空悬黍米，不依形而立，惟体道而生。似有似无，若亡若存，无内无外，中有乾坤。《易》曰：'黄中通理，正位居体。'《书》曰：'惟精惟一，允执厥中。'《度人经》曰：'中理五气，混合百神。'崔公《入药镜》曰：'贯尾间，通泥丸。'纯阳曰：'穷取生身受气初。'平叔曰：'劝君穷取生身处，元气之所由生，真息之所由起。'白玉蟾又谓之念头动处。修丹之士不明此窍，真息不住，则神化无基矣。且此一窍，先天而生，后天相接，先后二气，总为混沌。杳杳冥冥，其中有精，非常精也；恍恍惚惚，其中有物，非常物也。天得之以清，地得之以宁，人得之以灵。谭真人曰：'得（开）浩气之门，所以归其根；知元神之囊，所以韬其光。若蚌内守，若石内藏，所以为珠玉之房，皆真指也。然此一窍，亦无边傍，更无内外，若以形体色相求之，则又大成错谬矣。故曰：不可执于无为，不可形于有作，不可泥于存想，不可著于持守。'"

二是圆形动态思维，其本质是变化、复归与创造化生的机制：以"阴阳""太极"思想来理解"中庸"。"两端"即是"阴阳"。"阴"和"阳"是两个端点，但是，没有绝对的阴，也没有绝对的阳，孤阴不生，独阳不长。阴阳互根、互转、互化、互在、互生、互克，处在不断的变化之中。阴也是阳，阳也是阴。而阴阳辩证互动的结果，就是"太极"（无极）。观察一下太极图，可以看到，阴长则阳短，阳长则阴短；阴欠则阳盈，阳欠则阴盈，二者互抱互成，构成一个圆形。这个圆形，意味着圆满、成熟、至善。这个圆，作为结果，也就是"道""和""一""诚"。阴阳和合，不二一体，说的就是这个状态。所以，"阴阳"两端之"中"点，是我们入手的出发点，而太极（"道""和""一""诚"）是我们实践和价值的目的地：凡事从两端（"中"）考虑、入手，结果却是追求圆满、至善。"阴阳"就是"两端"，是我们所必需的立足点；而"太极"就是"和"，是我们实践当中必须适用的最终结果和最高境界。

要达到这个最高境界，就要"执两用中"，正如伟大的"舜"能"隐恶而扬善，执其两端，用其中于民"一样。朱子说："两端，谓众论不同之极致。盖凡物皆有两端，如小大厚薄之类，于善之中又执其两端，而量度以取中，然后用之，则其择之审而行之至矣。然非在我之权度精切不差，何以与此。此知之所以无过不及，而道之所以行也"（《中庸章句》）。所以，"执两用中"的意思是，考虑问题要从矛盾的或并立的两端考虑，做事也要从两端开始，两端才是现实的、具体的，是出发点。做事情不能抽象，实践不是空想和纯粹的意识活动。但是，考虑的结论、行为的结果，要有一个致用的标准，那就是"中"。这个"中"，是标准，是理想，是理性，是心性，是规范规约，是价值追求，总之是"道"。从两端思维和实践，从理性的合度来衡量价值和结果，就是"执两用中"——考虑问题要照顾两端，实践行为却要落实在中间之度。这是实现"中庸"的保证。所谓"执两用中"，其意思是，在考虑问题、解决问题时，不能偏执于一端，而应该从两个方面入手，考虑到两个方面、两个因素的影响与作用，做出判断、抉择从而提出举措。其中的关键是找到那个核心、那个合乎理性的"点"——它不一定正好处于中间；它最好的位置在于"至善"的地方。所以中庸不是物理意义上的距离的"等距"，而是在充分考虑两个端点的基础之上，合乎理性地判断出这个最佳突破点。不偏不倚，指的是意义、德性、价值上的不偏执，而不是距离上的"中间"。在判断者那里，所有的相关性因素都是不能忽视的，它们是平等共在的，或多或少、或正或邪、或大或小地发生着作用；而这些相反或相近的因素综合作用的结果，就是那个最终让我们的判断停止的地方，即"中"。中国传统文化，在处理人与人、人与自然、物与心、国与国的关系上，都讲究"中庸"之道这一极致。

人与人的关系，需要彼此保持不能太近、不能太远的距离，既要有自我，更要有社会的和谐。在处理人事纠葛、利益矛盾的时候，也不能偏向，不能党同伐异。人与自然的关系讲究天人合一，但是也必须注意保持天与人之间的某个距离，持有对天地的敬畏之心，而不能肆无忌惮，为所欲为。心是心，物是物，主观与客观、主体与客体，呈现为二元对立的关系，但是这种对立不是故意设置一个矛盾，而是对双方的一种自我属性的尊重，并追求他们之间和谐融洽的关系，在诗性的理解中，就是心物合一，就是游于艺，就是类似于禅宗的不二无我的坐忘与入定状态。而这种智慧，在历史上各国处理国际关系时，也发挥了巨大作用。我们国家的国际关系准则是独立自主、和谐共荣，彼此相互尊重而又友好、互利、共在、共赢，更是古老的中庸之道、止于至善的智慧的具体应用。这一点，使我们的政治策略、国际关系准则，有连贯延续的定性，而不是像西方那样争端迭起、反复无常、朝令夕改。

从人的生存和生活的角度看，每个人似乎都有很多烦恼。这种烦恼的根源，不是与自然的关系，而是人与人的关系，人与自我之心的关系没有处理好。他人是地狱？当你如此定位别人，也就意味着你把自己与别人的距离拉得很远，你的心偏向于你自己，对别人总是报以批判、质疑、防卫、抱怨的心态，那就不是中庸，不是中和，而是对立、对抗，就会产生痛苦。佛教教导人们无我无相，不要执着于我，也不要执着于相，更不要执着于某种念头尤其是恶念，心静如水，心净如镜，从根本上否定了人与人的距离。所谓"同体大悲"的意思就是，我们以绝对的爱，体念众生之苦乐，使所有的存在物，包括人、物，都处于不二一体的和合状态，这样，我们就安心了，也就不会产生痛苦，从而从痛苦的无尽无休轮回中解脱出来，获得心灵的透亮、走出无明的烦恼。这个药方，与儒家的药方，出发点不同，本体不同，方法不同，但是目标却是惊人的统一。儒家从对个体属性的保持出发，承认个体的差异，但是要求人们本诸中庸之大道，处理好各种关系、距离，并把主体的价值判断放在到善的那个点上，从而，在"关系"这个层面上达到与佛的"不二一体、同体大悲"的理念的一致。这都是"执两用中"。

（二）致中和

"执两用中"换言之即"致中和"。中庸是一个标准，是人文修养和行事标准与规范，依赖"致中和"这一行为动作和过程来实现。而"中和"是关系，是两个或多个因素的和合关系。这个关系范畴意味着其中各个因素的独立性，即"中"；也意味着其关系发生过程或结果的平等融洽状态，即"和"。也就是说，"中和"意味着从对个体各自分别属性的保持和肯定，到此种诸多个体因素关系间性的平等一体、融合不二。这个"平等一体、融合不二"作为结果就是"中庸"。所以，"中庸"是道，而"中和"是实现、实践中庸之道的途径。

"中"是个体自我独立分别属性的建构、成就和保持。何谓"中"？"中和"之"中"，和"中庸"之"中"有所不同。前者是自我、个体、属性之意，后者是哲学概念的"度"，也是实践行为价值之标准。就"中和"之"中"而言，人皆有喜怒哀乐。"喜怒哀乐之未发谓之中"（《中庸》），当喜怒哀乐生起于心，不向外发散，而是保存于自我之内，作为自身本有的属性存在，成就个体性、独立性以及与其他事物相区别的独立性，就是"中"。"中"就是佛禅所谓"保任"，保有某种状态而不变、不散乱、不外发、不溢出。它是边界、界限，是对自我内部属性和状态的保持与坚守。"中"，表达的是内、我、心、身，表现在自我修养上就是"正心诚意修身"，表现在行事做人上就是"忠"，表现在个人品行和岗位职守上就是"素"。"中"，是观察、研究人事的起点，也是实践行为的始点。自我的"中"，是自然事物的基本构成、是社会人事伦理的基础，是成就实践主体的第一保障。所以，国家的目的是保证公民的权益、福祉和安全；社会组织必须首先把个人的生活和教育当成第一要务；君子也应该把个人修养当作头等大事，求人必先求己，成人须先成己，时时事事善于反求诸己，反省自身，如射箭，射不中目标时不能怨天尤人，而要向内转，反思自我。简言之，"中"是对自己、自我的认可、建构、保持和保证。

"中"是比较哲学化、抽象性、理论性的说法，若通俗点、具象点、实践性地讲，就是"素"。君子一定要"素其位而行"。什么是"素其位"？"不愿乎其外"。就是不愿意、没有超越或溢出自己的权益、位置和空间的主观意向，自己的行为、责任、权利和义务，都有一个不可僭越和超出的范围。"素"，就是简单、单一、纯粹、坚守、朴素。这里包含几个意思。一是简简单单地做人做事，不把人事搞得太复杂，越简单对待、处理越好；二是不轻议人是非，不随便臧否人物、东长西短；三是做事情不要贪多，一心一意、专心致志地做一个事，要恭敬、真诚、敬畏自己的岗位和事业；四是坚守坚持，善始善终，达到预期目的，不做完一个事绝对不开始另外的事，直到圆满完成；五是坚守自己的岗位，尽职尽责；六是绝对不能越权、僭越，自己不应该享有的权利就不能贪心、不能有非分之想；七是不越出自己的职责范围，而是把自己的事情做好，有余力再考虑做自己能做、可以做的事……总之，各就其位，各行其是，各尽其职，各得其所，各安生理，保持中正、不偏不倚的位置，不超越、不逾越，严格遵守自己思考、言行的界限，一切以自己的德性为考量标准，一切不假外求，成人先成己，而不是怨天尤人，敌对世界或社会。所以，"素"就是"中"，就是定位，就是把自己限制在自己应该在的地方。作为一个君子，他并不能有超越或逾越的主观意图和愿望，而只是守"中"，守己，守责，做一个单纯、简单、始终如一的人。"素"或"中"，就是从个体、自我的角度观察"中庸"之道。"君子无入而不自得焉"，君子没有任何时间和地点不是怡然自得、自由自在的，完全不受外界的左右，得失由己，从心所欲，这是很高的境界。这个境界，就是严守自己的定位、安于自我的现状、尊重自我的选择或被选择、认可一切理性的规定，把一切外在关系事物看淡，并认真地对待一切、执行一切，做应该做的事，不逃避，不推脱，难也做，易也做。《中庸·第十四章》中道："素富贵，行乎富贵；素贫贱，行乎贫贱；素夷狄，行乎夷狄；素患难，行乎患难。君子无入而不自得焉。在上位，不陵下；在下位，不援上；正己而不求于人，则无怨。上不怨天，下不尤人。故君子居易以俟命，小人行险以徼幸。子曰，'射有似乎君子。失诸正鹄，反求诸其身。'"生于富贵人家，就应该安于富贵、保持自己的富贵、做对自己的富贵有益的事；作为贫贱之人，也不要自卑、烦恼痛苦，学会认可、安于贫贱，并能为了改变自己的贫贱而在贫贱的处境中努力奋斗、积极进取；若非中华之人，就应该安于夷狄状态，做夷狄应该做的事，团结在大国和中央政府周围，为平和天下、和谐共处做出努力。"万物并育而不相害"，不能蠢蠢欲动、谋非法非分之事，造反中央，挑战权威，扰乱秩序；处境艰难，罹患苦难，正是考验自己之时。认可自己的当下状态，并于患难之中见出柔韧性、忍耐力，以自己的工作努力摆脱一切不如意。这样，就没有痛苦，就不会因为自己的非理性、非法、反社会、非美学的态度而做出不仁不义之事，做出把自己置入痛苦、限制、阴郁、分裂、沉重的境地之事。所以，"素位"，既是做人行事之标准要求，其实更是儒学心法之要，也就是"慎独""明明德""正心诚意修身"，即安自己的心、定自己的位、成自己的德。

"中"，是做好自我的定位。关于处理自己与他者的社会、政治关系，素位的要求是：在上位的人、当权者不能凌辱下级，要尊重他、合情合理地以仁义对待之；下级不能攀援上级，通过各种手段诱使上级为自己谋权利或利益；首先要端正自己的态度、调整自己的心态，让自己行得端、站得正，不阿不偏，不把自己愿望的实现放在别人的恩赐、布施或帮助上。这样就会"无怨"；上不怨天，下不尤人。那些没有君子修养、不能做到"素其位"的人，往往不能成功，往往心态失衡。真正的君子，能够安居其位、认可上天或理性的安排，遵从天道，尊重规律和法则，这是宽厚而博大的智慧；小人，则不安其位、不行其事，整天跃跃欲试，失去理性规范，不贞不正，日日事事处于危险之中，把成功的可能寄托在侥幸、冒险、冲动和小概率事件上。君子从自我出发考虑问题，并从自我的德性修行上给自己的行为定下规矩；小人却从自己以外考虑问题，把自己的命运交给不属于自己、自己无从掌握的东西上面，无规无矩，行为失范，危机重重。所以，孔子说：君子的人格和行为方式，就像射箭一样。如果没有射中目标，不能怪他人或客观因素，而是要反求诸己。君子之道，必须从自我出发。世界与社会，在君子们看来，不过是一个由我及他、推己及人、由自我中心向外部世界社会荡漾、延伸、发展的过程与结果，君子首先要对自己有严格的要求，并厉行"明明德"才行。当君子能够"明明德"，就拥有了向外发展、外溢、社会化的资本和资格，就能亲民、齐家、治国、平天下，实行仁政。正如行远路必须始于足下,正如登高必须从最低的地方起步;正如一个社会的和谐与进步,必须起自于夫妇的琴瑟和谐、兄弟姐妹的团结快乐,大家因和气而快乐。这样,家庭美满,父母安乐,社会就会和谐发展。所以,"中""素"之德,始于自身,齐于室家,虽微必显,盛德洋洋。人不中不素,则不和不恕,不仁义,不能成人成己,不能成圣成王,不能成君子大人。

自我之"中""素"与群体间之"和""仁",是"中和"的两大义项。"和",是从群体、社会、复数、动态的角度观察"中庸"之道。"发而皆中节谓之和"。人有情不能不发,否则就无法进行社会交流而适应满足其社会需求,也无法保证身心健康而致病。人的七情六欲怎么发呢?发而不能乱发,不能无原则地狂暴而发、凌乱而发、肆意而发;若发,必须合乎音律和节奏,必须有美感,和和乐乐才行。"和",所指是外、关系、社会、结构。音声相和、感应、律动、在某种规则下的共生共在,都是和谐。"和"是终点,是结果,是价值的落地之处。和谐,要求通过格物致知,知人察物,以内体外,由我及人。所以圣人君子必须始之以正心、修身、诚意、慎独,此为第一要义,强化个体之成;而且必须终之以齐家治国平天下,由内及外,由我及人,由家及国,由亲及疏,渐次扩大以至于把社会作为价值终极目标。这就是由"中"而"和"。故《大学》开宗明义言"大学之道",一方面强调"明明德",就是强调中、我、内、心、德、身、个体,是说"中";另一方面说"亲民",德性体现于社会关系,如外、他人、礼、仁、义、信、恕、社会性,是说"和"。前者内圣,后者外王。前者立己,后者达人。独善其身,是"中";兼善天下,是"和"。"中"是天下的根本,没有中,就没有自我,世界与社会就失去根本。"中""素",是个体修身、明德、践行之准则;"和""一",是群体社会治理、关系措置的价值规定。

"和",外则成之于礼制,内则行之以仁政,而"一"成一个整体、一个高度,这是最高境界。"礼"为制,是外部约束性力量,是契矩,是体,是范,是度,是序;"仁"为德,是内部自发自觉自主性修养,是情感,是心性。"仁"则能和于政事、和于人事、和于天地人伦,是融通、大同。起始于修身、扩展于和亲,以至于知人爱人亲民,达成人之关系、社会关系的多元因素之"和谐"。"一",就是合一,如《中庸》要求，达道者五，必一之；行之者三，必一之；天下九经，必一之。"一"，为最高之理念、最高之境界、最终之追求。礼也好，仁也罢，论其实质，都是强调合一、融合、整体、不二之理，此即是道。"和"是和谐的世界关系和秩序，这是世界和社会和谐运转的根本。所以，只有发挥"中和"的作用，才能让世界万物各就其位，各安其理，皆得发展繁荣，所以，"中也者，天下之大本也；和也者，天下之达道也。致中和，天地位焉，万物育焉"（《中庸》第一章）。

那么，和有三个阐释的角度：一是"礼"之"和"，二是"仁"之"和"，三是作为本质的"一"之"和"。

"礼"之"和"，强调的是伦理关系上下之间的秩序性、体系性、组织性和谐。这种和谐不是平面的和谐，而是在保证上下、尊卑关系这个前提下的融洽状态。这种状态保证了机体的有机性、体系性、结构性和有效性。文王、周公是"礼"之"和"的代表。"无忧"的文王得益于周公之礼制。文王尊重自己的家庭系统伦理。这个系统就是：大王、王季、文王、武王。王季是文王之父，文王是武王之父。父亲创造的基业，儿子继续其大统，缵先王之绪，从而取得天下，"身不失天下之显名。尊为天子，富有四海之内，宗庙飨之，子孙保之"（《中庸》第十八章）。武王到老才受命于天，是周公成就了文武之德，制订了各种礼制。这个礼制，对上自天子、中经士大夫、下及百姓的行为规范，尤其是丧礼这个最重要的人生大事，都有详细的规定。这个规定有层次和做法要求上的不同，但是人人必须服丧，却是同一要求。如同书同文、车同轨、行同伦，礼就是"一"的制度力量，是制定同一规则，以之为人事行为的原则、规定、要求、规范、界限。这是体制的保证，"礼"之规定下的"和"，才是真正的"和"。没有平面的"和"，"和"是秩序之"和"、差异之"和"、伦理之"和"、等级之"和"。"和"的前提是"礼"，祭祀祖先，明确昭穆、贵贱、贤愚、上下、老幼的秩序关系，以这种明确的礼制尽己之责，事天、敬尊、爱亲、牧民，这样，能礼，就能治国平天下，"明乎郊社之礼，禘尝之义，治国其如示诸掌乎"（《中庸》第十九章）。晓义明礼，治国就是易如反掌的小事。中国是一个人治国家，是伦理政治，以"礼"治国是早期的政治精髓。礼，在中国文化、道德、修养乃至政治体制中，居于最核心、最崇高、最重要的位置，这是体制。

"仁"之"和",说的是"仁"以施政。政者,最能体现"仁""和"之用,故以政言之,所以有"哀公问政"。"政"的核心是"仁"。按,"政",原意为征伐(甲骨文 ⚑ = ⚐正,征伐不义之地 + ⚐攴,持械攻击),表示武力征服。造字本义是以武力征服并用暴力统治。然而,似乎古人在使用时故意改变了"政"字的原意。政由"正"和"文"组成。"正",是中正,是不偏不倚,是"止"于"一"("正"="一"+"止"),即"止于至善"。"文",是文采、纹路,表示所有的美丽的东西,是美的现象与美的态度和审美方法;同时,也是法令制度(孔子"郁郁乎文哉,吾从周"之"文",即指周代法令制度)。所以,"政",一定是以善为价值导向和最终追求,以法令制度(礼)为规范约束,以美为人生态度和内涵意味,既善且美是为"政"。所以,我们才主张行"仁政"、善政而去恶政苛政暴政。如前所述,"礼"是政,"仁"是政,"和和乐乐"是政,这是君子之政、贤王之政、圣人之政。"仁"是人与人的平等(当然,这个平等也不是绝对的平面上的平等,同样也是礼制规定之下的平等)、相爱与融洽、和乐。那么,"仁政"就是"和"这个原则在政治领域的延伸和理念的现实化。如果说,"礼"更强调尊卑秩序和道统,那么,"仁"则更倾向于和乐融洽的情感审美关系。"政"的核心、基础、主体、目的都是人。有人才有政,无人则无政。人与政的关系,就像树与地的关系一样。政由人出,政亦是为人而施。那么,无论是行政者还是被治之百姓,都应该以"仁"为准则:施政者施以仁政,被施者受仁政之惠,整个社会以仁而爱。所以,"为政在人,取人以身,修身以道,修道以仁",这是儒家政治思想的"仁道主义"。《中庸章句》中朱子说:"人君为政在于得人,而取之又在修身。能修其身,则有君有臣,而政无不举矣。"这是从行政者的素养和德性上而言。对于被施政者,也要求他们仁义友爱,融洽和乐。所以,仁以修身,既是施政主体的德性,也是社会治理的目的。此言行政。仁是礼制规定下的仁,包含亲亲、尊贤。亲亲是基于血缘关系、是亲属间的仁,尊贤是社会关系、是对于人才的尊重,是应有之"义"。然而,亲亲不是平面的亲,尊贤也不是平面的尊,亲与尊都是有"礼"的具体规定的,都是由"礼所生"的。此言人伦。如果在下位者不能获得上司的信任、在下位者不能获得上司的领导与服务、管理,国家就得不到有效治理。那么,君子不可以不修身,这是起点;而能不能修身，就看能不能事亲至孝；能不能孝，就得看能不能知人；能不能知人，就看能不能知天。知天就是知道。能知道，就能知人；能知人，就能事亲；能事亲，就可以修身；能修身，就可以治人以仁政。所以，不守社会伦理规范，不修身、事亲、知人、知天的人，也就是不懂礼制的人，根本不能与之谈政治的问题。仁、义、礼，为三大器。仁者亲亲，关系也；义者相宜，价值也；而礼者生之，其保证也。无礼则无仁无义可以成也。此言社会。

"执两用中"要"止于至善"。"中"是对于个体的尊重，是对于个体属性的保持和肯定，强调的是自我的"一"；"和"是对于关系的约定和追求，强调各种关系的一体不二、平等融洽、和谐大同，是群体的"一"、大局的"一"、社会的"一"和结构的"一"。"中"与"和"的最终结果都是"一"。"中和"的结果，最终体现为在"止于至善"，就是止于"一"，止于"道"，止于和合之象、平等不二之境。无论是作为个体的"中"，还是作为群体的"和"，其性质都是"诚"，都是"一"。"一"者，先之以个体主体的"中"，继之以群体、社会的"和"，既中且和，就是"一"。"一"是整体、同体、大同、和乐，是人与人、人与物的平等、是个体间的不二一体、是无矛盾不对立的和谐和乐，是儒家伦理思想的形而上学，也同样是道佛两家思想的形而上学，如道家之齐物、佛教之中道，都是"一"。"执两用中""致中和"的最终结果、最高境界，就是"一"。

"一"就是"至善"。"一"即"道"，就是最高最好的本质属性。"正"就是"止"于"一"；"正心"就是"一心"，那个符合大道的心；而"一心"就是"诚"和"敬"。《中庸》里说，"诚者一也"，"诚"就是"一"，就是由多而一，就是从对个体的关注到最终对群体的强化，从独立对立到和合统一或同一，所谓天人合一、内外合一、上下合一、人我合一、心物合一都是。反映在社会与政治层面，"诚"即"仁"道，即"中道"，是齐物之道，是儒道释三家共同之核心、共同之哲学性思考的形而上学。能"诚"，则无矛盾，无对立，无我无相，无相对性差异。"诚一"的境界，是世界一体、我物不二、均质平等、心物平衡的至大"真空妙有"的"中道"境界，是"逍遥"而"游于艺"的美学境界。能"诚一"，则人与物游、心与物同、人与我和、天与人一、内与外等，那么，世界即我，我即世界，宇宙即吾心，我心即宇宙；因"高明""博厚"而绝对地无所不容；可以预知先知，绝对的"我思"即可通达世界；可以参天地之化育，神通天地之机运；可以成己成物，成己即成物，成物即成己；可以悠久不息，长久悠远；可以无为无不为，"不见而章，不动而变，无为而成"。中庸是天地之道，此道"博也，厚也，高也，明也，悠也，久也"。所以，"天地之道，可一言而尽也"(《中庸》)：天地之道甚是广大精微，然而，只要一言就可说尽；这"一言"，不过就是"一"字，即"一"也。故，中庸之道，即"诚"即"一"，即"中"即"和"；《中庸》之"中庸"，"尊德性而道问学，致广大而尽精微，极高明而道中庸"，是最深刻的宇宙本质、人生智慧、治国方略，是最博大的人之胸怀、致胜之达道、君子之人格修养！

中国文化关于为人行事的基本要求即德性规定，最重要的就是这个"诚"。人与人的关系要诚，就是大家不要有矛盾，要融合融洽，和乐一体，和气生财，天下一家。人心要诚，内外如一，心中所想与行动要统一，而不是巧言令色，言不由衷。言行要一致，做到诚信忠贞，始终如一。自己对自己也要诚，要坚守信念，要善始善终，要慎独。组织对组织也要诚，国与国也要诚心相待。其他如仁、义、礼、智、信、忠、孝、悌、友等，都是以这个"诚一"的结构关系为最高宗旨的。中国文化在所有这些关系中，追求一种一体不二、平等共在、万物并在而不相害的和谐关系，其最高境界就是"一"，就是"诚"。"诚"，于天地、内外、身心、人我（五伦之属）等的关系，在"礼"的规定之下，以差异之必然、礼制之规定而达到同一性的追求。这个同一性追求，即"诚"。《中庸》全篇以"诚"为枢纽。合儒家诸经典看，修身修心而能诚，能诚而以知以行，则为君子。诚作为道，是"止于至善"的终点。而"至善"，由"分"（散、众、多、杂）而"一"，由"中"（内部、个体、独）而"和"（关系的平等、融洽、和合），由"素"（干净、独立、坚守、合理性、合规矩）以"仁"（爱），由"忠"（不变、向心、保任）而"恕"（以己度人、体察人心、平等热爱）。所以，"至善"，是处理好个体与群体、内部与外部、心与物、我与社会之关系的至善之道理。这也就是圣人之道，也是天道。天人合一，圣即天，圣心即天心，圣道即天道，圣人之性即天性，故天圣合一，故圣人能自然而然，顺天行道。圣道天道，即"诚"，即"一"，即无异不二，即中庸而执两用中，即大道自然。修行之要，在于反求诸己，回归本心，去除异解异见，以"中"而定心，以"素"而成己。"正心"者，"一"其心，净其心；"诚意"者，"一"其意，合异二。这样，既已成己，方能成物成仁，所谓推己及人，仁以治国，恕以待人，和而大同。这就是内圣而外王。内圣为本，外王为末。本立而道生，王因之而成。内圣为因，外王为果。而本末一体，内外无异，诚之又诚。

"中庸"思想、"中和"的方法实践、"诚一"的属性和境界，有很大的实用价值。在中国文化的基底上，中和的方法与智慧，是以"礼"为基干的。在"礼"这个文化与政治、人伦的基干上，生出了"中庸"与"中和"的标准、方法途径和结果。宇宙间的各种元素及其关系，可以概括为天地、我人、身心三大类。作为由很多元素构建的一个结构，中国社会与文化的核心是"礼"，如封建、道德、伦理，也就是天文地理人伦，其中心是秩序、结构、上下察、左右明、老幼分。每一个个体的"我"（不一定是人而包括人）作为中心，与他者相和相合，那么天地、外物、他人与我这个中心的关系，由上而下，由内而外，形成了一个立体金字塔结构，这是封建之原理、道德之根基、人伦之大德的基本结构形式。在这个结构当中，首先有严格的等级分别秩序，范之以"礼"，规定、保持个体的自由与存在的属性；其次要强调各个体关系的和谐，求之以"乐"，礼与乐，是儒家思想之源即西周礼乐文明的核心和要义。所以，我国政治与文化的古典精神，是典型的"戴着脚镣跳舞"。其害处是泯灭个体性，为无人权、无个性、无自由、无创新，过于内向张本；当然其利处在于群体，在集体性、群体之宏大力量性和行政的高效率性。这是儒家思想的本然面目。

然而儒家学说的压抑、体制化、无个体性及其于心的层面的无自由性，必然有反弹后果。在人心取向方面，有内向之害，则必然有外向之求；有过于事功之弊，则必有超越之请；有积极入世之利，亦必然应之以隐世修行之钝。所以就有了佛与道文化存在的余地。道家从远处高处观察世界本真而求超越，佛家从人心深处探视人世之真而求解脱。儒家的存心养性，必然伴随着道家的修心炼性与佛家的明心见性。对于一个完整完善的君子人格而言，行进以身心以儒，止退于心必以佛。内外兼修，身心合一，动止合宜，进退有据，内外和谐。其最高境界，就是老庄超越于齐物基础之上的逍遥自在、身心舒泰、出入自由。

中国之文化，以世俗性、生活性见长，而短于哲思与自然科学，所有思路均以人世为标的；中国人温良恭俭让、温文尔雅、不出风头、平衡中正、无创造性，原由在此。中国人于体制之内，清心寡欲，稍富即安，有家有国，有礼有乐，有武有文，内定外安，来远怀人，而于生活之中有诗书琴棋，钟鸣鼓庆，呀呀小唱，梦乡温柔，斯即满足，其幸福指数极高。中国国家，往往以此而国泰民安。如是，于人而言，身心合一而稳定平静，欲而有制约，约而不退藏，积极中知退，退让中有进，如此进退有据，左右逢源。亦不必止于凡间，世人也有神仙境界，无相对之烦扰规范，有无用之明哲保身，超然物外，跳出三界，如"至人"之绝对无待无依，那种绝对的自由、虚无的道境，使人获得无上的精神超越性。中国人的心理世界，结构稳定，波折而能直面，危机而能化解，成功可以庆，失败不必悲。孔孟之道，庄周之境，佛祖之心，成为中国人心的幸福法门。从文化结构上看，儒道佛三足鼎立，为最稳定之结构。故中华文明，能长盛不衰，历久弥新，与时俱进，不断焕发出勃勃生机。

第三章　中国传统文化范式的范畴系统

中国传统思想创造性转化与创新性发展的历史形态和轨迹业已明白，下一个需要梳理的关键，是转化与发展的对象即历史资源是什么？中国传统思想包含哪些内容？哪些内容是不科学、不再适用的，纯粹归属于历史的存在形态，表现为惰性的或者死亡的；哪些内容具有与时俱进的属性，仍然可以被激发激活，能够面对新时代、分析和解决新问题，可以进行时代性的转化与发展，并作为中国文化的核心精华而得以薪火相传？

思想，是基于现实的分析思考而作出的精神性、理论性、观念性建构。其构成包含范畴（以及相关概念系统）、方法、价值和实践三大领域，而范畴是一切思想建构的始点、基础和核心。范畴的设定、定义和理论展开，是对于世界对象、精神意识领域的抽象性把握，并以此发挥人类主体的意识能动性即创造力，理论性地对主体与客体对象进行本质性和规律性探索，用于发现、分析、创造与变新，最终形成人与主客观世界的良性互动关系。范畴，是主体的人在意识平台上呈现出的世界的抽象性映象。对于范畴的分析、批判、鉴别、生新和发展，是思想转化和发展的关键。

中国传统思想历史悠久，内容博大，义理精深，学派众多，异彩纷呈，时代性和普适性兼具，理论性和实用性共求。思想家多维度、跨时空、跨学科、既继承又发展的理论探索，给我们留下了极其丰富的范畴集群，构成了丰富复杂的理论系统。任何对这一范畴系统试图进行概括性全景扫描的努力，都不会是绝对全面准确的。本章仅依笔者陋见，将中国思想范畴分为三大系统，分别是：一元系统，即本体终极规定，是世界的本质与源头。其包含本体之"道"、系统之"统（秩序）"、机制之"和"、状态之"一"。二元系统,即理论分析框架,是对立统一的辩证关系。其包含"阴与阳""名与实""内与外(物与心、理与欲)""实用与理想""群体与个体(自由与体制、他在与自在)""善与恶""道与术""礼与乐""自然与人""有与无(真假、色空、'持守与放下'、进与退)""知与行",以及知识与义理等。三元系统,即世界结构性呈现和人的实践,是对世界现象事物人事的理论化展开。其包含"天地人""儒道佛""过去、现在与未来""名、仁、礼(孔子)""道、德、术(儒道之争,儒学儒术化,工具与实用化,从道家到道教的实用主义取向)""真、假、中""义理、考据与辞章(经学的)""性、情、心与(或)道、性、礼",以及"诗、史、诗"的知识存在形态等。以上三大范畴系统之分划,极其概括,当然可能挂一漏万、轻重有偏,故唯是抛砖引玉、以待方家耳。

一、一元范畴系统

一元系统即本体终极规定,是世界之本质与源头、关系之秩序、运动之机制和存在之状态,分别是本体之"道"、关系之"统(秩序)"、机制之"和"、状态之"一"。"道""统""和"与"一",构成了古典中国思想的"元范畴",这四个元范畴完整地描述了世界属性的全部,是中国古人对世界认识观念的总集成。

"道",本来是道家与道教思想的本体概念,但在中国思想史,"道"成为各家各派共同的核心本体范畴。道,在哲学上称为"本体",如柏拉图与黑格尔的"idea",举凡哲学家或哲学流派,均有自己的本体设定,用以解释世界、延展逻辑、构架理论体系、提出实践方案;易学称为"太极"或"无极",这个"无始终"的"最极点",就是世界的本原和本质;儒家称之为"礼",如"礼者,其为仁之本欤?""本立而道生""物有本末,事有终始。知所先后,则近道矣";佛教称之为"心性",心性为世界之本原,修行目的是为"明心见性"。总之,"道"是中国思想关于本体的一个范畴。"道"是世界的本原,世界源出于道,道为万物之母,"道生一,一生二,二生三,三生万物";"道"充塞天地,无处不在,山河大地,花鸟虫鱼,具体抽象,历史未来,均离不开道,"道不可须臾离也,可离非道也",万事万物都生于道,容于道,控制于道,与道一体,无处不是道,无物离开道;然而,道是抽象之物,无形无象,无数无量,圆融混一,不二不离,惟惚惟恍,不可把握,不可言说,只能逻辑地予以推测,或只能依赖"悟"或"直觉"或"天启"的方式得到。道,可能只是一种纯粹理论上的假设,也可能是世界实在的本原,但在哲学上,"道"一定是本体论意义上最重要的、不可或缺的义项。由"道"出发,中国思想发展出儒、道、易、墨、法、阴阳、兵、农等思想,也接纳了佛教思想。在"道"这一元范畴的统领之下,思想百花齐放,百舸争流,四方奔突,蔚为壮观,且生生不息,历久弥新。当然,各思想家和各流派,各有各的"道",各有各的对"道"的不同解释和运用,但是,"道"必然是唯一的出发点。有时,道与物的关系也被表述为"本与末""一与多"。"一"或"本"是指宇宙本源或本体,"多"与"末"是指天地万物。魏晋玄学主张"以无为本",王弼①认为形形色色的个别存在物(有)是现象(末),而在现象之后有更根本的东西是万物的本体(本),这种"本""末"关系是母子关系,"本在无为,在无名,离本舍母而适其子,功虽大焉,必有不济"(《老子注》三十八章)。"本"是虚寂的本体,也就是"无"或"道","寂然至无是其本矣",而有形、有名的万物是从"无"或"道"所派生,故提倡"崇本息末"。《大学》谓:"自天子以至于庶人,一是皆以修身为本。其本乱而末治者否矣。其所厚者薄,而其所薄者厚,未之有也。此谓知本,此谓知之至也。"能知本末,则知道明本,洞天察地,智慧明达。而"一"是道,是本质、本体,是目标;"多"是现象,是我们存在的物理世界而非本质。我们在"多"中生活,在"一"中(哲学意义地)存在。人明解大学之道、依中庸之原则做事为人,通过"格物"而致"知",通过闭关、坐忘、顿渐之悟而把握到"性",通过"无我无相无著"放下对虚假的执着之后而到达那个寂灭的"净土",都是从"多"出发而至"一"与"道"的境界。一、本生世界,是本质,多、末是世界,是现象,由多而一,由末而本,是认识与德性的修养。一与本,是世界的起点,也是终极的目标。

"统"是关系及其秩序。世界生之于道,而世界生成之后,其构成

---

① 王弼(227年~249年),字辅嗣,山阳高平(今山东省微山县)人。三国时期曹魏经学家、哲学家,魏晋玄学的代表人物及创始人之一。

也就成为思想的必然要素。世界的构成要素，各自成立、独立，然而，却是各要素之间的种种关系，构建了世界。一与多，本与末，主与次，先与后，上下八方的空间关系，过去现在未来的时间关系，以及逻辑关系、感情关系，等等。各种关系呈现为世界构成群体之间的"秩序"，此所谓"天地位焉，万物育焉"。《中庸》所谓"素位"，也是讲各守其位、各尽其职，在仁义之道和礼仪制度的规范性关系中构成一个和谐社会。细分之，"统"有横向的关系秩序，如空间、逻辑、情感关系，如政治之一统，如国家与领土之"统一"；有纵向的时间历史关系，如政治治理的"政统"，如学派发展继承中的"道统""学统"……总之，"统"是世界万事万物精神思想意识形态等的秩序性关系。"统"体现为秩序。中国思想的最高关怀、终极价值，就是思考、探索、构建当时境域中的中国传统文化范式，包括自然秩序、社会秩序、人心秩序、语言秩序，如宇宙论、伦理法律、道德心性、名与实、言与意、义理考据之辨，等等。

"和"是生成机制。《中庸》中道："喜、怒、哀、乐之未发，谓之中。发而皆中节，谓之和。中也者，天下之大本也。和也者，天下之达道也。致中和，天地位焉，万物育焉。""喜、怒、哀、乐"，是情感，哲学上可以作为一切具体事物或单个元素的符号性指称。当它独立存在、自我成立，保持稳定的、隐而不发的个体存在状态，我们称之为"中"，即指一种独立性、朴素性、与他者无关性。宋代理学家称原始人性的保持状态为"中"，无论是善还是恶，当它隐忍未发时，就是"中"。然而，"中"的个体独立只是一种理论分析的假想状态，没有绝对的"中"，世界是关系性存在，生成的过程是关系中的生成。诸种"个体元素"之间必然发生联系与关系，这种联系或关系有正面的，也有负面的，有仁义礼智信的、真善美的，也有不仁不义无礼不信不智的、假恶丑的，而前者这种关系乃是美善的，如音乐一样"中节"合符，表现出世界与生命的音乐性、节律性和美感，这种美的关系就是"和"。"和"，需要"节制"而不能放任。世界、自然界生成之初，是合乎大道、本诸美善原则的。但是，由于人为的原因，如利欲熏心、如客尘染污纯洁的心性、如在人定胜天的观念指导下对自然的破坏，美善状态往往逆向发展为丑恶状态，从而失去自然节律的和谐。所以，中国儒家思想追求"礼乐"，以"礼"（包括礼仪、伦理、道德、法律、规章制度）节制人们的行动与心性，达到并保持"乐"的美感存在。佛教讲缘起性空，性空假有，回归中道，使人们放弃源于"五蕴"的世界之空，以绝对否定的判断方式，即色即空，即有即无，无所执着，以各种修行方式，或顿或渐，或义或律，或识或禅，摆脱外物外缘之干扰，回归心性本然的干净与安静状态，称"涅槃"或"寂静"。道家与道教更具有强烈的自然主义价值追求，如庄子要求人们以齐物的态度，认识到差异性的人为性，放下"名""功"，进入逍遥无碍的自由自在境界。"礼乐""涅槃"或齐物逍遥，都是乐感境界、和美而善的世界。"和"，即是要求世界构成各要素之间的良性互动关系和合乎自然节律的共在关系。《易》"乾"卦"彖""大哉乾元，万物资始，乃统天。云行雨施，品物流形。大明始终，六位时成，时乘六龙以御天。乾道变化，各正性命，保合大和，乃利贞。首出庶物，万国咸宁"，与"坤"卦之"彖""至哉坤元，万物资生，乃顺承天。坤厚载物，德合无疆。含弘光大，品物咸亨"，表达的就是"天地位焉，万物育焉"的"中和"状态。"和"，既是一种美善状态，也是一种动作机制，有时是名词，有时用如动词。

"和"的最高境界是"一"。"一"就是"道"，不过，"道"是本体，而"一"是与道对应的现象世界的状态。"一"，就是整体性、有机性，没有距离，没有对立，没有差异，没有分裂，而是一体不二。世界本无多元，本无对立，也就没关系。但是，"世界"不是"宇宙"，"世界"是为人并因人而存在的、一个"宇宙"的映像，而不是宇宙本身。世界，离开了人就不存在。佛教认为，世界是由我们的"眼耳鼻舌身"的感觉而感知形成的，没有感觉，就没有世界。所以，世界是假、空、缘起的。心性本来"人人皆有佛性"，不过为"客尘所染"，迷失了本性，陷入无明幽暗的迷昧状态与痛苦的轮回模式。而当我们认识到世界"不二"，无我无他、无心无物、无有无无、无是无非、无佛无阐提、无人间无净土，回归到至清至净的本我之心性，则已经是拨云见日、去蔽而无漏，如此，建立在分别观念之上、由人的欲望控制的执着就会失去基础，从而达成真正的解放。儒家重视"同风俗，一道德"，从孔子提出"名、仁、礼"的儒家学说，到思孟学派的心性取向，经董仲舒的实用化、政治化大一统理论和郑玄的知识化经学化，唐代韩愈、李翱的道统和心性转向，及至宋儒理学家们对天理和人欲的辩证、宋明心学家们对心性功能的放大与尊崇,儒家思想的道统,永远是在消弭矛盾、裂痕,在奴隶制或封建制的绝对不平等中,追求着相对的"平等",追求着心性的"仁"与社会价值标准的"义",追求着政治清明、天下一家、君臣同乐的和谐。这个"一以贯之"的道统,也是"以一贯之"的道统,即对于一个平等、和谐、无矛盾与对立的社会的追求与建设。道家讲"道通为一",道生万物,万物自有其性其状,并于其间发生各种关联,而世界发展的最终的结果和存在状态,还是与道的"纯净""纯洁"、均质一体相同的"一",也是一种无分别、无差异、无界别、无矛盾的平等、和谐、均质状态。

"道"以生,"统"以在,"和"以成,"一"以终。这就是中国思想对于世界本元的"元范畴"描述。中国思想有效地解释了世界的来源、世界的结构、世界的关系和世界的结果。

二、二元范畴系统

二元系统,即理论分析框架,是对立统一的辩证关系。需要明确的一点是,中国思想中对于世界的认识是一元论的而非二元论的,二元范畴、二元概念或观念,只是一个理论分析的工具,有时表现为一个状态、过程,而不是对于世界本相或本质的认识。世界是一元的,"一生二",经过一个复杂的生成过程,世界呈现为缤纷万象,对立的结果是统一,所以世界的本质,仍然是与道相合的"不二圆融""混一冲和"。为对世界进行更真切和准确地把握,理论势必要进行对世界整体的"分析"——"分"即以工具一分为二,"析"即以工具把整体人为割裂为部分,"一"的世界必须"分析"为"二元"的理论形态,才能达到认识的目的。我们可以概括为:哲学性思维的"阴与阳""有与无""色与空"等;个人与外在关系的"内与外(物与心、理与欲)""群体与个体(自由与体制、他在与自在、国家与个人)""自然与人"等;心性修养的"善与恶""理与心""情与性""悟与迷"等;价值理想的"实用与理想""有用与无用"等;社会政治领域的"礼与乐""法与情""循与酷"等;人生行为规则方面的"持守与放下""进与退"等;语言学与知识学术领域的"名与实""道与术""知与行""知识与义理""渐与顿('格物致知'与'致良知')""诗与思"等,这些二元概念,就是为了理论分析而设定的具体概念。这个二元系统,构织成中国思想的理论体系,呈现为历史源流,解释了世界现象,指明了实践道路和方法,是中华文明的精神核心和宝贵资源。

"阴"与"阳"的对立统一,是中国哲学思想的基石。"一生二","太极生两仪",继之以"二生三,三生万物","三为万物之母",以及"两仪生四象,四象生八卦",世界从绝对抽象的"道"中,经过不断的感性化、具体化和物化,渐次展开、呈现为现象世界。这一思路与黑格尔的"精神现象学"相同。中国早期智者,对世界进行高度抽象,根据现象界万事万物的不同属性,概括、归类为"阴"性与"阳"性两大对立的方面:"阳"者,为天,为男,为热,为光,为化,为气化,为尖突,为主,为强,为刚,为雄,为有余,为牡……;"阴"者,为地,为女,为阴,为寒,为暗,为聚,为实体化,为凹进,为次,为副,为柔,为雌,为不足,为牝……。二者是对立的,同时也是统一和互化的,这是中国思想中最重要的辩证法元素。阴阳相生相克,相克即是相反性的属性,相生即是互依互在互存的属性。"阴"与"阳"是现象性的存在,是能够为我们感知的世界,而不是宇宙的真实。宇宙的真实是不二一体的,而由我们的感觉器官感知到的世界,与本质、本然的世界并不等同。此即佛教所谓"假"的原理。世界是缘起的,而缘起者性空,空无自性,随时生灭。世界是由我们的"五蕴"即眼耳鼻舌身感知到的,感知的信息在"意"即意识层面上的显示,即是我们身处其中的世界。人们存在于这个虚假的世界,而这个世界呈现为二元对立的两个方面,于是我们有了天地、男女、高低、美丑、穷富、贵贱、善恶、利害等区别,于是我们就在欲望的驱使之下,向往追求好的而规避坏的,于是我们就有了执着之心,于是就有了痛苦的轮回。所以,修行的目的就是,认识到世界的缘起性空性和虚假性,抛弃我们对世界的二元区别,以不二一体、无差别的世界观,放弃对世界的主观的自我的判断,回归到本无区别、不必判断的、干净而清静的本然状态,归于寂静的涅槃或禅境,也就是心性自身或化性。老子在哲学上论证了世界之"道"的冲和不二性,庄子通过《逍遥游》说服人们放下二元差别的错误,在《齐物论》中直接论述世界无差无别的一体状态。儒家思想者们虽然强调具有差别的社会等级性,但他们还是要在保持社会差异等级的同时，追求一个和谐而非对立的世界与社会，"一以贯之"之道，仍然是儒家的最终价值。所以，人们对世界的分析，始于阴阳二元的对立，却必然终于一元之道。在这个过程中，二元对立的阴与阳，在不断的运动、变化中，呈现为统一与互化，以至于阴阳是和合的，乃至于是一体的、无分别的，阴即是阳，阳即是阴。在佛家那里，被表述为是就是非，真即是假，有就是无，善就是恶，即色即空，即有即无，即是即非，无善无恶，在禅宗那里更是表达为"是心是佛"乃至于"非心非佛"。庄子所谓有用与无用，也本无差别，有用者未必真的有用，无用者未必真的无用，而应该是"小大由之"，主张无用之用和有用之无用的辩证视角。无论是儒，还是道、佛，都主张无我、无相、无差别的和谐统一。而这个统一，却是以对立的形式表现为冲突的过程，在对立与冲突中向相反的方向转化，形成"和而不同，不同而和"的世界形态。阴阳的二元性，表明了世界的多元性、生命力，阴阳的统一与互化，表明了世界的整一性、规律性、统一性。

二元对立统一的范畴在个人与外在关系上表述为"自然与人""内与外（物与心、理与欲、性与命）""群体与个体（自由与体制、他在与自在、国家与个人）"等。在"天地人"这"三才"构成的世界中，人居于思维主体的地位，所以，人与人之外的他者的关系，就成为最重要的二元范畴之一，西方哲学称之为"主体与客体"。内与外的关系，从"人"这一生物群体的角度，是人与自然的关系；从社会的角度看，是个体与群体的关系；从个体的角度看，是物与心、理与欲、性与命的关系。

第一个，人与自然的二元统一。中国文化是敬天畏天的，早期的天地就是神，中国的宇宙论就是以天地论为核心的，中国思想的起点也在于"仰视于天，俯察于地"。而和谐的宇宙，需要人处理好天地即自然与自身的关系。一方面，要敬畏天地，另一方面，也可以"人定胜天"，二者结合起来，即想生存于自然，就要利用自然并保护自然，这也是中国生态文明的内涵。人和自然的关系，是中国和谐文明的基石。

第二个，是个体与群体的二元统一。处理好人与自然的关系，还要进一步处理好社会群体与个体、社会性与个体性的关系，即自我与他者的关系。世界是自我的世界，实践是为我的实践，个人是社会发展的具体目的地，个体的福祉、个体的权利要得到保障，这是社会存在的根本意义。然而，人的本质是社会性，个体不能离开群体而存在，没有群体，就没有个人，作为单个的一个一个的"人"是不存在的。所以，个体、个人的利益，存在的物质保障和安全保障，必须以社会性为前提。为了个体的存在，人类必须建立组织、统治机关，形成"体制"。所以，自由和体制的关系是，体制是为了自由的体制，自由是体制限制之下的自由。自由自在，以他在的约束为前提，理学的"天理"太过极端，心学的"良知"同样太过极端，一极端于客观外在，一极端于主观内在。理与欲、天理与良知的对立，应该统一内化为一元一体。《中庸》称之为"诚"。诚者一也、明也、整体也、和谐也、无分别也。"诚"为中庸"中""和"之上的最高境界：于己于内为个人修养，于社会于外为关系，其义为天人合一、人我合一、身心合一、知行合一。在人际关系与社会层面，他者是自我的映象，没有他者，就没有自我，没有自我，也没有他者，自我与他者，是一而二、二而一的矛盾性、相生性存在，若在皆在，若无皆无。同样，国家与个人的关系亦是如此。儒家思想尤其善于处理社会性，它对于内圣外王的理想设定，对诚意正心修齐治平的价值肯定，其实就是要完善地处理这些内外关系，所谓的"中和"，也就是群体关系的美学化处理，是群体合唱一般的社会学美学。建设天下一家、和谐共和的大同社会，一直是儒家思想的宏伟目标。所谓的"大学之道，在明明德，在亲民，在止于至善"，就是把先明己德，再处理好社会关系，然后行事做人才能止于对善，作为最高的学问之道来看待的。

  第三个，从个体的角度看，"内与外"的关系体现为物与心、理与欲、性与命的关系。首先，是心与物的关系。心与物的关系，处理的是人心与外物的利益关系与审美关系。这有点类似但不同于物质与意识的关系。"物"，或指外部世界自然之物，或指作为消费对象或心理欲求的物质名誉利益，总之，是与"心"相对的一切现象实体的总和。儒家思想从不讳言利益问题，但是，利益必须取之有道，即必取之以义，"盗亦有道"，凡是"宜于"社会的利益，取之则是"义"的，反之则不义。道家与道教总体上也不贬斥利益，无论是社会的发达与进步，还是人心的修行与善良，抑或是身体的健康，都是他们追求的目标。佛教对利益有自己的理解。佛教认为，利欲足以熏心，物欲导致痛苦，因为人们对物性利益的过度关注，使原本干净而平静的个人心性，受到外尘之污染，从而执着于外物，被外物牵制，陷于悲惨与痛苦而不能自拔。所以，人必须通过种种修行途径，割断自我与物质利益的联系，要么禁欲守戒，要么面对外物的诱惑，以定生慧，回归"父母未生我之前"的本来面目即佛性状态，这样一个纯净的、干净而幸福的个人自我就会出现，从而在均质一体的世界上，做到自我与世界的完美统一，达到澄明净洁的境界，这就是解脱，就是涅槃，就是真正的自由自在。佛教对物质利益的东西是排斥的，而对于自然界这种外物，是主张不二一体的，人与自然本为一体，分裂的状态是假是空，色空一体，有无不二，即心即佛，所谓澄明的禅境、所谓寂灭，不过是物我一体之"不二法门"。六祖所谓"我无、无相、无著"，也不过是否认从而不再执着于自我与外物的分别、牵挂与意义指涉。老子主张"功成而弗居"，功成身退，庄子主张"至人无己，神人无功，圣人无名"，就是以无我的精神，抛弃过于功利的实用价值诉求，无论是物质的还是精神的，包括权、利、名，因为它们是相对性的存在，是不实在的存在，所以都应该抛弃，从而回归自然。这种思想，体现为道家思想的自然主义美学，也体现为佛教在中国发展为诗意盎然的禅宗，尤其在中国诗学中，心物统一、心物融合，成为一个最高的审美要求。所谓诗性和诗意，是通过意象的使用，呈现出物我合一美学境界的诗歌属性和主体感觉。中国诗学是以天人合一的世界观为基础，以物我合一的体验为终极目的，它追求的是一种自然的、一体的、无我的"我"的心性状态。这种合一、纯净、无我无相、无内无外的逍遥、自由、自在的心性状态，就是中国诗性最深刻集中的审美特性。其次，还有一个理与欲的关系。这个关系处理的是天理与人欲的关系。人心迥异，人心思变，故人心叵测，难以把握，但人心有无一个标准？人的行为有无一个统一的规范，并使之深化于人心内部而成为自觉的行动？这是宋代道学与程朱理学探索的核心问题。"理"是天理，即道。这个"道"，一方面是自然之道、宇宙公理，同时也是圣人之道、社会公义。在圣人那里，自然之道即社会之道，宇宙公理即社会公义。故，理是客观的"道"，是"天理"，而此天理亦是人性人心的榜样和终极目标。社会伦理建立在道德心性基础之上，有了好的道德基础，社会伦理自然就被自觉遵循而被视为自然性的理所应当。故，理学家们主张通过格物致知，达到明理知性，这样，整个社会就可以"同风俗，一道德"。虽然理学家们主张理与欲即客观之道与人心的合一，但他们是把这个"理"与"人欲"彻底区分开来，把理当作一个高标，作为一种高高在上的道德律令高高悬置于人心人欲之上。理与欲的统一，是以"存天理灭人欲"为行动纲领的。直到宋明陆王心学那里，理与欲的分野才得以抹平，心学主张"天理即人心"，没有一个居于人心之外的理，如果有理，非他，而只能是人心本身。"格物致知"的外向性努力，被"致良知"的内在的体悟所取代。这样，心与理完全"统一"，实际上是"同一"，不是天理与人欲的二元分别，而是"心即理也"的不二一体。如果说，程朱理学的理欲合一以其分裂为形式，那么，陆王心学的理欲合一则是以理合于心、理被取消为代价。但无论其走向与结果如何差异，他们的初衷都无非是"统一性"。

最后，就是性与命的关系。此关系处理的是心性与身体的关系。性命双修是道教的重要思想与教义，也是内丹学术语。性指人内在的道，心性、思想、秉性、性格、精神等。命指人外在的道，身体、生命、能量、命运、物质等。性命双修也就是指"神形兼修"，心身全面修炼。身不修，命不存；性不修，道不存，身心合一，性命双修，才是仙道最高旨意。人要有形气之生命，也要有精神意识之性，生命与精神意识即命与性统一。修命以物理和生物学方式解决，修性则以宗教修行和直觉体验等方式达成。二者共同进行，不可偏废，所谓"神不离气，气不离神""性不离命，命不离性"，以生理变化心理，以心理变化生理，内丹与外丹结合，修身与修心不离。或从命功入手，炼精化气，祛病健身，然后心神安定，炼气化神，炼神还虚，提高精神境界；或从性功入手，炼己筑基，排除私心杂念，调整平衡，提高追求层次，开阔心胸情怀，互相带动，共同长进。修性可以通过理性认识活动、道德修养活动和宗教体悟活动达成，修命则包括形体锻炼活动、营养及良好的生活方式、作息制度、社会实践活动达成。在儒家那里，性命问题，体现为"内圣外王"的王道修养，内圣即"格物致知""诚意正心"，即"明明德"，外王即"修身齐家治国平天下"，即"亲民"。这样，一内一外，一圣一王，知本知末，二者统合在一起。通过"慎独"，通过"三省吾身"，通过"心斋""坐忘"，"知止而后有定，定而后能静，静而后能安，安而后能虑，虑而后能得"，内圣可以达成；"物有本末，事有终始。知所先后，则近道矣。""自天子以至于庶人，壹是皆以修身为本。"修身为本，"本立而道生"。"古之欲明明德于天下者，先治其国。欲治其国者，先齐其家，欲齐其家者，先修其身。欲修其身者，先正其心。欲正其心者，先诚其意。欲诚其意者，先致其知。致知在格物。"这是内圣的方向。"物格而后知至，知至而后意诚，意诚而后心正，心正而后身修，身修而后家齐，家齐而后国治，国治而后天下平"（《大学》）。这是外王的方向。而其天人合一，相向而行，做到内外合一，圣王不二，此即是儒家之性命双修。总结以上，心与物的关系、理与欲的关系、性与命的关系，就是人处理内外关系的三种模式、三种形态。而内与外的关系、自我与他者的关系、自然与人的关系，解决了人与自我心性、人与他人、人与自然的三大关系，人的存在形态被清楚明白地描绘出来，在理论或逻辑范畴上，人类获得了存在感，才能够安心地存在于世界。

二元对立统一的范畴在社会政治领域呈现为"礼与乐"、法与情、循与酷等的关系。儒家与法家在人的社会性规定上用力颇深，中国文化以此者为主，构筑了强大、有效的社会政治管理理论。本组范畴本来应该属于上述人之"内与外"关系的子范畴，但因其重要性而予以单列。社会政治理论和实践是对人间关系的规定、调理与训诫，倾向于外在压制与管理。但是，中国文化以刚柔兼济、内外兼修、阴阳和合、平衡协调为原则，所以，中国社会与政治理论做到了人的主体价值的最大化。"礼"，是中国早期从三代时期，由祭祀文化的仪式礼节发展而来，讲究祭祀的等级差异，以及由此等级差异带来的相应的牺牲待遇、礼节仪式的差异，呈现为高低有序、上下有别、内外不同、亲疏分明的阶差序列。这种阶差序列，在奴隶制和封建制的政治与社会理论和实践上，就呈现为阶级或阶层的关系秩序。儒家概括为"礼"，并称之为"为人之本"，具体落实到伦理规范、心性道德上，在社会和道德心性内外两个层面，都给出相关规定，以之为社会与政治运作的准则。这种思维，在法家那里就演变为"法制"，以更加强硬的武力手段、制度手段保证社会与政治的良性运转。儒家的温情脉脉的伦理道德要求与法家冷酷无情的法律制度，本质上都是对于政治社会关系的调适、管理与规训，不过是儒家更强调自内而外的、自发性的德性自觉，法家更强调人是被管理的对象。无论是伦理道德，还是法律制度，中国文化都明确其优点与劣势。至宋代道学那里，"礼"与"理"等一，伦理道德或法律制度的"礼"，作为"天理"，被视为是天然的、客观存在的、不以人的意志为转移的、必须遵守的条例或公理；与此相反地，心学家们则把"理"与"心"等一，认为"心即理也。此心无私欲之蔽，即是天理。不须外面添一分"（《传习录·卷上·徐爱录》），实际上也就把"理"的至高无上性的律令拉下神坛，把人心、人之自我、人之意志和主观认识当作"天理"，可以说，明代心学是启蒙主义的、人文或人本主义的，它对客观的、外在的"礼"或"理"形成了严重的冲击，行使着那个时代人文解放的历史责任，文化由外向而内转，人的主体性、自我性和创造性被承认并得以保护。但是，此仅就其刚性一面而言之者。换个角度辩证视之，中国古智者深深明白过刚易折、物极必反之道，一方面尊崇"礼"的秩序性力量，另一方面也并不偏废"乐"的熏陶。必须"据于礼"，而必然"成于乐"。"乐"，也是源于祭祀时的音乐与歌唱，它是舒缓的、有音律的、作用于人心与情感的，是阴性的温柔，是作用于心灵的审美和催眠，是在享受中的自觉守望。与礼治并行不悖，中国的"乐治"非常发达，如"诗教"传统，自西周以来，一直贯穿于中国思想史、政治史和文学艺术史。春秋战国时期，《诗经》往往是人们的行为准则，甚至是国际往来的必备礼节。孔子尤重诗教，亲自编辑删改《诗经》，朱熹把《诗经》列为"五经"之一，重视其教化作用。每一个中国知识分子，写诗、读诗、教诗，除审美价值之外，更看重的是它的教化作用。所谓"文化"一词，"文"者是美学，"化"者是"教育、熏陶与革命"，非常完美地诠释了中国"乐治"的文化现象。"乐"也是一种思维方式，它追求情感、温柔、德性和心愿的被尊重、被满足。在尚法的同时，也考虑情感；在强调理的同时，也不忘心性。儒家有讲"礼"的"名实"规定的伦理道德，也有注重于从心性出发的思孟传统。宋儒把"天理"建立在"人欲"之上，明儒则直接把天理等同于人欲。在政治治理、法律适用上，"循吏"以乐治理、以诗教人、以情动人，对社会进行柔性管理，而酷吏片面地从礼、理出发，以教条、法条、制度规章压制与约束人，则采取的是相反的刚性管理。总体上看，在礼与乐、情与理、理与心性的辩证关系上，中国思想在政治与社会治理上，呈现为在礼、理、法的强硬规范、外在约束之外，提供了一个乐、情、心性的柔性补充，二者宽严相济，刚柔互补，辨证施治，相得益彰，使中国人的行为既能前进有空间，退守能慎独，进退有据，有无相生，又能自由与规范兼具，个体与社会协调，外向与内向同步；

使中国社会既能按照某个秩序存在、遵循某种规定或原理运作，保持秩序性、有机性、有效性和稳定性，同时，也能以强烈的人文主义色彩，尽量尊重个人的个体性、主观性、差异性、情感性，形成超稳定的文化格局。这是中国文化思想因子的最大优势。

二元对立统一的范畴在国际与民族关系上体现为华与夷、王与霸、中心与边缘、天地与四方。这也是"内与外"关系中的子范畴。不过，这一内外关系是从国家与民族作为主体的角度观察立论的。人类的发展、氏族与国家的出现、民族的形成，使人的主观意识从个体意识向集体意识、组织意识、民族意识与国家意识转变，对中国人而言，"华夷之辨"就成为观察和处理"中国"与"四夷"的物理方位关系以及价值定位、信息和物质交流关系的一个视野、一个切入点。由北极星主导和定位的天地系统，作为一秩序，映射到人间，就形成了以中原或中国为中心、四夷为周边屏障围绕的国际或民族关系格局；映射到政治体系，则是以皇权中央为核心、天下九州拱卫的政治统治体系；映射到家庭，则是以父权为中心的伦理纲常。这诸多关系的一个思维模式，就是"中心与边缘"的差别性、秩序性、共存共在的关系。华夷之辨，首先是一种内外矛盾，在国家衰落、或在中外文化相互碰撞时期，这一思维模式往往随即被激活，成为处理对立关系的理论资源，导致民族中心主义的排外心理与行为。所以，华夷之辨在尊道崇儒攘佛的历史文化交流过程中，在明清以后中西文化开始碰撞的历史新窗口期，往往成为最强的民族思想支撑，"尊王攘夷"往往成为行动的口号与纲领。中国思想界，维护的是居于中心地位、领导权威、价值高地的汉族政权对于其他民族和国家的优先性和优等性，捍卫以汉政权为核心的世界秩序、以中华文化为高地的文化秩序。但是，中国文化的基本特质是"和"文化，追求中国与四夷在保持某种阶差等级序列前提下的和平共处，以"王道"为首选项，即以威加四方、感化帮助、怀人以远为策略，而较少采用以武力征服和占领为手段的"霸道"策略。王道，使一个强盛时期的王朝有效地建构了稳定而和平的国际关系秩序，而霸道，却是在内外关系遭遇不测时不得不采用的手段。应王则王，该霸则霸，刚柔兼济，软硬兼施，能伸能缩，依时而用，王霸结合，是在具体语境、力量对比情形之下必须要考量的对外关系策略。

二元对立统一的范畴在心性修养方面体现为"圣与王""身与心""善与恶""理与心""情与性""悟与迷"等。这一组关于心性德性修养的对立范畴，仍然是"内外关系"的子范畴。如前所述，儒家思想的君子理想人格和修养就是内圣外王，内圣就是诚意正心修身，外王就是修齐治平，内讲"中庸"而外讲"中和"，涵养成温文尔雅的君子之风。可以读经格物以致知，可以心斋坐忘以修性；可以以儒法面向社会实践，可以以道佛深入心性肌理；需要修性，也要修命。是穷天理灭人欲，还是天理人欲人心本来即一；情感欲望与心性是统一还是分别，可以争论，但是，通过渐次艰苦的修行，即可以做到明大体，去有漏，得光明，祛黑暗。无论是性善，还是性恶，儒道佛三家均能从或善或恶的人性论出发，找到心性修养的不同途径和方法，本着"诸恶莫作、众善奉行"的行为准则，以"积善之家必有余庆，积恶之家必有余殃"为心理训导，以感应机制、灾异预警为现象提示，规训人们弃恶从善，这符合自然界的能量交流原理。或者，对于天资甚高的人而言，抛弃渐修的艰苦、烦琐，抛弃执着之心，甚至将作圣、升仙、成佛的这种心性执着也放下，刹那之间，触破天机，直达心性原本光明之境，于一片澄明之中，获得人之心性本具之纯净、纯洁和纯美，也是德性修养一个难得的便捷途径。总之，渐修与顿悟，无所谓高下之分。无论是渐修还是顿悟，都是为了使人在德性修养上提升自己的境界，走出"迷误"，走向本有、至善之境，走向心灵的安定与平和。所以，善与恶只是一种理论的划分，只是一种教育与规训手段，并不是德性修养的最后目的地和最佳境界。事实上，如果人们的修养已经达到圣、仙或佛的至高境界，成为"神人""圣人"或"至人"，一定会从这种从权策略的二元对立中超越高走，走向无善无恶、无是无非、无义无不义的理想境界。通过对善与恶的对立、天理与人欲的对立、情与性的对立的理论性分析，中国文化对个人德性修养的要求，达到了一个非常高级的超越性目标。

二元对立统一的范畴在实践领域的价值理想体现为"实用与理想"，"有用"与"无用"，"义与利"等，以及人生行为规则方面的"持守与放下"、隐与仕、进与退等。孔子讲"学而时习""学以致用"，经学讲"通经致用"，理学与心学讲"知行合一"，老子讲"无用之用"，庄子讲"大小由之"，道教讲性命双修，佛教讲慈悲度世，即使是禅宗的洒脱，也是禅茶一味、洒扫庭除的日常生活之审美。确实，中国思想有强大的实用主义传统和价值导向，无用于世、不用于心的思想或学术，没有存在的理由。然而，中国的实用理性不是庸俗的，而是高雅的；不仅是功利的，而且是审美的；不仅是现实的，而且是理想的。儒家的君子人格与仁政，道家的道法自然与审美，佛教在人性与佛性、心与佛、轮回与涅槃、无明与无漏的对立中对后者的修行、彻悟与抵达，都充满理想主义的色彩。理想主义色彩就是希望站在现实的大地上而超越现实，仰望星空而又务实于大地，实用主义与理想主义一体化。那么，有用与无用的区别何在？道家对有用与无用的理解更加辩证。老子说，有生于无，"三十辐共一毂，当其无，有车之用。埏埴以为器，当其无，有器之用。凿户牖以为室，当其无，有室之用。故有之以为利，无之以为用"（《老子》第十一章），看似有用者未必有用，无用者却有大用。庄子的《逍遥游》中说，无用可以明哲保身，有用可能夭折不寿，而且，用有大小，如"不龟手之药"，可以用于"世世以洴澼𬤊"，也可以用于战争裂土封侯；"五石之瓠，何不虑以为大樽，而浮于江湖，而忧其瓠落无所容?"大树若樗，"大本拥肿而不中绳墨，其小枝卷曲而不中规矩，立之途，匠者不顾"，"患其无用，何不树之于无何有之乡，广莫之野，彷徨乎无为其侧，逍遥乎寝卧其下?"无用者恰有大用，有用者还有别用，若能大小由之，适用善用，才是真正的"用"。当然，"天生我材必有用"，关键在于"用"必须有用的标准、用的正义价值和道德规定。有用者因为它有利，无用者因为它无利。利益，必须以道义为前提，不义之财不可取，取则遭殃；正义之财必须取，不取则暴殄天物。军事、政治、文化学术、货殖、农耕，皆为利来利往。利与义相偕，物质文明与精神文明同步。利出自人心人性，义却是天理道德，必须天理人心同一，欲望与道德协调，才是实践理性的内在应有之义。至若学问，"道问学"与"尊德性"似二而一，知识与德性不能偏废。学术之用，看似无用，并不会产生直接功利价值；然而，此无用正有不可取代之大用，它是道，是本，是精神支柱，是最强大的生产因子。所以，学术贵养，贵坚持，贵无功利，贵坚韧地持之以恒，贵"切磋琢磨"（《论语·学而》）、"优游涵泳，默识心通"（《二程集·河南程氏经说》卷四，《春秋传序》）的"自家体贴"（《二程集·河南程氏外书》卷十二，《传闻杂记》）工夫，而不能以短期效益为旨归。知识分子们面对世界、社会的现实，转身于历史的进程，"穷则独善其身，达则兼善天下"（《孟子·尽心上》），"天下有道则见，无道则隐"（《论语·泰伯》），能够发挥作用时，就要挺身而出，积极用世；当占尽道义先机时，个人的社会价值就应该得以实现。从而，义与利、有用与无用的范畴，在人生实践领域就延伸为隐与仕、进与退、"持守与放下"等。中国思想昂扬向上，积极进取，然而同时也有发达的隐士文化。是出是入，是仕是隐，是进是退取决于世事的正义与否，也取决于对自身安全的考虑。进可出仕，贡献社会，退可修行，纯化德性，进退有据，左右逢源，有晋身之阶，也有终南捷径，这是中国文化的世故与圆滑、成熟与老到，也是中国文人知识分子明哲保身的人生智慧。而即使是进而出于社会，有功于社会和时代、政权、人民，明智者如老子所言，最好还是"功成而弗居"，"生而不有，为而不恃"，以谦卑、退让、柔弱之势示人，虽退出于社会，却进入于安全与健康。所以道家并非纯然的消极避世，而是主张进取利益，但考虑到自身的安全问题，才对外呈现为退守姿态。实则柔能克刚，弱能胜强，可见道家取胜之道，在柔在弱，在虚实相生之间。中国兵法韬略，多出自道家者流，有其学理根据。相较而言，佛教则更为消极一些。既然世界是空无虚假，执着便无对象也无意义，甚至度人救世、成佛了道也无意义，善恶无别，佛魔无差，那么，人有何可作，有何可为，何处进益，又何处退缩？所以，放下一切，空掉所有，否定全部，并且，为了达到彻底的无所执着，"放下""空掉"与"否定"也是必须要放下、空掉与否定的。这种看似极其消极退却的态度和取向，实际其最终却也是积极的态度和行动，因为，只要在绝对空无世界观基础上做到这种绝对的无差别、不执着，人们就会摆脱对外物的执着，就会从迷昧走向光明，由痛苦走向幸福，由轮回走向解脱。所以，持守者成佛，亦不可持守；放下者的外物外相，也不必放下。以持守而放下，因放下而真正持守。所以，在禅宗那里，真正的解脱是自然的生活，而自然的生活才是真性情的解脱。所以，在"道""义""理""德""性"等本体观念的引导与约束之下，有道则入、则进、则为、则有、则用，而无道则出、则退、则无为、则不用，灵活变通，权变应世，无为而为，为而不为，功而不功，不功而功，无中生有，虽有而无，于不作为、不执着中有为、持守。儒家、道家与佛教，在这个深层次的人生智慧层面，确实给我们带来丰富的资源。当然，无道时奋起反抗，革命革新，创造新的世界，至于杀身成仁，舍生取义，大义凛然，向死而生，这些精神质素，也造就了一代代仁人志士，他们在民族与国家的危急时刻挺身而出，不问身世安危，"忧以天下，乐以天下"，唯以进身搏击，报效国家。这也是中国精神思想的重要资源。

二元对立统一的范畴在语言学与知识学术领域呈现为"名与实""道与术""知与行""知识与义理"，等等。

第一个，名与实的问题。"必也正名乎？""名不正、则言不顺"，孔子在他的思想体系中，高屋建瓴地提出了一个思想领域首当其冲的核心问题：知识、学术、政治、文化、意识形态、精神价值等，都必须有一个正当正义的名义、合乎正义的标准，以及道德理性。中国封建王朝的更迭中，每一个新王朝的出现，其第一个任务就是为本姓王朝寻找"天义"和根据，从而决定了各个历史时期不同的思想意识形态地位，李唐之道家李耳、赵宋之道家赵元朗，乃至于清代，都必须致力于为本政权寻找一个"名"的基础支撑，为自己奠定合法性与合理性。至于名称、概念、范畴、道义，都是"名"，"名"标识的是一个本体认识、一个理论体系、一个模式或方法、一套政治治理体制或学术思维范式。"名"的问题解决了，其他的东西都可迎刃而解，否则，不是走歪，就是走死，没有生命，没有前途。从语言学和逻辑学的角度看，有名无实不行，名实相符才可。春秋战国时期产生的名学，以"名实之辨"为主题，发展出了逻辑学、语言学、论辩术，并以此为基础产生了百家争鸣、百花齐放的学术繁荣景观。"名可名，非常名"之"名"，是语言和逻辑，是语言学和逻辑学，是论辩术和思维辩证，意思是语言与逻辑是有自己的内在秩序的，然而，语言与逻辑之于"道"，是不能言说的，语言有自己的边界和限度，超出了这个边界和限度，语言与逻辑就会无效。这一点与佛禅主张相一致。既然世界源于五蕴，五蕴皆空，从而我们看到的世界也是真空假有，那么，用于描述这个世界的语言也只能是空乏无用的"虚妄"之词。世界需要否定，所以，语言的功能就是否定而已。有，非有；无，非无。是，非是；非，非非。空，非空；实，非实。佛，非佛；人，非人。《金刚经》中："须菩提，所谓佛法者，即非佛法。""所言一切法者，即非一切法，是故名一切法。""若人言如来有所说法，则为谤佛，不能解我所说故。须菩提，说法者，无法可说，是名说法。""于一切法，应如是知，如是见，如是信解，不生法相。须菩提，所言法相者，如来说即非法相，是名法相。""一切有为法，如梦幻泡影，如露亦如电，当作如是观。"可见，在佛教教义中否定逻辑起了关键作用。同样，"否定"作为方法论，作为方便手段，作为逻辑理路，同样也会构成一种"相"，也要被否定，"法尚应舍，何况非法"。非法，非非法，非非非法……如此循环往复，可以至于无穷。佛教以"所谓……即非……是名……"这种似是而非、含糊其词、模棱两可的逻辑呈现方式，否定了世界、"我"、方法、逻辑、一切理性及其意识（包括否定自身）。① 在这里，实既是空，名亦无有，所以，到了禅宗，为了更彻底地解决执相问题，进一步把否定发展到极致，语言已经没有了存在的价值，"不立文字"，"言语道断"，而只能、只要"拈花微笑"，个中佛意，微妙呈现，只可意会而不可言诠，乃至进一步发展为打破常识、抛弃逻辑的"公案"或"机锋"。魏晋时期，佛玄相互应和依傍而发展，彼时出现了"言意之辨"，对语言与世界、语言的表达与再现能力，都表示了怀疑，"不落言筌""得鱼而忘筌"，语言并不能真切准确地传达信息，意义、意味需要体会或直觉，需要直悟与灵觉，而语言，只能是作为无用之物而抛弃，至多，只能有有限的作用与功能。儒家思想自汉以后成为国家意识形态，与皇权紧密配合，既有其建立中国化秩序的历史之功，也有其压抑人性与个体自由之弊，于是，魏晋玄学兴起，佛道合流，清谈之风甚盛，自由理想喧嚣，儒家思想作为"名学""名教"而受到反对，"越名教而任自然"成为人的自觉和解放、文学自觉的行动方针和突破口。儒家的"名教"体系是以儒家的语言学肯定为基础的。儒家思想是相信语言的作用的，相信语言对于秩序的清整具有现实功能和价值。儒家思想的学术形式是经学，经学以经、传、注、疏等知识形式，发现、深掘经典中圣人的"微言大义"，相信通过古代经典或今文经典的研讨、注解，通过对经典汉学式的名物训诂的语言学努力，或通过宋学那种对义理的自我发现，或通过对圣人之道的个体化悬空式心学体悟，或通过清儒的辨伪证实式的纯粹语言学考据，儒圣之大义道理即可呈现，而知识语言学的考据、哲学语言学的阐发，都是建立在对语言的绝对相信基础之上的。

---

① 参见笔者文章《进入无依无凭的自由领域——关于人的解放的语言学问题》，载于《洛阳师范学院学报》2008年第4期。

第二个，知识与义理、道与术的问题。从理论和实践的角度看，是知识与义理的问题，也是"学"与"术"的问题。"名实"相合者，是"道"，其学问是理论的"道学"，其目的是实用的德性，所谓"道问学而尊德性"者。道学探讨的是义理，包括本体、本质的问题，伦理道德的问题，现实与理想的问题，方法与策略的问题，个体与关系的问题等，这些问题一言以蔽之，即"义理"。中国知识以语言为手段，以逻辑为架构，以实践为目的，以伦理道德为核心，亦即知识为载体、义理为目的、实用为价值。纯粹的知识，如战国时期脱离实际的名实之辩、魏晋脱离现实的玄思、明代心学发展到极端的主观主义妄想和臆断、清儒脱离义理的纯粹的历史文献学和纯粹语言学考辨，都不能产生实际价值，从而被批评为"诡辩""清谈""束书不观"的无知和"无事袖手谈心性，临危一死报君王"（《颜元集·学辨一》）的空疏无用。古文经学致力于还原古代圣哲的义理，今文经学致力于结合现实需要的义理的阐发或创造，因为二者都能够以知识而臻达义理，所以它们是经学之重要形式和门类。从学、道与术、用的角度看，道学是纯粹思想的思索，是哲学层次的探究与实践论层次价值的理论性设定。思想之所以成为思想，思想之所以能够具有无与伦比的精神和实践价值，原因就在于其思想原初形态的纯粹理论性和思辨性。但是，当儒家思想满足了时代需要、迎合了皇权心理，当一大批汉儒尤其是董仲舒等把儒家思想纳于古老的宇宙模型和感应事件的因果之中，当儒学成为规定政治与社会秩序的有效理论，儒学就成为国家意识形态，道学就成为道术。儒家思想就成为一种政治与社会治理的工具。这一点本也无可厚非，中国思想原本就非常重视通经致用、追求实用价值理性。思想、知识，如果只是作为纯粹的学术形态而存在，既不关心性又不关社会实践，不关集体伦理规范也不关个体心性修养，知识不能贯彻于行动、指导行动，进而与行动合为一体，不能做到知是为行，行必有知的话，那么，知识就真的呈现为无用的虚妄之物。道即为术，知行合一，为中国思想不变的价值导向和圭臬。

三、三元范畴系统

混沌初开，天工开物，在于"三生万物"。"道生一，一生二，二生三"，三是最为稳定的结构，是最有生产力的元素，因而，三元范畴表达的就是世界的展开与实践的施行，是具体的世界与人的实践要素性的呈现，是对世界现象事物人事的理论化展开，概括了世界构成、思想内容、思维范式、生存智慧和学术形态。

  关于世界的构成，中国古代先民智者们，把世界作为"为人"且"因人"而存在的世界，因而把人纳入"天地二元"构成的系统中，描述了一个由"天、地、人"构成的世界。这是中国古人的宇宙论认识，是人们生存的环境，也是思维的空间。早期仪礼性的祭祀活动、成熟的国家治理、政治统治体制、伦理关系等，均是建立在这一宇宙系统之上的。在时间上，人们认为由过去经现在向着未来的线条性流动是时间的必然属性，它表达着万事万物从出现、初生到衰老死亡的自然过程，是宇宙、世界、人及各种事物的存在和发展的不可规避的轨迹。佛教的到来打破了这一认识。佛教教育是分层次的。低级佛教提供了一个强大的神人共存的空间，与任何其他宗教的思路相同；也以生死轮回的形式表达了时间观念。但是，高等的也就是对上智人的佛教，由于他们相信无差别性并认识到人们的认识的武断且无知，所以拒绝做出总是错误的主观判断，空间被夷平并且重新揉捏，空间的物理属性如类别、层次、高低等全部扫荡净尽，他们追求并解悟到的是一个均质的、无差异的、不二一体的空间，这是一个类似于道家思想的"混沌"的、纯净的理想国，即"净土"。同样的思维，佛教的高级形式也否认了时间。般若系以及禅宗更是对时空观念全面否定，《金刚经》之"无过去、无现在、无未来"就是佛教典型的绝对否定的思维模式的表现，因为若有时间的流动，即有事物变化，事物变化导致对立与差异，而差异会导致主体欲望的抬升产生的对象包括对时间流转所标识的变化，如从人到佛的执着，所以，时间就被压缩成一个无限小的点，失去了线条性和流动性，实质上是否认了时间。而没有了时间，也就没有了轮回，时间的消失才是真正的超越和成佛。成佛的终极价值是路经层层绝对的否定达成的，成佛之欲望也必须建立在"无佛"的理性认识之上、建立在没有时间和空间的体悟之上。对于时间和空间的物理构架的否定，道家思想给予较多的肯定和认同。但是，儒家思想是坚持"天、地、人"的空间构架和"过去、现在、未来"的时间线条的，因为儒家要求人在世间积极行动，宋大儒张载之"为天地立心，为生民立命，为往圣继绝学，为万世开太平"的宣言，恰恰是儒家对时空及时空中人的主体价值的最高度概括和彰显。道教也恪守绝对真实的时空观，庞大而杂乱的道教神仙系统、人们通过性命双修试图达到的"长生久视""羽化登仙""尸解成神"的向往，必须是一个过程、一个有差异的境界。儒学和道教因其更多的入世色彩、更关心人的现世实践行为或超越性价值追求，而把自己的理论纳入时空框架当中，与佛教相比，其形而上的思辨性、理论的精致性和深刻性相形见绌。但是，中国人不大醉心于哲学形而上学，而是热衷于现世功利主义，所以，佛教的否定性的时空观并不能成为中国普通人的宇宙观念，以宗教信仰、仪式和渐次的修行而成佛，往往发展为一种迷信。佛教对于时空的否定性、超越性主张，并未能进入普通中国人的世界，至多存留于高级知识分子与禅者那里。

　　正如前文所论，儒、道、佛三种思想、三家文化，构成了中国思想与文化的集成板，成为浩瀚无边、汪洋恣肆、深刻博大、意味深远、源远流长、生生不息的中华文明的基柱，呈现为自然论、社会学、政治治理与国家统治系统、人心管理与调适、学术与修养等各种学问得以滋生繁衍、继承转化与发展的基础体系。儒家道家思想均起源于早期的祭祀文明，对自然界即天地系统的认识成为二者的体悟和逻辑起点；在二者既相互斗争又相互协调的历史进程中，儒家思想兼顾自然与社会、伦理与道德、天理与人心，呈现为实用性极强的治术，演变为意识形态。道家思想一方面向自然主义、自由主义、审美取向的方向发展；另一方面被道教批判地继承为道教理论的有机组成，其自然自由、养生保健的重生观念，被发挥而生长。作为外来文化，佛教的思维方式与学术形态呈现出与儒道均有差异的相对性特点，在人心的开掘上体现出无与伦比的深度，并在与儒和道的斗争与融合中，接纳了中国文化的实用性、外向性，同时也保留了自己的形而上学性和宗教超越性，使佛教与禅宗独步一时，影响深远。三种文化对立又融合、相争又相依的格局，完美地构成了中国文化整体的有机性、一体性，无论是宇宙论、社会学、伦理学、道德论、心性论等方面，均表现出此特征。三家文化大体上有所分工，各司其职，完美配合，分别从社会、自然和人心等角度，为中国传统文化范式的优化形态，做出了积极的创意、创造性的贡献。从而，中国文化、中华文明能够保持其强大的生命力和影响力。

　　儒家思想最早的集大成者是孔子。孔子的理论体系由"名仁礼"

三无范畴构建。"名"是名义，就是价值高度与德性高度和权力高度，它是一切思想、行为与实践形式的出发点。"名"是"义"的符号性指称，是一个旗帜，一个领导性、指向性、目标性标志，它必须符合自然界原理，也必须遵从社会伦理规则和人心所向，它必须在社会治理、国家管理乃至于人的道德心性方面，具有绝对的正面价值，是必然的、不可否定的"律令"，名正则言顺，言顺则运通，运通则事成。《论语·子路》："子曰：野哉！由也！君子于其所不知，盖阙如也。名不正，则言不顺；言不顺，则事不成；事不成，则礼乐不兴；礼乐不兴，则刑罚不中；故君子名之必可言也，言之必可行也，君子于其言，无所苟而已矣。"名正言顺，才能做到礼乐兴、秩序成，政治治理、国家管理、社会组织、人心道德才有可能。这个"秩序性"的组织形式，其核心就是"礼"，即以级差序列为特点的等级体制，在尊尊亲亲、三从四德、三纲五常的情感与行为规定中，暗藏着以礼节情、以礼节欲、以理控制人的行为并成为社会规范与心理规范的准则。但是，这种"礼制"社会，却不是一种人对另一种人的压迫，不是冷酷的等级压抑，而必须"以仁为本"。"仁"是一种人与人的关系的润滑剂、稳定剂，是对别人的人性和个人权利的尊重，是人与人之间的情感与物质行为上的互助与认可，是温情脉脉、温文尔雅、恭良俭让的文治与德化。政治家要行仁政，学者要有仁人之心，百姓也要以"仁义礼智信"等原则做人行事。"仁"，以老子的话说，"天地不仁，以万物为刍狗；圣人不仁，以百姓为刍狗。天地之间，其犹橐龠乎？虚而不屈，动而愈出。多闻数穷，不如守中。"（《道德经·第五章》）天地以仁运行，圣人以仁施用，常人以仁存在，否则，如果不仁，则不过就是刍狗之类，用而即弃。所以，仁是天地万物存在及其价值的最高准则；仁，使宇宙、社会与人心均呈现为动态的、活性的、包容的、美学的有机系统，这个系统的标准属性就是"守中"，这个"守中"的"中"，作为标准、高标，就是"仁"。孔子以"名、仁、礼"三元范畴，构建了一个完整、完美的权力系统、价值系统和组织模式，成为儒家思想生枝开花、硕果累累、多元分蘖且意识形态化的源头和基础。

由此，儒家思想特别关注社会与个人、伦理与道德、天理与心性（人欲）和情感的关系问题。思孟学派沿着《大学》《中庸》的心性方向和思路，把儒家思想的关注重心由外而向内转，把德的观念、心性修养问题提升到本体地位予以考量，扩大了儒学的学术视域，使儒家思想内外兼顾、内外兼修，并在内外两个领域开展无尽的思想和学术性探索和发展。唐代韩愈提出道统说之后，李翱更是把道统定义于"情与性"领域，认为"复性"即回归到心性本身，才能使儒学道统得以重建、续命和发展。参考佛道的相关贡献，宋儒审慎地讨论了"道""理""心""性""情"的关系，程朱理学把"道"作为"天理"，外置于人心、人性和人情之外、之上，在道与心、天与人之间设置了一个界限，人只有通过格物致知，才能穷理尽性，从现象走向本质，从复杂走向纯净，从浮躁走向安定，从凡走向圣，从百姓走向君子。这个过程是必须的，这个鸿沟是必须要跨越的，跨越之后，天理就会与人心二元一体，人欲就是符合天理的人欲，天理也就是符合人心需要的天理。但是，这个过程对于普通人来说宛如登天，而"绝天理灭人欲"也被人误解为以天理压抑人欲的非人性理论。于是，陆王心学嘲笑"格物致知"的愚笨与不切实际，以禅宗那种快捷方便的顿悟方式"直指人心"，认为没有一个外在的"理"，理即人心，人心即理，人心就是最高的规定。这样，中国的启蒙运动由是发生，以人为本、以心为理的人文主义开始出现，人的自由、自尊和创造力得到重视和发挥，儒家思想长久以来精心打造的"秩序"开始出现了松动的迹象。历史走向了明代时，一方面是儒家思想的强化、封建统治的极强专制；另一方面，资本主义开始发展，艳情小说和传奇戏剧极尽繁荣，与心学的思想运动互为表里，中国的内在变革已经开始了。实际上，从周代的"礼"与"乐"二元构成的文明模式开始，到孔子兼具"礼"的强制性与"仁"的价值性，再到儒家学派从外到内的转化，直到宋明儒学对于天理与人欲的争论，清代人基于对"性"字"既是天理也是人性、既是心性又是生存和生活"的考证，对于"性、情、理"与（或）"道、性、礼"的三元构成的理论思索，成为中国思想史的主旋律。

从学术范式上看，儒家思想的学术形态，就是清人概括的"义理、考据与辞章"的经学学术范式。无论是孔子的儒学还是孔子后学的心性之学、理学与心学，无论是今文经学还是古文经学，无论是汉学的名物训诂还是宋学的义理推演，还是清学的"汉宋兼采"，无论是语言学、文献学的历史还原还是哲学的、主观化的言说与新拓，无论是经、传、注、疏，还是"六经注我，我注六经"，儒家思想的经学形态，都呈现为义理、考据与辞章三种形式和方法。义理是思想内容，考据是历史文献，辞章是语言呈现。道家的"道、德、术"为三大元范畴。道是本体，德是道与理的现实化展开，后来专指德性修养，术是方法和实践手段。道是核心范畴、元范畴，德是具体的现象。老子把《道德经》分为"道经"与"德经"两部分，分别对应于形而上学和现象学。同时，老子与黄帝之学合称"黄老"，其学术被称为"黄老之术"，可见道家思想与早期方士技术之学的天然联系，道家之"术"，具有极高的现实和理论地位，后来道教之生，就是轻道家之理论而重视道家之"方术"而形成道教主体。佛教有空宗、有有宗，有大乘有小乘，然而，总体看来，佛教总持即空即有、非空非有、非空非色、即空即色的"不二"观念，既非真，也非假，而肯定"中道"，即所谓"缘起性空，性空假有，合于中道"，踢开真假、善恶、有无、佛与阐提等的二元对立的迷障，走向浑沌一体的寂静与纯净，并在禅宗那里进一步取消现实与理想、存在与生活、形而上与形而下的对立，以"审美化生活"的文学和游戏方式，以佛学为守，以玄学为伴，以逻辑沉思为手段，以公案和机锋为智力开悟机遇，以审美生活为形式，可以说，"真、假、中"既是佛教的思维和逻辑形式，也是佛禅的学术形态。这样，再提高一层观察，在"天地人"的宇宙系统中，在"过去现在与未来"的时间系统中，中国思想内外兼顾，刚柔兼济，在自然、社会、人心三大方面，均理性地安排了一个合乎理性的"秩序"，成就了泱泱中华的历史和强大。作为文明的表现形式，我们发展出了"史、诗、思"三种化体态。中国人向来于"史"，意识浓厚，用力甚专，为其他任何民族所不及。"史"是文明的时间空间记录，是中国传统文化范式的建构、消解与重建的实践努力的记忆，是民族奋斗、发展、思想的，或幸福、自豪与骄傲的，或痛苦、反省与探索历程和心性状态的知识化、档案化记载。"史"以记述为手段，但是"史"的本质内容是"秩序"，是理性的思考，而如西方的《荷马史诗》作为故事（其本质上不是诗歌）成为西方哲学、自然科学的精神资源，尽管中国的"史"作为叙事，也内含着"思"，但是，我们却未发展出成熟的西方式哲学，中国的"思"融化、延伸于"经、史、子、籍"中，以"经、传、注、疏"的形式存在，形成了与西方截然不同的人文景观和文化形态。而"诗"应该才真正是中国文化的精华和本质性存在，因为中国人对于"乐"的早期追求，儒家"立于礼、成于乐、游于艺"的规定，道家极尽审美性的自然主义和自由主义追求，以及佛禅通过也许是方式各异的修行体悟方式所达到的人生目标和状态，还有中国汉字这种符号象形性、多义性、含混性、模糊性的语言特点，中国人实用主义的、生活化而不善于哲理沉思的思维习惯，导致中国文化的"诗性"特征，"诗性文明"成为与西方的哲理文明或工业文明双峰对立而蔚为壮观的伟大文明形式。

"道生一"，一元范畴是本质，是哲理思考的本体；"一生二"，二元范畴是相对相生的阴阳两面，是世界构成与状态的动态机制、动态格局和作用机理；"二生三"，三元范畴是世界具体化、现象化的展示与呈现。而三元者必归于二元，二元者必归于一元。中国思想范畴，以"阴阳对立、合和统一"的辩证思维方式，极其独特并独具慧眼地为人类展示了科学合理、能够在当下的人类精神领域继续被继承、转化和创新发展的文明形态。这是我们复兴中国文化的核心内容，也是我们之所以能够做到伟大的"中国复兴"的逻辑和信心之所在。

第四章 中国传统文化范式的实践表征

中国文化的"礼乐"构型,具体现象化为社会、政治、经济、文化、审美等各个方面的"规范"与"自觉"。从政治的角度看,体现为"礼制"政治:国体、政体均以"礼"为基本支撑,而"礼"则与"法""理"纠结纠缠,混乱为一,礼治即为法治,礼治即为天理,这是哲学层次的形而上之"礼"的具象化。然而,"礼"的外在强制性,却不废"乐"的内在自觉性,表现为政治治理上的德政、仁政、诗教等。这种矛盾对立且融合一体的辩证关系,很好地体现在礼制与法治("正名""明分""法治""尊君")、仁政与德治(仁爱、正义、公平、民本——教养与义利)两组范畴及其子范畴的关系系统中。当然,老庄道家既反对礼制与法治,也反对仁政与德治,认为二者都是有为而治,主张无为而治,作为放任自由主义一派,成为与此二者对立的一元。从这三个方面观察中国政治经济思想,才能全面而无缺失。

一、礼制与法治

春秋战国以来,理性主义兴起,蒙昧原始的巫术祭祀渐渐退潮,面对礼坏乐崩、贵族的腐朽堕落、新兴阶级的崛起、战乱不息的社会现实,中华大地百花齐放、百家争鸣,学派纷争,方案迭出。由于这个时期是从西周以来的宗法制分封式的封建制向中央集权的君主专制时代的过渡,分裂和战乱是这个时代的典型特征,对"秩序"的理解和"新秩序"的方案,成为各个学派共同关注的目标。从而,"礼"成为新的社会秩序得以生成和保证的有生力量,其内涵与外延也随时代发展而获得不同的阐释性相,"礼"本身在发生着时代性巨变。

　　从古籍对"礼"的用法来看,春秋时人论"礼",意义较为复杂。狭义上是指礼的仪文形式(仪),广义上是指一切典章制度(礼)。《左传·昭公五年》(公元前537年)载:"公如晋,自郊劳至于赠贿,无失礼。晋侯谓女叔齐曰:鲁侯不亦善于礼乎?……对曰:是仪也,不可谓礼。礼所以守其国,行其政令,无失其民者也。"所以,广义的"礼"不是具体的行为礼仪,而是一切秩序的总规定。同时,"礼"的主要特征是顺乎人性人情、天地时空秩序,如"坊记"云:"礼者因人之情而为之节文,以为民坊者也。""礼运"曰:"礼也者合于天时、设于地财、顺于鬼神、合于人心理万物者也。""丧服四制"曰:"凡礼之大体,体天地、法四时、则阴阳、顺人情,故谓之礼。"

　　综合来看,"礼"主要有以下几个意义函项。第一,"礼"是一种心性修养,基于人性和人情。第二,"礼"符合天地秩序。第三,"礼"是人们的行为规范和关系伦理,是"节",是"文"(典章制度)。故而,"礼"就是基于人性人情、符合客观秩序和规律,并能够作为人们的行为规范调节人际关系而保障社会秩序的一个标准、一个契约、一个行为方式。"礼"既符合主观定律,又符合客观自然规律;既发自于心,自觉自愿,也是来自外部的约束与压制力量;它贯通内外,主客合一,个体与社会同理同心。这是中华传统文化中很有意味的一个现象。从走出原始社会,至夏商的奴隶制文明、西周基于血缘亲疏关系的宗法制封建直至秦灭六国完成统一后两千余年的君主专制封建政治,中华文明都体现为强烈的"礼制"属性。这种"礼制"建基于人的内在自觉,外在强制度和压迫感较为稀薄。中国文化的法治属性并不发达,乐感文化、诗性文化较为典型。这是中国文化的精神特性。

　　"礼"是一个观念形态的精神存在,在理论上是一个大的范畴。当作为"精神"的"礼""现象化"为政治与社会的规则与规范,就表现为"礼制""法治""正名""明分""尊君"等方面,意在划定界限(如诸侯封建、井田制度等)、建构秩序(天子为天下共主,礼乐征伐自天子出等)并确立人们行为与社会政治治理的规范。它是人们从原始共产社会走出来,摆脱了纯任自然的原始性征和愚昧、非理性和无序化社会的产物,是文明化的体现。随着生产力水平的提高、分工和财产私有制的出现,人们形成了性别、地域、职业、阶级与阶层的区分;而人性是自私的，资源、成果、权力的分配，必须有一个规范性制度和标准，用于平衡、协调、避免纷争、混乱和失衡，保持社会的稳定、协调和安全。因而，"礼"这种规定性、秩序性契约，就自然成为人们的选择。"礼"由礼制慢慢进化为法治，并极端化发展为尊君任法的君主专制政治。"正名"给不同的个体、阶级或阶层命名、定位，"明分"明确各人职权的范围。正名明分之后，考察"名"与"实"的关系，即"循名以责实"，加强督责与监管，就成为政治要务之一。

（一）"正名"

所以，"正名"是"礼"制第一个关键义项，也是中国政治伦理道德思想的主流。

"名"具体表现为物之"名称"、人之"姓名"、语言之"名词"、行为德性之"名义"。"名"本来就是个观念形态的东西，是对现象界的抽象与典型化。自然界、人类社会因为被赋予了"名"，才有可能被描述、记录、认识、重构、逻辑化为意识领域的理论资产。它不仅是客观之现象的称谓，更是人类理论思维的观念。它是形成某个结构系统的一个个元素，是思维之流和结构之网的一个个节点，以之为基础，人类能在意识中还原或构建一个主观化了的客观世界。因而，"名"是思维图景的流线、平面或立体结构的主体性元素、结构性要素，自然界、人类社会及思维的逻辑构造所呈现出的形态、体系和结构，必然以"名"为基础。进而，"名"甚至成为这种形态、体系和结构本身，成为典章制度、法律条文、德性修养的另外一个代称。

《论语·子路》载："子路曰：'卫君待子而为政，子将奚先？'子曰：'必也正名乎！'子路曰：'有是哉，子之迂也！奚其正？'子曰：'野哉由也！君子于其所不知，盖阙如也。名不正，则言不顺；言不顺，则事不成；事不成，则礼乐不兴；礼乐不兴，则刑罚不中；刑罚不中，则民无所措手足。故君子名之必可言也，言之必可行也。君子于其言，无所苟而已矣。'"因为"名"指涉"实"，所以，"名"就是对"实"的限制、规范和整顿，人们能够通过"名"这个"符号"的再次清理和重新确认，完成对"事实"的清理和确认。同时，通过"正名"可以"正实"，借助对名义的规定来确认或迫使社会确认一种秩序的合理性。所以孔子说："必也正名乎！"并发出"觚不觚，觚哉，觚哉"（《论语·雍也》）的感叹。他希望追求一种有条不紊、上下有序、协调和睦的社会。因而，孔子重视而阐明的就是广义之礼，并不以冠婚丧祭、揖让周旋之事（"仪"）自限，扩大了"礼"之范围并且加深了其意义指涉，使"礼"的意义被定义为正民治国之要术。孔子将之具体化为"正名"。"名"就不再是纯粹的概念、称谓，而成为规范性制度。而孔子之"名"，就是周代的宗法分封制。孔子所谓"郁郁乎文哉，吾从周"（《论语·八佾》）之"文"，"必也正名乎"之"名"，其实就是周礼、周制、周代的典章文物、制度秩序。依周公所制定的典章以正名，故曰"吾学周礼"（《中庸》）。"正名者按盛周封建天下之制度，而调整君臣上下之权利与义务之谓。盖孔子生当周衰之后，封建政治与宗法社会均已崩坏，目睹天下秩序紊乱，推究其因，不得不归咎于周礼之废弃。故一生言行每致意于尊周室，敬主君，折贵族之奢僭，抑臣下之篡窃。责人不贷，律己亦严。"① 《孟子》谓"孔子成《春秋》而乱臣贼子惧"（《孟子·腾文公章句下》）；《庄子》称"《春秋》以道名分"（《庄子·天下》），对孔子作《春秋》的"正名"思想言之甚确。孔子的目的就是以鲁国历史为依托，阐明、保守周礼规定的社会与政治秩序，存周礼，抑僭侈。臣子弑君，大夫擅国，都在贬斥之列。因为它们"名不正，则言不顺"，破坏了社会和政治秩序。

"名"源于"实"，概念指涉现实现象；然而，当"名"一旦确定并被广泛认可，就成为理论的力量和认识的武器，对现实就有规定、限制、整理、创造的反作用。孔子后学就认为"名"对现象世界有规范与调整意味。"名"与"实"的关系，尽管可能是任意的，"名无固实"，但是，约定俗成之后就"约之以命实"（《荀子·正名》），"名"就成了实在的东西。从而，"正名"就可以正"礼"这个社会秩序。在他们看来，社会秩序是由"名分"维系的。《礼记·王制》就极其严厉地规定，不得"析言破律，乱名改作"。按照《荀子·正名》的解释，"名"与"实"的混乱会导致"贵贱不明，同异不别"，是非不清，所以要对"名"有所分别。所谓"分别"，不是根据"实"来更改"名"，而是根据"名"来要求"实"，这就叫"制名以指实"（《荀子·

---

① 萧公权：《中国政治思想史》，商务印书馆2011年版，第64页。

正名》），即规定名称、阶位、权责，用它来确认和调整实在现象与事物、人事与政事、阶级与阶层的区域和等级关系，"上以明贵贱，下以辨同异"（《荀子·正名》）。这样，就可以反过来"循名责实"（《韩非子·定法》）。荀子认为，语言是需要整理的，"同则同之，异则异之"（《荀子·正名》），分清楚"大共名"（如"物"）、"大别名"（如"鸟兽"）以及更具体的"别名"（如"鸡"），然后"推而别之，别则有别，至于无别然后止"（《荀子·正名》），这样现象世界的门类种属，观念世界中的宇宙秩序也就不会混乱。同样，用这种层次清晰、等级分明的语词来规范社会、调整结构，也可以使社会由无序变成有序，这就是"制名之枢要"（《荀子·正名》）。荀子极其严厉地批评"托为奇辞以乱正名"（《荀子·正名》）和"析辞而为察"（《荀子·解蔽》）的名辩风气，认为这会"使民疑惑，人多辨讼"（《荀子·正名》），是"好治怪说，玩琦辞，甚察而不惠，辩而无用，多事而寡功，不可以为治纲纪"（《荀子·非十二子》）。

那么，对于礼之社会秩序的维护，就必须"析辞"以"正名"，也就是"息辩讼"。《荀子》"正名"篇曰："王者之制名，名定而实辨，道行而志通，则慎率民而一焉。故析辞擅作名以乱正名，使民疑惑，人多辨讼，则谓之大奸，其罪犹为符节度量之罪也。故其民莫敢托为奇辞以乱正名。故其民悫（悫，读音què，释义：诚实，谨慎），悫则易使，易使则公。其民莫敢托为奇辞以乱正名，故壹于道法而谨于循令矣。如是则其迹长矣。迹长功成，治之极也。是谨于守名约之功也。"又曰："夫民易一以道，而不可与共故。故明君临之以势，道之以道，申之以命，章之以论，禁之以刑。故其民之化道也如神，辨说恶用矣哉。"同篇又谓"见侮不辱，圣人不爱己，杀盗非杀人"，为"惑于用名以乱名"；"山渊平，情欲寡，刍豢不加甘，大钟不加乐"，为"惑于用实以乱名"；"非而谒，楹有牛，马非马"，为"惑于用名以乱实"。以上总称为"三惑"而必予禁止。

如果说，儒家认为"名"源于"实"，且"名"能规定并调节"实"，那么，墨子对语言却持经验主义态度。语言并不能规定或说一直规定客观现象的内容，他认为"名"并不具备永恒的意义，而是要由实际内容来判断。语言是经验判断，并不是亘古不变的永恒，而是应当根据历史事实效应来调整它，这叫作"言必有三表"。"三表"有

"本之者"，有"原之者"，有"用之者"，首先考察"古者圣王之事"，得到历史依据；其次体察"百姓耳目之变"，获得人间支持；最后验证于刑政，看看它是否真的能够实现"国家百姓人民之利"（《墨子·非命上》），以求实用证明。语言是一个后起的东西，并没有绝对的意味，语言有效与否的根本依据在于经验。这种名实观与儒家对于语言的绝对信任多少有些距离。

墨子后学继承了墨子的语言经验主义态度，也相信儒家思想对于语言指涉意义的确信。《墨子·小取》中说，"名以举实"，《经上》又说"举，拟实也"，就是说，语词是用来象征与隐喻实在现象与事物的，《经说》再进一步说，"举，告，以文名举彼实也"。墨子后学的态度显然与名辩者的态度不一样，他们是把语言当作认识世界的工具，所以最根本的要求是"名"与"实"相合。在战国的名辩之风中，墨子后学归纳了语言和思想的进路，要求语言切中世界，《小取》中说，辩论是为了分是非，审治乱，明同异，察名实，处利害，决嫌疑，"摹略万物之然，论求群言之比，以名举实，以辞抒意，以说出故，以类取，以类予。"由于"名"是指称对象事物的，具有传递知识、指称世界（实）的功能，那么，"名"与"实"必须准确地相吻合、对应，即所谓"名实耦，合也"（《墨子·经说上》）。显然，与辩者不同，他们不以语言为纯粹运思的符号，而把语言看作经验世界的认知工具，他们认定，"名"与"实"应当是契合的，对"实"的认识应当通过契合的"名"，而适当的"名"才能切中一定的"实"。庞杂的、无限的、变化的世界，已经超越了人类的经验能力，所以，人类的认识只能依赖语言传递知识，在意识中构筑一个世界，语言象征性地在人们的思想中把世界展现出来。所以，墨子后学承认"名"与"实"之间，"名"要符"实"，而且他们在"名"符其"实"的基础上肯定了人的感觉、知觉、经验、理智所得来的知识的有效性，他们并没有把语言和世界剥离，并没有把语言看成是一种任意的符号，他们相信人是能够把握世界的，语言是可以切中世界的。与儒家相似，他们理智地分清语言与世界之间的差异，自信地确立语言对世界的分析、归纳、描述的意义，乐观地相信语言对世界的调节性功能，建立在感觉、经验的可靠性与语言文字的通用性上的语言观念，使他们特别注重"名"与"实"的关系，固执地确认语言的权威性与正确性，相信语言世界与现象世界的同一。通过语言，他们可以在思维中将整个世界清理得井井有条、一丝不苟，似乎现象世界真的就在这套语言中安分守己地秩序化了，这是一种理性主义的语言观念，也是他们对语言与世界的结论。

从法家的角度看，"儒家之正名谨礼，即易与法家之定分明法相混淆"。① 法家之学，更讲究综核名实。其一，是察其实，命之以名。就是依据对象的特点与功能而赋予名称，或生成概念。如白的称他为白，黑的称他为黑；牛呼之为牛，马呼之为马。其二，是循其名，责其实。按照其名位，督察其责任，如有谋的责任的，不该无所用心；有战的责任的，不该临阵奔北。如此当加之以罚，能尽职则加之以赏。可见，法家之"名"就是"法"，"法"具有"督责"之作用。所谓"察名实"（《墨子·小取》），"名"就是理论，"实"就是情形，名实相符，理论与实际相合，方才有用。不察名实，自然不达时宜。若如董仲舒所谓"诛名而不责实"（《汉书·董仲舒传》），就不是"察名实"。"察名实"，最主要的应用在于督责官吏。按照吕思勉先生的说法，官僚阶级与百姓的利益是相反的，如果要维护整个社会的稳定、保证社会秩序（礼）的有序性，则君主必须做好官僚与民众关系的协调工作，那么，督察官吏就成为君主的核心职责。"官僚阶级，决不能废督责。督责二字，为先秦时代法家所用的术语。其义与现在所谓监察有些相似，似乎还要积极些。然中国地大人众，政治上的等级，不得不多，等级多则监督难。任办何事，官僚阶级都可借此机会，以剥民而自利。既监督之不胜其监督，倒不如少办事，不办事，来得稳妥些。在中国历史上，行放任政策，总还可以苟安，行干涉政策，就不免弊余于利，就是为此。因此，造成了中国政治的消极性。"② 故此，"名实"是督责官吏（监察）的理论，也是"礼"，即社会政治秩序的核心问题。

至李斯，他的出发点在于无限制地强化君权。而君权要强化，必须把"督责官吏"的力量最大化，此即君主的专权独断。君权，却要依赖"法"的名义。李斯谓："灭仁义之涂，掩驰说之口，困烈士之行，塞聪揜明，内视独听。故外不可倾以仁义烈士之行，而内不可夺以谏说忿争之辩。故能荦然独行恣睢之心而莫之敢逆。若此然后可谓能明申、

---

① 萧公权：《中国政治思想史》，商务印书馆2011年版，第191页。
② 吕思勉：《中国政治思想史》，北京出版集团公司、北京出版社2016年版，第161~第162页。

韩之术，而修商君之法。法术修明而天下乱者，未之闻也。"这是李斯为秦二世"肆志广欲，长享天下而无害"（《史记·李斯列传》）张本，而且是以"法"的名义。以法"督责之诚，则臣无邪，臣无邪则天下安，天下安则主严尊，主严尊则督责必，督责必则所求得，所求得则国家富，国家富则君乐丰。故督责之术设，则所欲无不得矣。群臣百姓救过不给，何变之敢图？"（《史记·李斯列传》）凡此"独断""督责""深督轻罪"诸术，皆不过是君主独断之说辞。

同样，李斯以同一思维对待私议私学。"古者天下散乱，莫能相一。是以诸侯并作，语皆道古以乱今，饰虚言以乱实。人善其所私学，以非上所建立。今陛下并有天下，别黑白而定一尊；而私学乃相与非法教之制。人闻令下，即各以其私学议之。入则心非，出则巷议。非主以为名，异趣以为高，率群下以造谤。如此不禁，则主势降乎上，党与成乎下。禁之便。臣请诸有文学诗书百家语者，蠲除去之。令到满三十日弗去，黥为城旦。所不去者，医药卜筮种树之书。若有欲学者，以吏为师。"（《史记·秦始皇本纪》）于是震惊千古之焚书政策遂以出现。

以上，无论是儒家之"正名"，墨家之"耦合"，还是法家之"综核名实"，无论是孔子温情脉脉的仁政还是德治，还是墨学的逻辑经验主义语言学，抑或是荀子周正严正的礼治，乃至于法家冷酷严苛的法治，无论是对于春秋以前宗法封建的维护和向往，还是对秦帝国开辟的君主专制中央集权的保障，均围绕着"正名"这一核心而予以不同义域的展开。虽然各有主张，但共同之处在于，"实"取决于"名"；"名"即是"礼"，"实"就是社会。名实相符，就是符合"礼"制规范的良性社会。

然而，主流并没有绝对地排斥逆流，相反，逆流学派，却为主流学派的发展作出了贡献。二者阴阳合和，相辅相依。"名"学理论并非铁板一块，并非顺风顺水。社会在发生天翻地覆的变革，学术界在百花齐放和百家争鸣，任何固定的结论都会受到质疑和挑战。"正名"观念、宗法封建政治及其社会秩序，都会面临重估、批判的命运。

"名家"是一个破坏性的学派。它类似于西方现代哲学发展阶段上的后现代主义者，试图取消"名"与"实"的固定指涉关系，既否定世界和意识的逻辑结构，更否定"名实相符"背后的宗法政治。新的阶级如地主阶级、开始从下层走出来的知识分子，开始试图冲破宗法制固定的秩序，采取先破坏后建设的策略。他们的历物十事（"至大无外，谓之大一，至小无内，谓之小一""无厚不可积也，其大千里""天与地卑，山与泽平""日方中方睨，物方生方死""大同而与小同异，此之谓小同异；万物毕同毕异，此之谓大同异""南方无穷而有穷""今日适越而昔来""连环可解也""我知天下之中央，燕之北，越之南也""泛爱万物，天地一体也"），以及"辩者二十一事"（《庄子·天下》：卵有毛。鸡三足。郢有天下。犬可以为羊。马有卵。丁子有尾。火不热。山出口。轮不碾地。目不见。指不至，至不绝。龟长于蛇。矩不方，规不可以为圆。凿不围枘。飞鸟之影未尝动也。镞矢之疾，而有不行、不止之时。狗非犬。黄马骊牛三。白狗黑。孤驹未尝有母。一尺之棰，日取其半，万世不竭），完全颠覆了人们的常识和思维定式，否定了固有的结论，荡平了一切既在的理论认识和现实秩序。这种起始于语言学的反动与破坏，实际上是思维的破坏，更是对现存秩序的否定和打击。名家学者首先将"语言"与"事实"分离开来，让语言变成纯粹运思的符号。接着，又任意挪移这些符号，有意识地违反语言约定俗成的内涵与外延，使得变异的语言本身就变成哲理思辨的内容。接着，在语言与事实分离之后，惠施借由瓦解语言与事实之间的确定关系，从而消解语言认知和经验知识带给人们的固执，并理解相对的视角。当万事万物皆不存在绝对的分别时，就能到达天地一体的境界。这就是"合同异"。这一派注意到事物的普遍联系和不断发展，认为事物的差别只是相对于一定的时间、地点和条件而言，主张一切现实差异都只有相对的意义，提出人们在认识中应该否定差异的界限，直至承认一切对立都为无条件的同一。那么，秩序、区别、界限就是无知的、愚蠢的，甚至是故意的政治设计，"名"与"礼"无异于两场政治阴谋。公孙龙"离坚白"，论"白马非马"和"坚白石二"，注意到事物和名称的差异、独立和稳定，强调不同名实的不同质的规定性和发展的中断性。万物都是各自独立、互不相同的，甚至一物之中的各种属性也是互不相关的，因而否定了事物和概念之间的相互联系。绝对的差异，就不可能形成概念和事实的指涉、人和人之间的协调与折衷、和合，因为没有共性存在。那么，结构性、关系性、比较性、体系性，又怎么可能生成？同样，这也是一场政治阳谋罢了。

很显然，名家的语言学理论和论辩术，给"礼"制以巨大冲击。

然而，其好处有几。一是通过这种努力，为学术的自由荡平了道路，开辟了学术探索的无限可能性，为思想的发展、理论的创新提供了一个无限可能的生长的荒原；二是打破了既在并业已腐烂的宗法体制，为新阶级的上升提供了理论的可能。这是一种对过去的破坏力量，同时，其效果却体现为对新时代的维新创造，构成了与墨家、儒家建构礼制的阴阳合谋。所以，建构经过春秋战国时期的思想激荡，经过历史的慎重选择，战国后期，名家理论退出历史舞台，破坏性解构让位于新秩序的建构，在对西周宗法封建的否定中，在对战国以来渐渐突出加强的郡县制和专制君主政体的肯定中，"礼"制或"法"治再次换上了新的内容而被强化。

道家也是一个否定学派，它对儒墨与名家都予以否定。老子的名言"道可道，非常道；名可名，非常名"（《首先经》第一章），认为，万物不可定义，不可论说，根本没有一个可以定义的概念存在；因为"道"是无形无象的，无从以语言进行描述，只可体会而不可言传。人们所见所思所想之物，都是虚幻的，是人们自我的投射，根本不是"客观"本身。人们以自我认识现实现象物象（就是康德所谓，人的认识之所以可能，在于人的先验性，认识不过是对自我的一种认识罢了）。客观之物象根本不存在，它只是一个"虚无"，是一个主观的自我谋划和构造。那么，何以道之？何以名之？何以逻辑地在意识领域把握？即使把握，也只能是虚假地、纯粹意识地把握，那就没有任何意义。所以，道家思想贵道集虚，只承认"道"的普遍存在和不可知性，既反对"礼""法"，也反对"仁""德"，形成个体主义、自由主义和放任主义的美学学派、解构学派。

庄子体察到，历史变动不居，宇宙运转无方，社会动荡不定，这使得一切都没有永恒的确定性，"名"与"实"之间的差异变化，使任何界限与分别都经常失去意义。逝者如斯，今日之我非昨日之我，昔日之河非今日之河，南辕北辙，燕赵吴越，今是昨非，彼我真伪，《庄子》所谓"无动而不变，无时而不移"（《庄子·秋水》），"名"不可能确定地指称一个事物与现象（实），极其怀疑"名"的确定性和普遍性。庄子批评儒墨的以"名"为"实"，其逻辑出发点是：客观世界并无分别，相传彭蒙之师就说，"古之道人，至于莫之是，莫之非而已矣"（《庄子·天下》），但人们为了追求一种确实的把握，人为地划出许多界限，如左右、伦常、正义、分别、辩说、竞争，然后又将它们定出是与非，此与彼。其实"是亦彼也，彼亦是也"，"彼出于是，是亦因彼"（《庄子·齐物论》），一切没有什么分别，怎么可能以"名"指"实"呢？他也批评名家辩者以"名"为"名"的纯粹语言学的诡辩，认为他们斤斤于各种名词概念的辩论，其实也还是在追逐各种指称"物"的"名"，于是陷入繁多与分别，使思想"散于万物"，这就是"逐万物而不返"，就好像"穷响以声，形与影竞走"，完全是徒劳，于是"能胜人之口，不能服人之心"（《庄子·天下》），尽管喋喋不休、是是非非，然而其实并没有把握到具体的世界，也不可能把握到世界之"道"。这种玩弄语言式的纯粹语言内部的游戏，使语言作为纯粹的语言，失去了对于具体世界和世界本质指涉的任何一种可能。综合起来看，语言（"名"）并不能完全确实明白地指涉世界及其秩序（"实"），当然，如果把语言完全悬置起来予以绝对的否定也只能陷入语言的无用境地而成为无用的诡辩。事实上，我们只能承认语言的传递与描述能力的局限性，《庄子·秋水》中说，可以用语言来论说的，是"物之粗也"，即具体的、个别的现象或事物，而只能用直觉和意念来体验的，是"物之精也"，即抽象的、一般的哲理与思想。但是，还在连语言与意识都达不到的，那才是真正玄妙的终极之道。"道可道，非常道""知者不言，言者不知"（《老子》第五十六章），《庄子·外物》中，"筌者所以在鱼，得鱼而忘筌。蹄者所以在兔，得兔而忘蹄。言者所以在意，得意而忘言。吾安得夫忘言之人而与之言哉？"那么，"道"，也只能靠神秘的内心体验来接近了。《庄子·人间世》中所谓"无听之以耳而听之以心，无听之以心而听之以气"的"心斋"，就是以虚明恬静的心灵来领悟语言的限度"道"，要达到"心斋"，就要"坐忘"，忘记理性的语言，忘记感觉的感官，忘记积累的经验和知识，这样，在道家这里，名辩之学就无立足之地了。

最后，在逆流与主流的联动中，"名"与"实"的关系，经过在新的时代赋予其新的内容阐释，而重新获得肯定，以此，中华文明重构了新时代的"礼"制文化。墨家、杨朱提出了"坚白相盈"的命题，荀况强调"制名以指实"的原则，都在认可"名实相符"的原则，认为"名"可以指涉"实"，"名"也可以规定和调整"实"，这样，"礼""法""德""仁""刑"等"名"，就具有坚定坚实的社会基础与自然基础，并能规定、改革乃至于创造世界和社会。儒墨法家和杂家，对此都持坚信态度。唯此，他们才能够非常自信地在语言的世界，以理论的形式，构建着自己认为的大同世界或法治社会。

（二）"明分"

"正名"之后，必须"明分"，就是明确各自的职责义务和权利。此也是"礼"的一个重要内容。子路问为政之先，孔子答以"必也正名"，而齐景公问政，又告以"君君、臣臣、父父、子子"。孔子认为，君臣父子若能顾名以思义，循名而责实，则各依其在社会中之名位而尽其所应尽之事，用其所当用之物，那么，社会就会秩序井然，百废可举，万民相安。若觚已不觚，则国将不国。

在《中庸》中，"明分"被明确地称为"素位"："君子素其位而行，不愿乎其外。素富贵，行乎富贵；素贫贱，行乎贫贱；素夷狄，行乎夷狄；素患难，行乎患难。君子无入而不自得焉。在上位，不陵下；在下位，不援上；正己而不求于人则无怨。上不怨天，下不尤人。故君子居易以俟命，小人行险以徼幸。子曰：'射有似乎君子。失诸正鹄，反求诸其身。'""素位"就是定位，以决定行止，明确某种德性，成就礼之为框架。若能定位而能行于日常生活之中，必然具有盛德而遵礼。所谓素，就是一，纯粹，不二，不迁固守；就是"安于""定位于"，即《大学》之"定""止""安"——"知止而后有定，定而后能静，静而后能安，安而后能虑，虑而后能得"。止定于礼，此自我定位之性质、属性。即定其位、践其位、安其位、守其位、任其性、保其德而遵礼不逾。各安生理，立足本职并尽职尽责，不越亦非不及。以己之德，行己之事，内则见性，外则守礼，君则君，臣则臣，夫则夫，妇则妇，兄则兄，友则友。凡事有定，凡人有位。定位而可知其位之职、行其位之能。所以"素位"，意思是"纯粹地止安于合乎礼制中正之位而谨慎地做人行事，修己以德，处人以礼，而不越不逾、忠于职守、无二无他而止于至善"，也就是要求"安于一、止于定、忠于位、行于礼"。圣人君子，能够知天乐命，内则内，外则外；居上位则行于上位，居下位则满足于下位；富贵则富贵，贫贱则贫贱；夷则夷，狄则狄；患难也就安于患难——安于现状，接受现状；安于岗位，忠于职守；既不有亏，也不僭越；既不消极，也不过度。君子圣人，定于一位，定则止，止则行，专一而不移。于其位，不越礼，不逾位，则无入而不自得。"素其位"，即无论是处于富贵、贫贱、患难、夷狄，都保持一颗平常心，如孔子欲居九夷，曰"君子居之，何陋之有"？孟子说，"舜之饭糗茹草也，若将终身焉，及其为天子也，被袗衣，鼓琴，二女果，若固有之"。皆可之乐之。孟子曰："君子所性，虽大行不加焉，虽穷居不损焉，分定故也。君子所性，仁义礼智根于心。"《中庸》之"素其位"，即孟子所谓"分定"。

"分定"的标准在"义"。在孟子那里，"礼"的秩序需要"义"来保证，就是你应该做什么，不应该做什么，一定要心知肚明，且身躬力行。君王之义，在于保国安民；百姓之义，在于农战保国；官僚之义，在于上行下达，清正廉洁，无私行政。本诸此"义"，"礼"乃得以保障。"孟子谓齐宣王曰：王之臣有托其妻子于其友而之楚游者，比其反也，则冻馁其妻子，则如之何？王曰：弃之。曰：士师不能治士，则如之何？王曰：已之。曰：四境之内不治，则如之何？王顾左右而言他。"君主也有自己的职责，同于百官，而失职者当去，君主若不能养民贵民，则亦可杀："贼仁者谓之贼，贼义者谓之残。残贼之人谓之一夫。闻诛一夫纣矣，未闻弑君也。"（《孟子·梁惠王章句下》）

"分定"的关键在"别"。荀子以为人与禽兽草木之分，在能合群与不能合群之别，人类合群以后，则力量足，足以制服自然界，观其在"王制"篇中所云："水火有气而无生，草木有生而无知，禽兽有知而无义，人有生有气，亦且有义，故最为天下贵也。力不若牛，走不若马，而牛马为何，用也？曰：人能群而彼不能群也。人何以能群？曰：分，分何以能行？曰：义，故义以分则和，和则一，一则多力，多力则强，强则胜物。"然人类合群以后，尚有一层绝大危险，即争夺一事。盖荀子以为人性本恶，"人之性恶，其善者伪也"（"性恶"篇），且无人不有欲望，但货物稀少，不能举世人之欲望皆满足之，因此遂有争夺情形发生，故合群之外，尚须明分；明分者，使富贵贫贱长幼，各安其分，作其业务，以获得相当之报酬也。"万物同宇而异体，无宜而有用为人，数也。人伦并处，同求而异道，同欲而异知，生也。皆有可也，知愚同；所可异也，知愚分。势同而知异。行私而无祸，纵欲而不穷，则民心奋而不可说也。……离居不相待则穷，群而无分则争，穷者患也，争者祸也，救患除祸，莫若明分使群矣。"（"富国"篇）礼之目的为养，而其手段为"别"。所谓"别"者，即"贵贱有等，长幼有差，贫富轻重皆有称者也"（《荀子·富国》）（"礼论""富国"篇均有此文）。"别"之具体表现为国家一切分等异级之制度。故"礼论"篇曰："礼者以财物为用，以贵贱为文，以多少为异，以隆杀为要。"与《礼记·坊记》"子云：夫礼者所以章疑别微，以为民坊者也。故贵贱有等，衣服有别，朝廷有位，则民有所让"大约相同。礼制既行，则人安其分，争乱荒怠之事，将无由兴起。全社会保持等级差异的秩序，而不是均等同一；只有以别易同，以不平等易平等，以不自由易自由，以牺牲小的自我而换取集体的利益，才有可能实现"养"。所以，"礼者养也"，"礼"本身就是"养"；要想做到"养"，必须坚定"礼"的力量。"礼"之规定，包含以下分别。

一是阶级之分。荀子之所谓礼者，亦含有"明分"一义，盖谓政府当将人民之阶级，严为划分，使人人各安其业，各发展其才能。能如是则各人能将其欲望满足至适当程度，社会既不致有争执现象，则政府举办各事亦易，此系调剂欲望之一种手段，亦荀子所认为极重要之一点也。"富有天下，是人情之所同欲也，然而从人之欲则势不能容，物不能赡也。故先王案为之制礼，使有贵贱之等，长幼之差，知愚、能不能之分，皆使人载其事而各得其宜，然后使悫禄多少厚薄之称。"（"荣辱"篇）"两贵之不能相争，两贱之不能相使，是天数也。位齐而欲恶同，物不能赡则必争，争则乱，乱则穷矣。"（"王制"篇）分阶级之大利，在弭止人群之争执，隶属于何级，则应作之事为何？酬报应有若干？皆有一定，无谓之争执，俱可免除矣。

荀子不但主张男女有长卑之别，且依社会上职业之异同，划分为农士工商等数级，故"王制"篇云："君君臣臣，父父子子，兄兄弟弟，一也；农农士士，工工商商，一也。"彼谓贫富亦系二种阶级，在"礼论"篇中曾有"贵贱有等，长幼有序，贫富轻重，皆有称者焉"之词。其在"富国"篇中，更主张政府应规定贫富之弁服，彼盖以为阶级上之划定，不但不与合群一义，无所冲突，反能使合群力较坚；彼之分工理论，亦由此演绎而来。

二是须分工专业。自经济方面言之，实行阶级制度之办法为分工，使人民自择其专精之一项业务担任之，工作分配既毕，则社会上自有无数阶级成立，隶属于某一阶级后，则当安其本分，不应见异思迁，另作他事，盖工作切忌分心也。"好稼者众矣，而后稷独传者，壹也。好乐者众矣，而夔独传者，壹也；……自古及今，未尝有两而能精者也。"（"解蔽"篇）此处之"壹"，即专任一种工作之意；此处之"两"，即同时做多种工作之意。然则何以必须分工？人们何以不能任意择业？荀子答此问题，举理由凡二：一为各人均有擅长之点，不可强作己所不擅之事务，"相高下，视墝肥，序五种，君子不如农人。通财货，相美恶，辩贵贱，君子不如商人。设规矩，陈绳墨，便备用，君子不如工人。"二为各人之经济不同："人积耨耕而为农夫，积斫削而为工匠，积贩货而为商贾，……积靡使然也。"（"儒效"篇）职是之故，工乃不可不分；工不分或分而兼作他事，则不能精。

然而礼之别，即等级的差异，不是先天的、世袭的或阶级决定的，而必须按照个人的能力、德性、贤能、功绩做决定。"王制"篇曰："无德不贵，无能不官。无功不赏，无罪不罚。朝无幸位，民无幸生。"又曰："虽王公士大夫之子孙不能属于礼义，则归之庶人。虽庶人之子孙也，积文学身行，能属于礼义，则归之卿相士大夫。"这实际上又强调了平等，这个平等的原则就是"义"。不平之中暗寓平等，也恰合孔子以德致位的理想，同时也为新阶级的崛起开了时代风气。这正是宗法贵族腐朽没落而新的阶级正在形成上升时期的产物。旧贵族腐败即革其命，旧封建不行则新其礼，这就是荀子思想的维新特性。

"明分"不只是"明"人间等级之分，而且还要"明"天人之分。春秋时代之中国尚存上古神道设教之遗风。《左传》一书所记甚多，如相信兴亡由于天命、天灾生于恶政、鬼神兆应盛衰等。随着理性主义兴起，蒙昧渐开，遂有"绝地天通"（《尚书孔氏传》说："帝命羲和，世掌天、地、四时之官，使人、神不扰，各得其序，是谓'绝地天通'"），天体秩序对地（人间）秩序的决定性被取消，天是天，地是地，人是人，神是神，没有同构关系，没有统治性或从属性。荀子力辨天命灾异与政治人事无关。"天论"篇曰："天行有常，不为尧存，不为桀亡。"又曰："治乱，天邪，曰：日月星辰瑞历，是禹桀之所同也。禹以治，桀以乱。非天也。"夫治乱既非天命，非天人不相干涉。"人有其治"，所务在兹。人定胜天，无所忧惧。"强本而节用，则天不能贫，养备而动时，则天不能病，修道口而贰，则天不能祸。故水旱不能使之饥渴，寒暑不能使之疾，祆怪不能使之凶。"故曰"明于天人之分，可谓至人矣。"又曰："唯圣人为求不知天。"

"明分"还有一个个人与集体、出仕与隐世的"内外"之分的问题。孔孟尊重并强化私人之道德，而荀子重视国家集体而轻视个体。孔孟坚持私人道德与政治生活是先后一贯、同构一体的，但是内外仍然是有别的。有道则见，无道则隐。达则兼善，穷则修身。纵使天下大乱，犹可避世为贤，保持自我的德性和独立性。在政治生活之外，个人仍然有独立的道德生活。荀子强调集体与社会性，试图以君长统领之礼义秩序，救小我的偏险与个体的无力无效。如果君道不行礼义，那么暴乱随起，社会动荡，人自为利，国自为政。个人于此，方救死之不遑，岂能独善其身？所以，孟子认为，国家集体政治生活之外，没有任何有私人道德生活的空间。荀子虽然没有明确肯定个人有绝对的政治义务，实际已经暗示法家重国轻人之旨。韩非、李斯都是荀子弟子，荀子启法家之绪，这也是一个例证。

以上，无论是天人之"明分"，君臣君民之"明分"，内外、仕隐之"明分"，都脱胎于"正名"思想。儒家"正名"，讲究的是上下有别，等级有序。在墨子那里，尚同尚贤，与孔孟之学有同有异。尚贤，当然在封建末世之旧制度中推出机会平等的新原则。但是，墨子也无意于荡平阶级泯除尊卑贵贱之等差。如，尚同仍然是前提。墨子思想中之政治组织，仍为天子、诸侯、卿大夫、士、庶人等阶级所合成。上者号令于下，下者服从其上。位分显然，不可混夷。但是，有等级却并不意味着不平等，以今天的话说，人生而平等，只有职业差异；社会可以有差等，但只是分工不同，机会平等。墨子认同社会分工，"非乐上"云："禽兽因羽毛而不衣，因水草以为食，战不耕织。""今人与此异者也。赖其力者生，不赖其力者不生。君子不强听治即刑政乱，贱人又不强从事即财用不足。"愚而不贤则为"贱人"，以从事于农工；智而有能则为官，长以享高爵厚禄。墨子所注重的，官无常贵，民无终贱之机会平等；所提倡的，以才能定身份之合理标准；而所欲废置的，亲亲爱私之不合理政策而已。于劳心者治人、劳力者事人之界限，仍然是承认而必维持的。

"明分"在法家那里体现为法律规定的秩序。管仲曾说："法者，所以兴功惧暴也；律者，所以定分止争也；令者，所以令人知事也。"

定分以确定名分，止争则止息纷争。法律中常用这个词语表示确定物的权属。《商君书·定分》中说："一兔走，百人逐之，非以兔可分以为百也，由名分之未定也。夫卖兔者满市，而盗不敢取，由名分已定也。故名分未定，尧、舜、禹、汤且皆如鹜焉而逐之；名分已定，贪盗不取。今法令不明，其名不定，天下之人得议之。其议，人异而无定。人主为法于上，下民议之于下，是法令不定，以下为上也。此所谓名分之不定也。夫名分不定，尧、舜犹将皆折而奸之，而况众人乎？此令奸恶大起、人主夺威势、亡国灭社稷之道也。今先圣人为书而传之后世，必师受之，乃知所谓之名；不师受之，而人以其心意议之，至死不能知其名与其意。故圣人必为法令置官也，置吏也，为天下师，所以定名分也，名分定，则大诈贞信，巨盗愿悫，而各自治也。故夫名分定，势治之道也；名分不定，势乱之道也。故势治者不可乱，势乱者不可治。夫势乱而治之，愈乱；势治而治之，则治。故圣王治治不治乱。"这就是现存法律中的"物权法"。无论管子还是商鞅，都认为法制的对象是熙熙攘攘的名利之徒，因此需要依靠法律的奖惩，使之趋利避害，减少纠纷。可见，其均将定分止争看作是法律的重要功能。在法律领域，"分"的意义更在于"权利归属"。可见，法家"明分"的目的在于明确权利物利的归属，具有更多的现实性内容，具有法律意义上的平等原则；而儒家之"明分"，更多地关注德性上的人我之分、社会上的等级之分等方面的权利和义务的差异，强调等级上的序差，重点不同，内容不同。

总之，"明分"就是明确责、权、利，就是划定阶级、阶层序列或等级，明确权利物的归属，为处理人群关系提供一个实际参照物、一个标准。"明分"是"正名"的必然要求。"正名"为"名"，"明分"为"实"；"正名"与"明分"相配合，则"名实相符"。"正名"为主体性、结构性要素，"明分"为结构性、社会性关系。名实相符，则等级分明，定位明确，权责统一，社会秩序因之生成。大家各安生理，各司其职，各从其命，各享其权利，各自相安相乐。大同之理想，不过如此。"正名"加"明分"，就是"礼"制的结构系统的框架。

（三）"法治"

"法治"是"礼制"的升级版，其效率更为强大，其手段转向惨酷，其情感完全丧失，其唯一目的就是通过强制性规范而加强统治力量，离开人之自我的自觉自愿而行绝对外源性力量的压制。

法，也有广狭二义。狭义是指听讼断狱的律文，广义是指治政整民之制度。狭义的"礼"为仪，与"法"有严格的区别，而广义的"法"与"礼"则混同为一。礼法之广义为一切之社会及政治制度。如果重仪文等差之教，以之为维持制度的主要方法，而以刑罚为辅，则为"礼治"。如果重视刑罚之威，以之为维持制度的主要方法，而以仪文等差辅之，则为"法治"。所以，礼法之间没有绝对的分界。礼治不必废刑法，法治不必废礼仪。荀子主张明刑而身为儒家，管子虽然有时特别重视"礼"而思想却为法家先驱，原因正在于此。在封建宗法社会之中，关系从人，故制度尚礼。冠婚丧祭、乡射饮酒、朝会聘享之种种仪文，已足以维护秩序。及宗法既衰，执政者不得不别立"贵贵"之制度以代"亲亲"。然而"礼"这个原有概念，却被袭用下来。于是，新起制度如法治有时也可以称为"礼"，而"礼"的内容就扩大了，并且与广义之法相混。荀子以礼为法，混法为礼，就是这个概念内涵扩大的原因。

儒家之"法"实际就是"礼"，法家之"法"为"政"，实际是为皇权张本之极权制度。只有管子的"法"之概念，较为中正，符合"法治"之精神，于此作为"法"的最合适的解释列出来。《管子》认定，法为一切政治制度之总称。"法者所以一民使天下也"（《管子·任法》第四十五）；"法者所以兴功惧暴也"（《管子·七臣七主》第五十二）；"法者天下之仪也，所以决疑而明是非也"（《管子·禁藏》第五十三）；"尺寸也，绳墨也，规矩也，衡石也，斗斛也，角量也，谓法"（《管子·七法》第六）；"法制不议"，"刑杀毋赦"，"爵禄无假"，"三者藏于官则为法"（《管子·法禁》第十四）。《尹文子·大道上》与此相似："法有四呈。一曰不变之法，君臣上下是也。二曰齐俗之法，能鄙异同是也。三曰治众之法，庆赏刑罚是也。四曰平准之法，律度权量是也。"这都是就法之内容及作用而言。此外复有律、令、刑、政之四名，与法号异而用同。盖"律者所以定分止争也。令者所以令人知事也"（《管子·七臣七主》第五十二）。"制断五刑，各当其名，罪人不怨，善人不惊，曰刑""正之、服之、胜之、伤之，必严其令，而民则之日政"（《管子·正》第四十三）。既然法为制度之总称，那么管子所谓"以法治国"，实际就是说，治国者必须立固定之制度，而非任君主随

时以己意为裁断之标准。故曰："不法法，则事毋常。"(《管子·法法》)

儒家之孔孟，均主张实行仁政，把"礼"的外在性、约束性和缺少人情味的严苛性降至最低。至荀子，历史已到战国末期，秦行将统一六国；而其基于人性恶之体认，遂强调"礼"的"法治"性，于此，荀子可被认为是法家之先声。

儒家至荀子而始强调"法"。荀子的原则，就是以"礼"代"法"。"礼者，众人法而不知，圣人法而知之"，"礼"就是"法"，只是有人注意到了，有人却日用而不知。"有乱君，无乱国；有治人，无治法。羿之法非亡也，而羿不世中；禹之法犹存，而夏不世王。故法不能独立，类不能自行；得其人则存，失其人则亡。法者，治之端也；君子者，法之原也。故有君子，则法虽省，足以遍矣；无君子，则法虽具，失先后之施，不能应事之变，足以乱矣。不知法之义而正法之数者，虽博，临事必乱。"(《荀子·君道》)俨然法家口吻。荀子以法入儒，改变了孔子的仁政为民思想，而代之以帝王之学，改变了"性善""言必称尧舜"，而代之以"性恶""法后王"。荀子主性恶："人之性恶，其善者伪也。"(《荀子·性恶》)荀子认为人生而有好利、嫉恶之心，耳目声色之欲，若听其发展，不加节制，则争夺残贼，淫乱随之兴起，"正理平治"(《荀子·性恶》)之社会生活就无由实现。有鉴于此，荀子"制礼义以分之"(《荀子·王制》)。"礼论"曰："礼起于何也？曰：人生而有欲。欲而不得，则不能无求，求而无度量分界，则不能不争。争则乱，乱则穷。先王恶其乱也、故制礼义以分之，以养人之欲，给人之求。""故櫽栝之生，为枸木也。绳墨之起，为不直也。立君上，明礼义，为性恶也。"(《荀子·礼论》)而此"礼"渐渐变义为"法"。儒法之间没有不可逾越的鸿沟，从"礼"到"法"是当时关于社会秩序重建的思路的自然延伸。①

---

① 自觉的"礼"不足以惩戒人心，整顿社会，就自然要用强制生的"法"，表面上看来，儒者多属礼制主义，而实际进入社会治理的所谓"法家"多属法制主义，其实他们的思路往往是一致的，都是关注社会秩序，都基于对"人性"的基本估计，只不过前者多从人性善的角度，后者多取人性恶的立场，前者多从人文主义的思想家视角，后者多从实用主义的政治家眼光。只要秩序混乱到了无法依靠人心自觉来整顿，道德崩溃到了无法凭借礼仪象征来维持的地步，只要坐而论道的前者真正进入了实际管理的后者的行列，他就很容易改变自己的立场。所以从荀子到韩非、李斯的传续，不仅仅是任务的师承关系，也是思想史上的理路延续与伸展。见葛兆光：《中国思想史》第二卷，复旦大学出版社2001年版，第169页。

荀子之"礼"（法），是要建立一套制度，也就是一套行为规范。本质上还是倾向于"礼"，其儒家情怀仍未丧失。比如其用人之法，强调应专权但不可独治。就是既要强调君、官之别，又要组织成为一个有机系统互相配合。君主必须有"便嬖左右足信者"（《荀子·君道》），以为"窥远收众之门户牖向"，卿相辅佐以为"基杖"，"足使喻志决于远方者"以使于四邻诸侯（《荀子·君道》）。荀子又分人材为三等：(1)官人使吏之材；(2)士大夫官师之材；(3)卿相辅佐之材。如是则宫中府中，外交内部，均各得人，君主可以不劳而治。盖荀子深信君臣分工，各有职守。下移上侵，均所不可。百官各有专司，人主则"以官人为能"。"今以一人兼听天下，日有余而治不足者，使人为之也。大有天下，小有一国，必自为之然后可，则劳苦耗悴莫甚焉。"人主苟能"论德使能而官施之"，令"士大夫分职而听，建国诸侯之君分土而守，三公总方而议，则天子共己而止矣"（《荀子·王霸》）。那么，必然要强化官僚序列的等级制度。荀子所论官人之精义，可以数语括之。"君道"曰："取人之道，参之以礼。用人之道，禁之以等。行义动静，度之以礼。智虑取舍，稽之以成。日月积久，校之以功。故卑不得以临尊，轻不得以悬重，愚不得以谋智。是以万举不过也。"

再如正名（禁之以刑）之法，也不外是礼制之内容，也就是要析辞以正名，从而平息辩讼。"正名"篇曰："王者之制名，名定而实辨，道行而志通，则慎率民而一焉。故析辞擅作名以乱正名，使民疑惑，人多辨讼，则谓之大奸，其罪犹为符节度量之罪也。故其民莫敢托为奇辞以乱正名。故其民悫，悫则易使，易使则公。其民莫敢托为奇辞以乱正名，故壹于道法而谨于循令矣。如是则其迹长矣。迹长功成，治之极也。是谨于守名约之功也。"又曰："夫民易一以道而不可与共故。故明君临之以势，道之以道，申之以命，章之以论，禁之以刑。故其民之化道也如神，辨说恶用矣哉。"那么"别黑白而定一尊"，则是必然之结论。孔子曾谓"庶人不议"（《论语·季氏》），又谓不可使知。荀子正名之法，其原固出于仲尼。然孔子以仁爱为政本，故虽轻视民智，而能行其术者尚不失为仁惠之专制。荀子以正名与性恶、礼治之说相连，已略失孔学温厚之旨。及李斯受之以相始皇，更加推衍，遂发为"别黑白而定一尊"（《史记·秦始皇本纪》）之政策。正名禁惑之法，为始皇焚书之始作俑者。

再如治人之法：以法为末，以人为本，更多礼乐仁爱之性质。荀子认为，其一，徒法不能自行。"王制"篇曰"法而不议，则法之所不至者必废，职而不通，则职之所不及者必队。""君道"篇亦曰："合符节，别契券者，所以为信也。上好权谋，则臣下百吏诞诈之人乘是而后欺。探筹、投钩者，所以为公也。上好曲私，则臣下百吏乘是而后偏。衡石称悬者，所以为平也。上好倾覆，则臣下百吏乘是而后险。斗斛敦概者，所以为啧也。上好贪利，则臣下百吏乘是而后丰取刻与，以无度取于民。故械数者，治之流也，非治之原也。"此皆阐明徒法不行之义。其二，君子足以为治。"君道"篇又谓："请问为国。曰：闻修身，未尝闻为国也。君者仪也，民者景也，仪正而景正。"又谓："上好礼义，尚贤使能，无贪利之心，则下亦将綦辞让，致忠信，而谨于臣子矣。如是则虽在小民，不待合符节，别契券而信，不待探筹投钩而公，不待衡石称悬而平，不待斗斛敦概而啧。故赏不用而民劝，罚不用而民服，有司不劳而事治，政令不烦而俗美。"此阐明君子足以为治之义也。那么，最好的办法是人法兼取：君权与法制兼施。与法家寓君权于械数之内不同中，荀子则欲君主之人格透露于法制之外，追求治人以实行治法。"正论"篇曰："世俗之说者曰：主道利周。是不然。主者民之唱也，上者下之仪也。彼将听唱而应，视仪而动。唱默则民无以应也，仪隐则下无动也。不应不动，则上下无以相有也。若是则与无上同也。不祥莫大焉。"

荀子之礼治思想处于从宗法封建社会向君主专制社会的过渡时期，"礼"制上升为"法治"，但其振臂高呼的"法治"仍为"人治""仁政"，不失儒家之醇厚温情，绝少后世法家之刻薄寡恩。故其思想言礼而不为纯儒，近法而未至申商之堂奥。荀子所述礼之内容，古今之义，错杂并出，如"礼论"除首段外大体申古义之"礼"，而"王霸""富国"等篇则多陈新义之"法"，三十二篇之中所阐发者，似以今义为较多，所以，荀学之主干非封建天下之旧礼，而为新旧交糅之"治法"。

管子是杂家，兼儒家之仁德与法家之刑法。他提出"以法治国"的概念。然而儒家更多的是明晰制度，管子更重视的是行法之术，"明法"篇曰："威不两错，政不二门。以法治国，则举错而已。""法治"，是管子治术之主干。管子认定禁令与组织乃国之所由建立。其起点仍然是坚定"上下之别""名物处违是非之分"（《管子·君臣下》），以成就国体。故"君臣下"篇曰:"古者未有君臣上下之别,未有夫妇妃匹之合,兽处群居,以力相征,于是智者诈愚,强者凌弱,老幼孤独不得其所。故智者假众力以禁强虐,而暴人止,为民兴利除害,正民之德,而民师之。是故道术德行,出于贤人。其从义理,兆形于民心,则民反道矣。名物处,违是非之分,则赏罚行矣。上下设,民生体,而国都立矣。是故国之所以为国者,民体以为国,君之所以为君者,赏罚以为君。"为此,管子申述了法治二术:立法之术和行法之术。例如,立法之术必以人性天则为标准,要顾及人民能力之限度,不能超过人民对于法令服从天然之界限;同时应参考天时地利以为制令之根据。又如,行法之术,大端有三:一曰事先之准备,开导人民,使能知法而奉守之。不教而诛,乃其所不取。二曰施行之态度有三:曰必信、有常、无私。行法之难莫过于无私。而害法之甚亦莫过于私,"私者乱天下者也"(《管子·心术下》)。盖群臣每图以私乱法,"为人上者释法而行私,则为人臣者援私以为公"(《管子·君臣上》)。三曰推动之力量,即以赏励其行,以罚止其犯。"法法"篇曰:"法而不行,则修令者不审也。审而不行,则赏罚轻也。重而不行,则赏罚不信也。""七法"篇亦曰:"言是而不能立,言非而不能废,有功而不能赏,有罪而不能诛,若是而能治民者,未之有也。"行法之有待于赏罚,而赏罚足以为法治之动力,其原因在于人性中有好恶之本能,"凡人之情见利莫能勿就,见害莫能勿避"(《管子·禁藏》)。为君主者审利害之所在,以为赏罚,则民随其意以为去就。当然,赏罚须重而必信,才能生效,"赏薄则民不利,禁轻则邪人不畏"(《管子·正世》)。故赏罚宜重,"见必然之政,立必胜之罚,故民知所必就而知所必去"(《管子·七臣七主》)。故赏罚贵必。赏罚,后来成为法家行法的重要内容。但是,与后世纯粹之法家相比,管子却更多礼教之色彩。管子欲借礼教以行法,而商韩则主任法而弃一切仁德礼义之教化;管子仍然重视家族人伦之关系,而商韩则倾向于以国法君威为控制人民之唯一力量。管子的"以法治国",与后世法家尚有一定距离。

　　法家尊君而轻视个人生活。比较起来,儒家传贤伐暴以民为政治之目的,以道为生活之标准;儒家混道德政治为一,韩非划道德于政治之外;法家以为私人道德与政治互不相容,韩非不仅屏道德于政治范围之外,且认私人道德与政治需要根本上互不相容,而加以攻击。法家所设计之政治社会中无个人生活之余地，而儒家认穷则独善其身，隐居以求其志，为个人高尚生活之一种。而自韩子视之则此为国法之所不能容。故举太公望对周公问诛隐士之言曰："彼不臣天子者，是望不得而臣也。不友诸侯者，是望不得而使也。耕作而食之，掘井而饮之，无求于人者，是望不得以赏罚劝禁也。且无上名，虽智不为望用。不仰君禄，虽贤不为望功，不仕则不治，不任则不忠。"（《韩非子·外储说右上》第三十四）

所以，法家的法治，必然尊君权、任法术，以图定法一民。法家思想，发挥了尊君重国的极致，反映了专制天下前夕之历史环境。西周政治本来就有任法的倾向，但与六国时尊君国、混阶级、重械数的法治有重要区别。至春秋战国之时，宗法大坏，士民相杂，个人解放，"礼"失效用。当时思想家目睹社会空前之巨变而图积极应付之方略，约可分为两派。其一惋惜宗法封建的崩溃试图予以挽救，其二认为既然封建政治不再能够挽扶而任其消亡。孔子为前者最著之代表。他关于正名复礼的主张，意在裁抑春秋时专横淫恣的贵族使得自存，而因以安定社会。商鞅变本加厉，为第二派最极端的信徒。荀子、管子之学则糅合礼法，而代表二者间的过渡思想。

从"礼"到"法"，仟法重刑，这个变化实在是基于对人性善恶的不同理解。若人性善，则可行仁德，讲礼义；若人性恶，则只能以法制裁，讲刑罚法治。所以，强化仁与德，其心理依据是"人性善"，如孟子；强化"礼"或"法"，其心理根据和人性根据在于"人性恶"，如荀子与法家诸子。人性恶（凉薄愚蒙）而没有为善的可能，故法家思想体现出刻薄寡恩、专用威势的特点。首先，人是自私的。《韩非子》认定自私为人类之本性，虽家庭骨肉之间所不能免。"父母之于子也，产男则相贺，产女则杀之。此俱出父母之怀袵，然男子受贺，女子杀之者，虑其后便，计之长利也。故父母之于子也，犹用计算之心以相待也，而况无父子之泽乎？"（《韩非子·六反》第四十六）其次，人民是愚蒙不足用的。"民智之不可用，犹婴儿之心也。夫婴儿不剔首则腹痛，不揭痤则浸益。剔首揭痤，必一人抱之，慈母治之，然犹啼呼不止。婴儿子不知犯其所小苦，致其所大利也。""昔禹决江浚河而民聚瓦石。子产开亩树桑，郑人谤訾。禹利天下，子产存郑，皆以受谤。夫民智之不足用亦明矣。"（《韩非子·显学》第五十）人性之凉薄愚蒙如此，则非仁恩德教之所能化，而专制君威，诚惟一治民之术矣。故曰："民者固服于势，寡能怀于义。""不才之子，父母怒之弗为改，乡人谯之弗为动，师长教之弗为变。""州部之吏操官兵，推公法，而求索奸人，然后恐惧，变其节易其行矣"（《韩非子·五蠹》第四十九），其轻民之意非常明显。民之难治，在其私恶、愚蒙，除了严刑峻法，别无他途。

那么，仁政生乱，故不可施。仁政与善言德行，更是眩惑人心，没有可行性，所以，法家反儒之仁政，比之"六虱"。商君曰："法已定矣，不以善言害法。"又曰："法已定矣，而好用六虱者亡。""六虱曰礼乐，曰诗书，曰修善，曰孝弟，曰诚信，曰贞廉，曰仁义，曰非兵，曰羞战。"（《韩非子·勒令》第十三）《八说》谓："错法以导民也，而又贵文学，则民之所师法也疑。赏功以劝民也，而又尊行修，则民之产利也惰。"《八经》曰："行义示则主威分，慈仁听则法制毁。""明主之道，臣不得以行谊成荣，不得以家利为功。功名所生必出于官法。法之所外，虽有难行，不以显焉。"《外储说右下》曰："秦昭王有病，百姓里买牛而家为王祷。公孙述出见之，入贺。""王曰訾之，人二甲，夫非令而擅祷，是爱寡人也。夫爱寡人，寡人亦且改法而心与之循，是法不立。法不立，乱亡之道也"。"故大臣有行则尊君，百姓有功则利上。"而且，韩非以为不只是臣下行法外之德足以害法，即使君主自身行之，也一定产生恶果。"夫施与贫困者此世之所谓仁义，哀怜百姓，不忍诛罚者，此世之所谓惠爱也。夫施与贫困则无功者得赏，不忍诛罚则暴乱不止。"（《韩非子·奸劫弑臣》第十四）当然，不用仁惠，是因为仁惠乱法，不是说暴政可行。"仁人在位则下肆而轻犯禁法，偷幸而望于上。暴人在位则法令妄而臣主乖，民怨而乱心生。故曰：仁暴者皆亡国者也。"（《韩非子·八说》第四十七）法治则治，仁政则乱。这是法家思想的基点。

仁义害法，故不可用。如果仁义能有治国的效用，那么君主或不妨不用法度而施仁义？韩非不以为然。仁义徒具美名，实无所用，儒家贱视政刑，仅仅能使"民免而无耻"，不知此乃惟一可行之治术，而其所乐道之"天下归仁"则渺茫无稽之幻想。人性既然非善，利诱威胁之外，别无驭民之方，"陈轻货于幽隐，虽曾史可疑也。悬百金于市，虽大盗不敢也"（《韩非子·六反》第四十六）。《商君书·画策》第十八也说："善治者使跖而可信，而况伯夷乎！不能治者使伯夷可疑，而况跖乎。势不能为奸，虽跖可信也。势得为奸，虽伯夷可疑也。"所以，无刑法则君子也可生小人之心，用刑法则小人亦可有君子之行。所以"圣人之治国，不恃人之为吾善也，而用其不得为非也。恃人之为善也，境内不什数。用人不得为非，一国可使齐。为治者用众而舍寡，故不务德而务法"（《韩非子·显学》第五十）。由此观之，儒家所标榜之仁义，诚为无用之虚名。"故善毛嫱、西施之美，无益吾面。用脂泽粉黛，则倍其初。言先王之仁义，无益于治。明吾法度，必吾赏罚者，亦国之脂泽粉黛也。""今巫祝之祝人曰：使若千秋万岁。千秋万岁之声括耳，而一日之寿无征于人，此人之所以简巫祝也。今世儒者之说人主，不善今之所以为治，而语已治之功，不审官法之事，不察奸邪之情，而皆道上古之传誉、先王之成功。儒者饰辞曰：听吾言，则可以霸王。此说者之巫祝，有度之主不受也。"（《韩非子·显学》第五十）

仁政不可行，仁义不可用，只有"尊君（势治）""法治""术治"，才可以治理国家，富国强兵，立于不败之地。"法治"，是为"一民断事"（《邓析子》："民一于君，事断于法。"），治民定国。韩非曰："人主之大物，非法即术也。法者编著之图籍，设之于官府，而布之于百姓者也。术者藏之于胸中，以偶众端，而潜御群臣者也。故法莫如显而术不欲见。"（《韩非子·难三》第三十八）又曰："申不害言术而公孙鞅为法。术者因任而授官，循名而责实，操杀生之柄，课群臣之能者也。此人主之所执也。法者宪令著于官府，刑罚必于民心，赏存乎慎法，而罚加乎奸令者也。此臣之所师也。君无术则蔽于上，臣无法则乱于下。此不可一无，皆帝王之具也。"申商虽各以"大物"名家，然"二子于法术皆未尽善"（《韩非子·定法》第四十三），且专用一具，虽有功而不能远大。《韩非子》乃集二家之成，运术以安君驭君，立法以治民定国，二者相辅为用。

行法方法，不外乎广布法律之知识，以律令之文宣示大众，其事实肇端于刑书刑鼎；以赏罚为制裁，主张重赏严罚；而重刑必须坚持"壹刑"之平等原则，"所谓壹刑者，刑无等级。自卿相、将军以至大夫、庶人，有不从王令、犯国禁、乱上制者，罪死不赦。有功于前，有败于后，不为损刑。有善于前，有过于后，不为亏法"（《韩非子·赏刑》第十七）。此与封建法律之议亲、故、贤、能、功、贵等事而弛减刑罚（《礼记·曲礼》"礼不下庶人，刑不上大夫"不平等之意尤明）根本不同。史称商君治秦"法令必行，内不私贵宠，外不偏疏远。是以令行而禁止，法出而奸息"（《史记》卷六十八）。虽太子犯法，犹刑其师傅，商鞅可谓深得行法之要道。平等壹刑之外，还要做到"任法必专"，不为私议善行所摇。任法不专，则虽行而不能久。所以，商韩都认定必以法令为政治生活中惟一标准。此外一切私议善言悉在摒弃之列。那么，禁私议也就是必然结论。因为私议，没有固定的是非标准，则法治之客观标准因以动摇。"世之为治者多释法而任私议，此国之所以乱也。先王县权衡，立尺寸，而至今任之，其分明也。夫释权衡而断轻重，废尺寸而意长短，虽察，商贾不为用，为其不必也。夫倍法度而私议，皆不类者也"，"是故先王知自议私誉之不可任也，故立法明分，中程者赏之，毁公者诛之。赏诛之法，不失其议，故民不争"（《商君书·修权》）。韩非也说："明主之国，令者言最贵者也。法者事最适者也。言无二贵，法不两适。故言行而不轨于法令者必禁。若其无法令而可以接诈应变，生利揣事者，上必采其言而责其实。言当则有大利，不当则有重罪。是以愚者畏罪而不敢言，智者无以讼。"（《韩非子·问辩》第四十一）如此则法令大行，而"言无定术，行无常议"（《韩非子·显学》第五十）的紊乱现象就不会产生了。

做到以上几点，则可达法之效果——《邓析子》所期望的"民一于君，事断于法"。商鞅说："明主慎法制。言不中法者不听也，行不中法者不高也，事不中法者不为也。"（《商君书·君臣》）韩非说："治强生于法，弱乱生于阿。君明于此，则正赏罚而非仁下也。爵禄生于功，诛罚生于罪。臣明于此则尽死力而非忠君也。君不通于仁，臣不通于忠，则可以王矣。"（《韩非子·外储说右下》第三十五）实行法治的结果可谓圆满而没有遗憾。

"术治"是治吏御臣之方。术，是"人主所执"以"潜御群臣"（《韩非子·难三》第三十八）而保持自己的权势的机谋权术。运术的目的是安君驭臣。春秋之世，弑君专国的事件屡见不鲜，至战国而益逾严峻乃至于窃国夺位。其原因，不得不归咎于君主们御臣乏术。人君如果无术以判别能否，则用人为难。且人求势利，居心叵测。若无术加以控驭，则国危位替。观察其心理原因，韩非假定君臣之间的关系绝对没有仁爱信义之可能。君之权位，臣所觊觎。臣处心积虑以侵夺此权位，君处心积虑以保持其权位。故曰："上下一日百战"（《韩非子·扬权》

第八)。又曰:"知臣主之异利者王,以为同者劫,与共事者杀"(《韩非子·八经》第四十八)。君主应当知道臣下侵夺的原因,并且能执术以潜取之。若徒恃法令制度,则恐怕奸邪之臣缘法为奸。于是君道之重要的一个方面就是"术治"。

当然,韩非曰"明主治吏不治民"(《韩非子·外储说右下》第三十五),治臣也要依法而治。"明主使法择人,不自举也。使法量功,不自度也。"(《韩非子·有度》第六)"治国之臣,效功于国以履位,见能于官以授职,尽力于权衡以任事。""明君使事不相干故莫讼,使士不兼官故技长,使人不同功故莫争。"又曰:"明主使其群臣不游意于法之外,不为惠于法之内,动无非法。"又曰:"人主使人臣虽有智能不得背法而专制,虽有贤行不得逾功而先劳,虽有忠信不得释法而不禁。"又曰:"为人臣者陈言,君以其言授之事,专以其事责其功。功当其事,事当其言,则赏。功不当其事,事不当其言,则罚。"(《韩非子·用人》第二十七)

韩非借鉴申不害之"术"以救法治之所不及,使君位巩固,臣不得侵,国本既定,则法治乃可成立。术治之异于法治者有三:法治之对象为民,术则专为臣设;法者君臣所共守,术则君主所独用;法者公布众知之律文,术则中心暗运之机智。所以,用术之方,于用势用法颇不相同。用术需要:①明察臣下之奸,削灭私门之势。前者根本防止侵夺,后者则予权臣以直接之打击。韩非曰:"人主之所以身危国亡者,大臣太贵左右太威也"(《韩非子·人主》第五十二)。②及早行披木之计。为君位之安全计,君主当"数披其木,毋使枝叶扶疏"(《韩非子·扬权》第八)。③去五壅,明八奸。明察下奸,固持上柄以预防权臣之产生。韩非分析权臣坐大的主要原因为"五壅"。"人主有五壅。臣背其主曰壅,臣制财利曰壅,臣擅行令曰壅,臣得行谊曰壅,臣得树人曰壅。"(《韩非子·主道》第五)去壅之术无他,明察八奸,固持上柄而已。④勿信臣。不与臣下以逢迎窥伺之机,君心独断,而不令臣下有弄权窃势之机。"人主之患在于信人。信人则制于人。人臣之于其君非有骨肉之亲也,缚于势而不得不事也。故为人臣者窥觇其君心也,无须臾之休,而人主怠傲处其上,此世之所以有劫君弑主也。"(《韩非子·备内》第十七)⑤学会"驭臣七术"。臣既不可信,则当以"七术"驭之。七术者:"一曰众端参观,二曰必罚明威,三曰信赏尽能,四曰一听责下,五曰疑诏诡使,六曰挟知而问,七曰倒言反事。"(《韩非子·内储说上》第三十)⑥免为臣下所窥伺,君主固以权术窥臣,臣亦操心虑以伺君。故为君者又须避免为臣下所窥伺。《韩非子》曰:"明主务在周密。"(《韩非子·内储说》)《申子》曰:"上明见,人备之。其不明见,人惑之。其知见,人饰之。其不知见,人匿之。其无欲见,人伺之。其有欲见,人饵之。"(《韩非子·外储说右上》第三十四)"故曰:去好去恶,群臣见素。群臣见素则大君不蔽矣。"(《韩非子·二柄》第七)⑦必须独断专制,大权独揽,予夺由躬。群臣者人君之仆役。驱之去,招之来,生杀贵贱一听君意。

李斯把法家尊君专制思想发挥到了极致。先秦的法家思想,实际不过是专制思想的别称。其法治的实质是阳重法而阴尊君。《管子》书中非常注重君主的立法自守,赞赏纳谏节欲诸事。君权虽尊,还是多有限制。韩非不复持"令尊于君"之说,去法治越来越远而距专制愈近。但"十过"篇还是指斥"不务听治而好五音""耽于女乐不顾国政""离内远游而忽于谏士""过而不听于忠臣而独行其意"诸事,其用意在限约君主,不任恣睢。所以韩非之专制思想较管子为进步,而尚未臻于极致。及李斯,佐始皇助其营治宫室,劝其拒谏,随之远游;相二世则逢迎其肆志广欲,发为督责之书。于是把韩非所立的对于君主的限制也一举废除,倡导实施"独制于天下而无所制"的绝对君主专制。

法家与黄老之学,也有渊源。他们都认为,法治的最后结果是无为而治。然而,同是"无为",道法之内涵固不相同,二家根本区别在贵民与尊君之一端,道法之说"无为",语亦相混。

《管子》"君臣上"篇曰:"是故有道之君,上有五官以牧其民,则众不敢逾轨而行矣。下有五横以揆其官,则有司不敢离法而使矣。朝有定度衡仪,以尊王位,衣服緟襚尽有法度,则君体法而立矣。君依法而出令,有司奉命而行事,百姓顺上而成俗。著久而为常,犯俗离教者众共奸之,则为上者秩矣。""白心"篇亦曰:"名正法备则圣人无事。"有了法令,各司其职,行各有度,行政成本降至最低,行政效率提到最高。那么,"无为而治",乃法治之最后结果。

法家诸子之中,慎到与彭蒙、田骈皆学黄老。《管子》书中多道家言,《韩非子》亦有"解老""喻老"之篇。法家学黄老倡清静无为。黄老论治之要点,无过于清静无为。法家诸子也经常阐发这个道理。

《韩非子》曰:"有智而不以虑,使万物知其处。有贤而不以行,观臣下之所因。有勇而不以怒,使群臣尽其武。"(《韩非子·主道》第五)"惟无为可以规之。"(《韩非子·外储说右上》第三十四)"故至安之世,法如朝露,纯朴不散。心无结怨,口无烦言。"(《韩非子·大体》第二十九)《管子》亦曰:"虚无无形之谓道"(《管子·心术》第三十六),"名正法备则圣人无事"(《管子·白心》第三十八)。这与老子的主张完全相同。

然而法家之"无为"与道家之"无为",本质上大相径庭。一者,操术不同:老子以放任致无为,申韩以专制致无为。《老子》曰:"损之又损,以至于无为。"(《道德经》第四十八章)仁义孝慈,既无所用,"法令滋彰"(《道德经》第五十七章),更非所许。君主以百姓心为心,任天下之自然,而天下治。申韩致无为,则由明法饰令,重刑壹教,以达到"明君无为于上,群臣悚惧乎下"(《韩非子·主道》第五)之境界。其操术不过是《老子》所说"其次畏之"(《道德经》第十七章)的第三流政治,其地位排在儒家仁政之下。二者,目的不同。法家是为防止权臣之侵夺、保障君主专制;道家是为缩减政府职权,积极扩张人民自由。《老子》赞赏:"小国寡民","使民重死而不远徙。虽有舟舆,无所乘之。虽有甲兵,无所陈之","甘其食,美其服,安其居,乐其俗"(《道德经》第八十章)。黄老之无为,其目的在立清静之治以保人民之康乐。法家诸子则教君主行无为之法术,以巩固君主权位而立富强基础。其术既行,则"臣有其劳,君有其成","有功则君有其贤,有过则臣任其罪"(《韩非子·主道》第五)。二者用意几乎相反。三者,君主地位不同。道家主张君位虚设,威势无用;法家专制崇君,威势集于一身。老子之无为思想暗含民主政治倾向。"圣人无常心,以百姓心为心。"(《道德经》第四十九章)放任宽容,那么君主无用,君位等于虚设,威势无所施用,故曰:"太上,不知有之"(《道德经》第十七章)。黄老思想中君主的地位可能只有荒古的部落首长或可勉强与之比拟。申韩思想中的君主则为专制大君,集威势于一身,行赏罚于万众,急耕养战,一令齐法。一切政策皆与黄老之无为相反。只在推行法治术治的时候,预设一个无为的理想。而法治追求"名正法备则圣人无事"(《管子·白心》),术治追求"明君无为于上,群臣悚惧乎下"(《韩非子·主道》第五),所以,其"无为"乃"藏刑匿智"之别名,与道家的"歙歙焉,为天下浑其心"(《道德经》第四十九章)不可相提并论。君臣一日百战,君心只能一日万几。方寸之间求所以"偶众端""驭群臣"(《韩非子·难三》)而运用"疑诏诡使"(《韩非子·内储说上七术》)诸术,都是极其劳心有为的。

可知,商韩的法家思想是我国古代最完备的专制理论。但是,儒家说,徒法不能自行;《商君书》亦谓"国皆有法而无使法必行之法"(《商君书·画策》第十八);韩非借取申不害的"术治",意在补法治所不及,所以,韩非之学实是在调和人治与法治两派思想。我国古代法治思想,仍然为人治思想之一种。此"人治",即为"君治",其倡导君权至上,法术于是沦为专制之工具,君主之权位遂超越于臣民法度之上而绝无丝毫之限制。法家思想并非真正的法治。

(四)"尊君"

在西周的宗法封建政治中,君臣与君民的关系,还是比较民主的,并没有独尊之说。他们分权守位,上下相维,各有定界。

原来"君者善群也"(《荀子·王制》)。"他的责任,就是把一群中的事情,措置得件件妥帖。原始的君,固未必人人能如此,然以其时的制度论,则确是可以如此的。所以只要有仁君,的确可以希望他行仁政。原来封建政体,即实行分封制的贵族政体中,保留有原始'君'的制度的残余,自从封建政体逐渐破坏,此种制度,亦就逐渐变更了。"① 人类是要合群的。从氏族到宗法分封制,再到郡县制的君主专制,人群越来越集中,政治单位也就越来越大,这是发展趋势,所以周代的诸侯国,经过长期混战争霸,终被秦兼并,并在政治、文化、交通各方面予以统一,中国由此进入帝国时代。周代作为"天下共主"的君,战国时期成为称霸的"王",秦后遂成为至高无上、无复其匹的"皇帝",其权力也就越来越大。皇帝是绝对独尊的,以其势运用"法治"化的私意和驾驭臣下的各种"治术",私有天下物产、人民、权利。"王"是"君"与"帝"的过渡形态,他拥有一片国土并在这片土地上拥有至高无上的权力。他可以拥戴周室天子,也可以通过富国强兵

---

① 吕思勉:《中国政治思想史》,北京出版社 2016 年版,第 59 页。

而称王称霸，但他绝对不是广土众民的唯一之王。即使是周天子，他也只是拥有相对的权力，而把大部分的权利分封给若干王国，而这些诸侯王国的权利则与他无关。最早期的统治者是"君"。他们是从氏族首领深化而来，跨过原始社会和三皇五帝时期。这是原始共产时期，也是民主时期，更是小国寡民时期。"君"没有私产，没有特权，与社会成员一起劳作生活，凡事召开部落会议决定，带领大家生产，遭逢外来侵略的时候就组织反抗御侮。他的地盘够小，人数够少，不需要官僚机构的管理，自己亲力亲为，一切都可治理得服服帖帖。这就是儒家向往的"大同"社会："大道之行也，天下为公，选贤与能，讲信修睦。故人不独亲其亲，不独子其子，使老有所终，壮有所用，幼有所长，矜、寡、孤、独、废疾者皆有所养，男有分，女有归。货恶其弃于地也，不必藏于己；力恶其不出于身也，不必为己。是故谋闭而不兴，盗窃乱贼而不作，故外户而不闭，是谓大同。"（《礼记》）儒家、墨家和道家，都是把这个时代当作自己的理想国。在这个宗法制度中，君主与贵戚分权而不独尊，士民（不是被征服而被掠为奴隶的人）有族属之谊而非真贱。《孟子·万章下》："下士与庶人在官者同禄。"在封建天下的政治体制中，天子与诸侯相维相安，天子为天下共主，诸侯也无兼小攻弱的风气，用不着富国强兵以自存。民生衣食之外实无更重要之政治目的。民之可贵，理有固然。这是难得的贵族时代，是法家之外诸子的理想时代。这个时代自春秋混战、秦兼六国、大汉统一进入帝国时代而结束。

至东周春秋时期，开始尊君，抑僭臣以扶衰君。周封诸侯，诸侯也在国内分封。周天子与各诸侯各领其土，各职其事，各自相安无事。然自西周灭亡而东迁，周政权衰落，天子不再是天下共主，至多只是个象征性符号，时而被"挟天子以令诸侯"，"礼乐征伐自天子出"的政治秩序宣告崩解。诸侯已经开始觊觎天子之权位。在诸侯国内，臣子开始僭越诸侯之位，权臣侵国，君主微弱，例如鲁"悼公之时，三桓胜，鲁如小侯，卑于三桓之家"（《史记·鲁周公世家》）。弑君篡国分国者层出不穷。在这个历史进程中，宗法破坏，贵族消亡，君民的平等地位，逐渐悬绝。"民无所贵，君日愈尊，茧茧众庶既失其族属身份之凭依，乃悉沦为君上之臣属，一视私人本身之贤愚通謇以定其社会地位之升降，一听君上之赏罚予夺以定其政治地位之高低。无形之中，君与国合为一体而民遂转为君主统治之对象。且封建政治既随宗法社会相共涣解，诸侯力征，灭亡日众。国非富强无以应世变，君非专断无以图富强。日用布帛菽粟之事不复能为要政，而民力民财皆为君国富强所取资，不得任个人之私有。君之必尊，亦时势所趋，不得不然。儒法二家思想实为此重要历史变迁之反映，非苟为悖谲以相水火也。""于是君权之扩张遂同时成为政治上之需要与目的，而政治思想亦趋于尊君国任法术之途径。"①

尊君与贵民，一直是个政治思想的核心问题。这个问题包含两个方面：一是君与臣的关系，二是君与民的关系。

"君"与"臣"是对立的、不信任的，也是相互依存的。"中国是世界上最古的大国，皇帝的尊严，可谓并时无二，然其与臣下的隔绝亦特甚。……中国君主的尊严，乃由其地大人众，而政治上的等级，不得不多，等级多，则不得不隔绝，隔绝得厉害，自然觉得其尊严了。再加历史上的制度和事实，都是向这一方面进行的。所以历时愈久，尊严愈甚，而其隔绝亦愈甚。"② 所以，君对臣往往表现出极大的不信任。这一点在法家尤其是李斯的尊君理论中表述得淋漓尽致。法家强调君应以其势、任法，并使用各种"术"管理、监督、预防乃至于揣摩、监视臣子，防止春秋时代僭越乱政局面的出现。然而，君主作为高高在上的最高统治者，他所治理的不再是一个氏族部落，不再是一个诸侯小国，而是一个广大帝国。他一眼望不到边，凡事不可能亲力亲为，于是，官僚系统必然被发明出来。这个系统，功能是上传下达、负有代皇帝管理地方的职能。然而，"官僚政治的情态是（一）不办事，（二）但求免于督责，（三）督责所不及，便要作弊。不办事的方法，是（甲）推诿，（乙）延宕。推诿是干脆不办。延宕是姑且缓办，希冀其事或者自行消灭，或可留给别人办。官场的办事，所以迟缓，就是为此。"③ 政治效率之低下，原也是官僚机构的本性。而且，"官场的办事，所以有名无实，即由于此。作弊乃所以求自利，求自利，是一切阶级本来的性质，与其阶级同生，亦必随其阶级而后能同灭的。官僚既成为一阶级，自亦不能违此公例。所以官僚阶级的营私舞弊，侵削国与民以自利，是只能随监督力量的强弱而深浅其程度的，性质则不能改变。""凡阶级

---

① 萧公权：《中国政治思想史》，商务印书馆2011年版，第223页。
②③ 吕思勉：《中国政治思想史》，北京出版社2016年版，第150、162、166页。

之性质，恒欲剥削他阶级以自利，君主之责任，则在调和两者之间，而求其平衡，故为治最要之义，在能监督官吏，不使虐民太甚，政治遂偏向此路发达。"① 君对于臣，既要依赖其行政，又要想方设法地阻止其私利之天然本性，既用之且防之，也不会因为官僚私利的膨胀与过度获取而失去"民本"导致政权灭亡。由此观之，"尊君"具有客观必然性。

君与民的关系更为重要，也更为复杂。但总其要，不过尊君贱民、贵民轻君、任法崇君、无君无为四种，也就是"君本"和"民本"两个方向，两个思路。儒家持民本位之思想，大体承宗法封建社会之余风，而法家持君本位之思想，则为宗法封建衰微以后之产物。

孔子尊君限君。他拥护封建制度而抑僭臣以扶衰君，"事君尽礼"，致力于讨责"乱臣贼子"，实已暗启尊君之说。"孔子成《春秋》而乱臣贼子惧"（《孟子·滕文公章句下》）。《春秋》书"王正月"。《论语·季氏》谓"天下有道则礼乐征伐自天子出"。《乡党》记孔子在朝之恭谨，"子罕"载孔子叹无臣而为有臣。季氏"八佾"，则斥为"不可忍"。冉子退朝则辨其非有"政"。《礼记·坊记》载："子云：天无二日，土无二王，家无二主，尊无二上，示民有君臣之别也。"可见孔子是重视君权的。但是孔子只是表示君位至尊，不承认君权绝对。而且强调仁政必须由有德性的君主来执政，更多的是限制和要求。

孟子是轻君贵民的，"民为贵，社稷次之，君为轻"（《孟子·尽心章句下》）。孟子为国王师，日日强聒为君之道。孟子认为强国必以仁政，仁政以养民、教民以保民为责任、为前提，于是提出"民贵"之论，"民为贵，社稷次之，君为轻"——人民为政治之目的，亦且以之为主体，也就是说，民为主君为仆，民为体国为用。

儒家至荀子而开始强化君主权利。荀学为专制天下前夕之思想。"儒效"曰："儒者法先王，隆礼义，谨乎臣子而致贵其上者也。"是以尊君为儒家要道之一。"致士"篇曰："君者国之隆也。父者家之隆也。隆一而治，二而乱。""正论"篇则谓："天子者势位至尊，无敌于天下。……南面而听天下，生民之属莫不振动服从，以化顺之。天下无隐士，无遗善。同焉者是也，异焉者非也。"几乎等同于法家思想了。

---

① 吕思勉：《中国政治思想史》，北京出版社2016年版，第150、162、166页。

荀子总结了君王的三个特性。其一是唯一性:"君不可二,势在独尊。"荀子论礼,以明贵贱、别上下、异君臣为要义。不尊君则无以致别异之用。故君不可二,势在独尊。"王制"篇谓:"分均则不偏,势齐则不壹,众齐则不使。"又谓:"两贵之不能相事,两贱之不能相使,是天数也。"其二是本体性:"尊荣殊于万众",为始、有势。荀子尝谓"天地者生之始也。礼义者治之始也。君子者礼义之始也"。又谓"君者善群者也"。"百姓之力,待之而后功,百姓之群,待之而后和,百姓之财,待之而后聚,百姓之势,待之而后安,百姓之寿,待之而后长。""今当试去君上之势,无礼义之化,去法政之治,无刑罚之禁,倚而观天下民人之相与也,若是,则夫强者害弱而夺之,众者暴寡而哗之,天下悖乱而相亡,不待顷矣。"(《荀子·性恶》)故政治组织既由圣智之君主以产生,政治生活亦赖继体之君主而维持。治乱系于一人,则尊荣殊于万众。其三是至上性:君王拥有至尊之位、至大之权。"人君者所以管分之枢要",故君主之职务为明定全国臣民之权利义务而监督之。倘使君主无至尊之位,至大之权则此重要之职务必难于执行。

然而,与法家以君为政治之主体不同,荀子毕竟是出发于儒家之仁政思想,故其仍然不废民贵之义,认为君主乃一高贵威严之公仆。荀子尊君理由,为君主有重要之职务。也就是说,荀子思想中之君主,乃一高贵威严之公仆,而非广土众民的所有者。若一旦不能尽其天职,则尊严丧失,可废可诛。荀子尝谓:"天之生民,非为君也。天之立君,以为民也。"又谓:"臣或弑其君,下或杀其上,粥其城,倍其节,而不死其事者,无他故焉,人主自取之。"又谓:"天下归之之谓王,天下去之之谓亡。故桀纣无天下而汤武不弑君。"(分见"大略""富国""正论"诸篇。)"王制"曰:"马骇舆,则君子不安舆,庶人骇政,则君子不安位。马骇舆,则莫若静之,庶人骇政,则莫若惠之。选贤良,举笃敬,兴孝弟,收孤寡,补贫穷,如是则庶人安政矣。庶人安政,然后君子安位。《传》曰:君者舟也,庶人者水也。水则载舟,水则覆舟。此之谓也。""王霸"论暴君曰:"百姓贱之如尪,恶之如鬼,日欲伺间而相与投藉之、去逐之。"此与孟子"诛一夫"之说意义相同,而亦足证荀子不失为儒学之后劲。

管子尊君顺民,却也开始开启"以法治国"之时代。管子论君道,与荀子认人君职在"管分之枢要",故其位不可不尊,其势不可不重大旨略同。"任法"谓"生法者君也"。"君臣上下"则谓"道德赏罚出于君"。人君一身既为全国治乱之所系，故"安国在乎尊君"。尊君者赋以至高无上专有独断之权位而勿使动摇之谓。盖"君之所以为君者势也"，而"令不高不行，不专不听"，欲势固令行，其术在独据崇高之位以专擅赏罚之柄。"故明王之所操者六：生之、杀之、富之、贫之、贵之、贱之。此六柄者，主之所操也。主之所处者四。一曰文、二曰武、三曰威、四曰德。此四位者，主之所处也。藉人以其所操，命曰夺柄。藉人以其所处，命曰失位。夺柄失位而求令之行，不可得也。"（"任法"第四十五。"禁藏"第五十三曰："赏诛为文武。"）君能独守其势，则"威不两错，政不二门。以法治国，则举措而已。"（"明法"第四十六。"七臣七主"第五十二亦曰："权势者人主之所独守也。""霸言"曰："主尊臣卑，上威下敬，令行人服，理之至也。使天下两天子，天下不可理也。一国而两君，一国不可理也。一家而两父，一家不可理也。"）

君之意志有绝对之权威，民之意志无丝毫之力量。人民既为君主之用具，则君民间最理想之关系为君有所令，民无不从。换言之，管氏之法行，则在政治组织之中，君之意志有绝对之权威，民之意志无丝毫之力量。因为民意倘得干政，则"令出虽自上而论可与不可者在下，是威下系于民也。威下系于民而求上之母危，不可得也"。故"明君在上位，民毋敢立私议自贵者"，而"据傲易令、错仪、画制、作议者尽诛"。且人君行独断之政，虽逆民意而有利于国，则亦厉行之而无所恤。"夫至用民者杀之、危之、劳之、苦之、饥之、渴之，用民者将致此之极也，而民母可与虑害己者。明王在上，道法行于国，民皆舍所好而行所恶。"于是"引而使之，民不敢转其力。推而战之，民不敢爱其死。不敢转其力然后有功，不敢爱其死然后无敌。是故仁者、知者、有道者不与大虑始"。而"为国者反民性然后可以与民戚"（"修靡"第三十五。下文云："民欲佚，而教以劳，民欲生，而教以死。劳教定而国富，死教定而威行"）也。考民意所以不足听者，其故在民心之习苟安而昧于真利，解自私而不能自治。盖"民者服于威。杀然后从，见利然后用，被治然后正，得所安然后正者也"。

然而，君主未必有德。君之当尊乃由其所居之职位。其私人之品格或道德，与此殊无直接之关系。故"小匡"篇载恒公自称有好田、好酒、好色之"三大邪"，而管子对以"恶则恶矣，然非其急者也。""法法"篇则曰："凡人君之德行威严，非独能尽贤于人也。曰人君也，故从而贵之，不敢论其德行之高下。"周知，儒家主德治人治正身以化民，法家主法治弃私意而不重德，而管子既非前者，亦非后者。儒家据宗法之背景以立政治理想，欲君主以身作则，化正万民。故君德不彰，不足以资众目之瞻视。法家弃宗法而别树专制为理想，惟恐君身以私意乱法而为奸臣所乘。故不求君有明德，而欲其藏情隐意，不可窥测。管子则已先倡战国任法之议，而犹未脱封建宗法之影响。于是糅杂人治法治，几成自相抵牾之论。曰："人君也，故从而贵之，不敢论其德行之高下。"此商韩法治之说也。曰："君之在国都也，若心之在身体也。道德定于上则百姓化于下矣。戒心形于内则容貌动于外矣。"（"君臣下"第三十一）"七臣七主"第五十二曰："故一人之治乱在其心，一国之存亡在其主。天下得失，道出一人。主好本则民垦草莱，主好货则人贾市，主好宫室则工匠巧，主好文采则女工靡。夫楚王好小腰而美人省食，吴王好剑而国士轻死。死与不食者天下之所共恶也。然而为之者何也？从主之所欲也。"其意尤近儒家"草上之风必偃"之语。又按管子不论德行，或就君主之法律地位立言。正己化民，则就君主之政治作用言。

荀子尊君，目的在于君治国所以养民；管子尊君，是君御民用民以为工具。荀子礼治之最后目的为全体人民生活之满足。故治国所以养民，而君之与国不过达此目的之工具。管子所标之政治目的则大异于是。故其言曰："凡牧民者欲民之可御也。"又曰："计上之所以爱民者为用之，故爱之也。"盖人心从令，人力效忠，乃富强不可少之凭藉。民为君用，则所图可成。"法法"篇明之曰："凡大国之君尊，小国之君卑。大国之君所以尊者何也。曰：为之用者众也。小国之君所以卑者何也。曰：为之用者寡也。然则为之用者众则尊，为之用者寡则卑，则人主安能不欲民之众为己用也。"民之作用如此，故"争天下者必先争人"。争人者非徒争人数之多也。"人众而不理，命曰人满。"虽使各得足食丰衣而不为君国所用，不肯"蹈白刃、受矢石、入水火以听上令"，则何益于君国乎？吾人既知爱民为手段而非目的，则于《管子》书中一切重视民生之主张可以不生误会而引以为孟荀之同调。例如桓公问霸政之本，"管子对曰：齐国百姓，公之本也。人甚忧饥而税敛重，人甚惧死而刑政险，人甚伤劳而上举事不时。公轻其税敛则人不忧饥，缓其刑政则人不惧死，举事以时则人不伤劳。"此与孟子所主"省刑罚，薄税敛"，"勿夺其时"者操术略同而存心迥异矣。

　　法家是尊君而贱民的。"君""民"在思想中所占地位之轻重，是区分儒法的标准。儒家贵民，法家尊君。儒家以人民为政治之本体，法家以君主为政治之本体。儒家诸子中，孟氏最能发贵民之旨。荀子虽有尊君之说，而细按其实，尊君仅为养民之手段而非政治之目的。故儒家之政治思想皆含"民享""民有"之义。至于商鞅、韩非诸人，则君民地位，完全颠倒。其立意有三：一者，尊君至极，那么人民只不过是富强之资，可供驱使而已，其本身不复具有绝对价值。二者，民如禽兽，愚顽低劣，且人性本恶，不足为善，必待君长之鞭策而后定。于是，法家废弃儒家德化民本之说，而专任君势以为治体。儒者相信上古之世的风俗淳美，为今人所当效法。韩非破其说曰："古人亟于德，中世逐于智，当今争于力。古者寡事而备简，朴陋而不尽，故有挑铫（yáo yáo，古代除草具）而推车者。古者人寡而相亲，物多而轻利易让，故有揖让而传天下者。"（《韩非子·八说》）"古者丈夫不耕，草木之实足食也。妇人不织，禽兽之皮足衣也。不事力而养足，人民少而财有余，故民不争。是以厚赏不行，重罚不用，而民自治。今人有五子不为多，子又有五子，大父未死而有二十五孙，是以人民众而货财寡，事力劳而供养薄，故民争。虽倍赏累罚而不免于乱。""是以古之易财，非仁也，财多也。今之争夺，非鄙也，财寡也。"（《韩非子·五蠹》）然则上古之淳风，不能掩人性之本恶。后世之争夺，适以证民之不足为善。君主专制诚为治平乱世必要之政体。其三，民没有自治之能力，只能依靠君主"他治"。《商君书·开塞》篇曰："天地设而民生之。当此之时也，民知其母而不知其父，其道亲亲而爱私，亲亲则别，爱私则险。民众而以别险为务，则民乱。当此时也，民务胜而力征。务胜则争，力征则讼。讼而无正则莫得其性也。故贤者立中正，设无私，而民说仁。当此时也，亲亲废，上贤立矣。凡仁者以爱私为务，而贤者以相出为道。民众而无制，久而相出为道，则又乱。故圣人承之，作为土地货财男女之分。分定而无制，不可，故立禁。禁立而莫之司，不可，故立官。官设而莫之一，不可，故立君。既立君，则上贤废而贵贵立矣。然则上世亲亲而爱私，中世上贤而说仁，下世贵贵而尊官。""亲亲者以私为道也，而中正者使私无用也。""上贤者以道相出也，而立君者使贤无用也。"（简书《商君书笺正》。同篇又曰："古者民丛生而群处乱，故求有上也。"）如此，废弃儒家德化民本之说，而专任君势以为治体，就是必然而自然的。

法家尊君，非尊其人而尊其所处之权位。《管子·法法》曰："君之所以为君者，势也。"势之一名，法家每用以概举君主之位分权力。慎子认为君需权重位尊，"飞龙乘云，腾蛇游雾。云罢雾霁而龙蛇与蚂蚁同矣，则失其所乘也。贤人而诎于不肖者，则权轻位卑也。不肖而能服贤者，则权重位尊也。尧为匹夫不能治三人，而桀为天子能乱天下。吾以此知势位之足恃而贤智之不足慕也。"（《韩非子·难势》第四十）。"功名二八"亦曰："夫有材而无势，虽贤不能制不肖。故立尺材于高山之上，下临千仞之溪，材非长也，位高也。桀为天子，能制天下非贤也，势重也。尧为匹夫，不能正三家，非不肖也，位卑也。"

君主之为治，有赖于其法律上之权与其实际上之力，而权力之操存又赖君主所处之地位。人民承认君主之地位而服从之，君主凭借此地位以号令人民。凡此种种之关系，即韩非所说之势。私人之道德才能，与此并无直接关系。盖人君发号施令而民奉行之者，非以其为圣人贤人之所发，而以其为君主之所发。人民如较量发令者之品格如何以定从违，则命令本身失其威权。推其极致，则社会中只有道德之制裁而无政治之命令。"桀为天子，能制天下。"其故在集有人民共认之权力。"尧为匹夫，不能正三家。"其故在道德非政治之命令。

同时，无论明君昏君，君势都是不可侵、亦不可议的。臣民必须效忠于暴主而反对孟子一夫可诛之说，以"臣事君，子事父，妻事夫"为天下之常道。君父享绝对之权利，臣子尽无限之义务。"人主虽不肖，臣不敢侵。"臣子虽贤惟君父之所用。"父之所以欲有贤子者，家贫则富之，父苦则乐之。君之所以欲有贤臣者，国乱则治之，主卑则尊之。今有贤子而不为父，则父之处家也苦。有贤臣而不为君，则君之处位也危。然则父有贤子，君有贤臣，适足以为害耳，岂得利焉哉。"抑又有进者，臣子不仅不可侵夺君父，即加以间接之评论，亦分所不容。"夫为人子而常誉他人之亲，曰：某子之亲，夜寝早起，强力生财，以养子孙臣妾，是讲也。为人臣常誉先王之德厚而愿之，讲谤其君者也。""故人臣毋称尧舜之贤，毋誉汤武之伐，毋言烈士之高，尽力守法，专心于事主者为忠臣。"

　　法家之"任法尊君"，强化君主权力，原因在于此时的历史已经进入战国时代。此时，若不尊君，则没有一个强大的权力建设农战之国，无以富国强兵，争霸就不可能，兼并别国更是妄想。所以，中央集权，君主专制，君之受尊，是社会发展之必然。

　　以上我们回顾了中国先秦诸子思想中从"礼"到"法"的内涵演变和实践模式的不同，可见中华文明"礼乐"体制中"礼"之阳刚一面。综合来看，"礼"脱胎于商周时期的祭祀礼仪，随着时间的推移、现实的变革，"礼"的"仪礼"成分渐渐消失，而其中最有结构性和逻辑性的部分，即"等差序列""正名明分"思想却被保留并被发扬光大。无论是"礼制"，还是本质上仍然以"礼"为内核的"法治"，这个等级制度是永远不变的。诸如：天、地、人的高下，君主与宗法贵族（后世官僚阶级取代贵族）的上下，君与民的贵贱，宗法血缘的远近，家族伦理的亲疏，阶级、地域与职业差异（孟子、墨子与管子均重视职业的固定、地域的固定），以及后世发展起来的心与物的区别、理与心的争论……都无一例外地在坚守一个原则——级差与不可平等。在这个差异性序列中，大家高低不同、权势不同、尊卑贵贱不同、分工不同，但必须各素其位、各司其职、各安生理。由是经济发展、社会运作、政治管理就能够协调有序、健康存在并获得发展。这也是儒家"小康"社会的理想安排。至于"大同"，其要义在于君与民是平等的，君权并不独尊，君与民共同劳作，对方都没有特权。这是无论在春秋纷乱时期或战国争霸时期都不可能存在的，甚至周代的宗法分封制度也不可能容许，而只有在国家形成之前的氏族时代才可能有。所以，"大同"只是一个理想，却也是一个倒退的、复古的、陈旧的乌托邦。从政治上看，"礼制"这种有级差的、不平等的结构系统，是一个等级森严、上下有序、结构固定、中央集权、以国家集体主义压抑个人权利的金字塔结构。其好处就是较高的行政效率，在一段时期内保证国家的发展强大；其坏处就是缺乏外在的监督从而导致系统性腐败和结构性坍塌，无视个人权力轻视民权民生。所以，中国的历代政权，总会一时气度恢宏、繁荣昌盛，而到了一定的时间大限，则陷入战乱与分裂，如孟子所言，形成一分一合、一治一乱的历史死循环。由于"礼制"思想的决定性作用，中国政治历史的必然结论，是长达两千余年的封建专制主义政治,易言之,专制制度是中国文化的必然。礼制一日不改,则专制制度一日不除;这种状况,直到近代借助外来文化的冲击,才获得了改变的机会。

当然,凡事都必须辩证地对待。封建专制固然不佳,但是,强大的中央集权、固定的结构及其运行规则、集体和国家力量的强大、民众牺牲小我而奉献于大我的情怀,却是中华文明避免被其他文明灭亡命运并生生不息的强力保证。所以,在某些情况之下,研究中国古代的政治思想尤其是礼制思想,合理地吸收其仍然有效的成分,适当地加强集中管理,辩证处置各种权力关系,科学分配社会资源,还是有一定时代意义的。古典思想不可全从,也不可必废。于此,我们提出了"创造性继承与创新性发展"的路子,确实是出于对古典传统的科学态度,传达出一个历史悠久的民族对待自己的历史资源的自信。

如前边所说,"礼"是被给予的、外在的约束、规定与压抑。到了宋代,为了建构"同风俗、一道德"的封建文化和社会,原来的"礼"就变成了"理"。这个"理"本质上与"礼"一样,是外在于人的、客观存在的规范,不过,"理"这个字本义上却含有人的、意识的、理性的、情感的意思,较为被人们更容易接受。这是理学家们为什么用"理"取代"礼"的时候考虑的。但是,在实际运用上,"理"仍然与人们的主体无关,甚至"理"作为"天理",与人的"欲"是完全对立的,以"天理"灭"人欲",每个人都必须放下自我的情感、意志、个人性,服从那个外来的、非我的、同一个"天理",强制形成风俗与道德的整一性。这种僵化的思想,对中国封建文化的成熟,起到了上层意识形态的作用。但是,其危害亦大。宋代是中国封建文化最成熟,同时也是一个盛极而衰的时代,以"周易"的说法,是"既济"之后必然"未济",盛世随即转向末世。它不仅使中国文化停滞、中国社会停滞,更是压抑了中国人的诗性体验能力和个体的创造力。所以,阳明心学对此特别反感,毅然打出"心学"旗帜,完全从自我、人心、意志、欲望的角度来肯定人、肯定个体。他说,哪里有个客观的"理"呀?如果有,"理即心也",这个"理"也不过是人心的"理"——我想做什么,由我说了算——这才是"天理"。个体的心性自由,才是道德的律令。历史地看,理学的"理",更强调礼乐文化的"礼";心学的"心",更强调整礼乐文化的"乐"。"礼乐"文化,在宋明以后分化成了不同的历史形态。后来,王学末流们把阳明心学发展成为欲望的伸展,发展为无节制的自我个人主义,显然与中国文化的本质相悖。所以很快,历史的语境转向了中国文化与西方文化的对立较量,中国文化开始在东西对接中寻找新的秩序。

二、仁政与德治

如前所述,中国古典社会的文化、政治与经济思想,其思维模式是阴阳和合;而其构成则是礼乐相兼互补,相辅相成。"礼"是阳刚的、外缘外发的、被动的,是一种规范、制度、标尺,是压抑的、冷酷的,它构成了中国社会和文化的筋骨;而"乐"是阴柔的、内在内发的、主动自觉的,是一种德性、修养、仁爱精神,是温暖的、愉悦的,它构成了中国社会和文化的血肉。二者阴阳和合、刚柔兼济,共同保证中国社会的稳定、政体的稳固、民生问题的保障和文化的生命力长青。"礼"制的方面体现为"正名""明分"与"循名责实",甚至表现为"法治"(尽管这个"法治"实质上是"人治");"乐"的方面则体现在仁政、德治,关注人间的仁爱、兼爱,立足于个人的自我修养及内在的德性,致力于政治统治的宽松,也致力于发展经济促进民生民乐,具有较强的情感性、审美性。"礼乐"文明,决定了中国政治思想与实践中礼制与法治、仁政与德治的并行不悖、各行其是,并且相互协调,彼此取长补短。

需要说明的是,战国法家诸子,主尊君而任法,冷峻而严苛,不重视"仁""德""义""爱"等属于"乐"之范畴的学说;而儒墨等家,于"礼""乐"二端均为重视与立说。因为法家纯粹任法而为君主专制立意定法,"先秦之法家思想,实专制思想之误称。其术阳重法而阴尊君",故虽助强秦统一六国建立专制之封建制度,然而其历史使命一经完成,则因其与文化主流之"礼乐和合"思想不相符合而自然地被政治淘汰,"汉唐至明清诸代则并此任法之政策亦废。然则二千年中何尝一见法治之政体乎?"[①] 与法家命运相似,《庄子·天下》评墨家"其道

---

① 萧公权:《中国政治思想史》,商务印书馆2011年版,第265、268页。

大慤","反天下之心，天下不堪"(《庄子·天下》)，王充亦谓："墨议不以心而原物，苟信闻见。""虽得愚民之欲，不合知者之心。"(《论衡·薄葬》)墨家亦遂消沉。由是法与墨二家思想从显学而消沉乃至于消失，中国文化思想自此以后与儒道相辅相成，后又有佛教加入，遂形成中国文化精神"儒道佛"三家共举之结构与局面，向内沉淀而生成中国文化精神内在结构，向外现象为思想政治经济文化的思想支撑。这是中国历史文化与理性的自然选择。所可惜者，墨家的语言学、逻辑学和自然科学的贡献，法家的法治精神，都被抛弃（唯保留了法家之尊君集权专制思想），使中华文明成为一种重诗性、德性、仁义道德而缺少自然科学、逻辑学与形而上学和法治精神的文明形态，不得不说是一种遗憾。其后果至近代以后中外文化的对抗时期才凸显出来。而对于仁德义诗美等"乐"文化的继承，对"礼"文化的改造，对哲学逻辑学自然科学的学习与强化，对法治精神的回归与人治的克服，将是当下"中国传统文化的创造性继承与创新性发展"命题所要探讨解决的重大问题。

　　本节阐述"乐"属性的仁政与德治部分，包括儒墨道杂家思想。孔子曰仁，孟子曰义，荀子曰礼，至其学生则曰法；孔子是宅心仁厚的长者，孟子是义正词严的国师，荀子是冷面无私的先生，而法家诸徒则是严苛无情的政客。总而言之，其乐融融，阴阳互补。然而，法家任法尊君，强化君主权利，实行专制政治，淡化个人权利和生存空间，个体不过是一种被君主或国家利用的工具。法家治理下的民生，是被动的、非我的、外压的、工具化人生，谈不上民生问题的保障，更谈不上人生的快乐和幸福指数。即使儒家，也是越来越从内心走向外在，从仁德走向礼法，荀子学派把儒学变成了法家。而思孟学派则逃避式地回避社会和外在思考，龟缩于人的内心孜孜于心性修养，此修养无关民生，无关社会公平正义。是故，中国精神与中国历史，最终走出了宗法分封社会而进入君主专制时代，"礼"的压抑、管制、规范成分从未放弃却在日益增强。尽管如此，儒家思想独尊之后，成为中国国家意志和意识形态，儒家的温厚情感、天下胸怀、仁政追求、仁德心性修养、审美属性却仍然是中国古典文化的核心价值。这样，中华文明的"礼乐"构型，还是大致不偏地保留下来，阴阳合和，刚柔兼济，礼乐融通，内外兼顾，个体与群体的融洽，一直是中国思想、政治、经济、社会的集体意识。下面进一步探讨这种诗性的、乐感的文化属性的政治与经济表达。

（一）孔子："仁政"

孔子主张仁爱和德政，对法治不感兴趣。他认为政刑作用有限，仅仅是教化的辅助。孔子对季康子问政，说"焉用杀"；论听讼则曰"必也使无讼"（《论语·颜渊》）。至于孔子谓"道之以政，齐之以刑，民免而无耻。道之以德，齐之以礼，有耻且格"（《论语·为政》），可见孔子之治术倾向于扩大教化效用，缩小政刑范围，崇尚道德而贬抑法令制度。孔子思想，本诸"郁郁乎文哉"（《论语·八佾》）之周政，而周政尚文，制度完密；尚文之弊，易趋于徒重形式，并过于烦琐和严苛。文胜之弊，不免"法令滋彰"。如《周礼》六官，定制綦详。大司寇悬法象魏，事近任法。《礼记》《仪礼》所记之礼繁复庞杂不胜厌烦。《尚书》"大诰""多士""多方""康诰""酒诰"诸篇，更是肃杀之威多于宽厚之德。孔子尝谓"礼云礼云，玉帛云乎哉！乐云乐云，钟鼓云乎哉"（《论语·阳货》）？又谓"人而不仁，如礼何？人而不仁，如乐何"（《论语·八佾》）？一方面反对形式化仪礼化，另一方面对其严苛冷酷表示不满。孔子主张重德礼之教化，轻政刑之督责，所以兼采殷政之宽简温厚，形成了君子（"德位相兼"，修德以取位之统治者）"人治""德治"的"仁政"政治理想。

在孔子那里，"仁"为价值，"礼"为规范。

"仁"，是中国儒家思想的核心，甚至可以说是中国文化的核心，说的是中国礼教文化所规定的人的道德修养、社会关系、人际关系中的平等、大爱之美。"仁"的第一个意义是平等相爱。"仁" 𣏌＝𣏌（人）+ 二（二，等同、相等），表示人人相等，亦即人人平等，自己与别人要等而视之，视人若己，将心比心，同情包容的"真性情"。也就是尊重人道，相信人性相通，视人若己，心怀众生，宽容仁爱，博施济众，尤指强势者对弱势者的厚道。《说文》："仁，亲也。从人，从二。"本义是对人友善、相亲。"仁"，即平等和爱。《论语·颜渊》："樊迟问仁。子曰：'爱人。'"后来发展为含义广泛的道德范畴，如儒家提倡"仁爱""仁政"等。"仁"的第二个意义是"身心合一不二"。"仁"字较早的写法是"上身下心"，后来讹误变形为"忎"，其本义是"心中想着人的身体",与"从心从人"表示"心中思人"的"爱"字本义差不多。这是对个体的一种规定。儒家思想追求君子人格,把自己的个人修养放到第一步、最重要的位置,认为要爱人或要处理好社会关系,必须先把自己培养、修炼成一个大美的君子,也就是先"诚意正心修身"而内圣,再"齐家治国平天下"以"外王"。正如我们在解说"中庸"的时候所示,要先"中"再"和",先"素"后"仁",先个人再群体,先家庭再社会。人最容易做的是爱自己,通过人对仁爱的情感最真切的体验,人们推己及人,才能建立"仁爱"的社会共同体。

所以,第一步,"仁"是对个体的一种规定,因为心中要想着身体,我们人要追求身体与心灵的谐调与统一,不让身心分裂。不仅要身体健康,而且要心灵美好;肉体与灵魂不离不弃、不悖不二,身心合一。这样的人就是对自己的"爱",就是和谐幸福的人。可以看出来,中国人讲"仁爱",不是纯理论的,而是先从对自我的体察出发,爱自己。第二步,推己及人,以血缘关系定远近,"仁"是基于血缘关系的一种爱。第三步,从血缘关系外推到非血缘关系的社会关系,讲求社会性的大爱。所以,这种爱不是形而上的,而是非常具体的;不是理论的,而是存在于人的生命、生活、生产、交流中的具体的情感形式。它的核心就是"推恩""将心比心""爱人爱己""推己及人""己所不欲勿施于人""自重重他"的平等、关切、关爱之情感。所以,孔子说,"夫仁者,己欲立而立人,己欲达而达人",这也就是孔子"一以贯之"的"忠恕之道"——"忠"于己而"恕"于人。

"仁"就是"平等"与"爱"。然而人的平等却不是平面上的平等。"仁"与"爱"字连用,"仁者爱人",这个"仁"是绝对的平等;但当我们把"仁"与"爱"连用,"仁"字绝对平等的意义就发生了偏移。"爱"字,具有更多的柔性,其意义具有更大的外延,在操作上就有更多的可能性。在中国文化中,"爱"往往含有等级关系,如父慈子爱,君臣之爱等。包括男女之爱,也定然不是绝对的平等。所以,在中国文化基因当中,"仁"字与"礼"是正反两面,相辅相成。"礼",是击鼓献玉,敬奉神灵。面对神灵,我们不仅要有牺牲、有贡献,我们一定、必须保持向上的敬仰的态度和姿态,卑其身体,低其心志,以表示崇拜祖先或神灵的偶像。那么,我与神灵间他高我低的关系就是绝对不可逾越、不能亵渎,更不能废弃的等级关系。这是人与神的高低等级关系。同时，即使都是神，他们也有不同的地位，所以人们在祭祀时奉献的牺牲品，在数量、质量、等次上也必须有所区别。包括行礼的先后、步骤、程度，也是由于等级不同而有严格的区别规定的。"礼"，是祭祀文化的核心要义和规定，从"礼"中发展出来的中国文化，我们后来有人称之为"礼教"，就是非常讲究等级差异的——人和人、阶层和阶层之间，形成一个级差序列。三纲五常对于父子、夫妻、君臣的关系的规定，就是典型。而且，对于内外关系、华夷关系、上下关系、心物关系、身心关系等任何关系，都必须遵守这一道德伦理性质的规定。这就是我们通常所谓的"封建社会"的特征。它是一个伦理社会、道德社会，其基础是建立在血缘关系之上的宗法制度。

平等是有差异的平等，仁爱是有秩序的仁爱。"仁"的平等与爱，必须是"依于礼"的仁与爱。平等，必须是礼制下的平等，爱，必须是符合礼制的爱。于帝王之忠、父母之孝，于兄弟姐妹朋友之友悌道义，以及仁政等，都是这种"依于礼"而有等级秩序的"仁"。自人事关系、政治体制等所有方面观察，中国的体制性特征很明显，那就是一个典型的金字塔结构，上对下形成统治、约束、贡献的管理关系，同时上对下也有领导、爱护、施予的惠待关系；下对上必须服从、负责、听命、顺承。这种体制形成中华民族存在与发展过程中极其强大的、固化的团体力量、决策效率，保证了中华民族的健康发展、存续力度和稳定前景。虽然有其痼疾，而其合理性是显而易见、不可忽视的。中国文化强调集体、家庭、国家，个体必须是这个组织机构中的一员。中国文化强调和合一统，如政治上的大一统、自然与人关系的天人合一、心与物的合一、他人与我的合一、齐物之逍遥、佛禅的一体不二中道法门，所谓"大道归一"，"一"是中国文化的命门和关键。不理解这个一，就不能打开中国文化的堂奥之门。

所以，"仁"是"礼"之"仁"，是"一"（整体、同一）之"仁"，是"爱"之"仁"，是平等之"仁"，也是等级差异之"仁"，是个体心性之"仁"，也是体制之"仁"。爱，弥漫于金字塔结构的约束性力量内部。对于个体的尊重，其安全与福祉的保证，必须是以封建或专制等的体制为前提的。这不是思想保守主义，也不是崇尚皇权主义。

孔子之政治理想为君子所行之仁政。仁政必然是以爱为价值，以礼为规约的政治，包含仁爱和礼制两个方面的协同合作。从思想资源上看，孔子的思想是"监于二代"（《论语·八佾》）的，把殷之宽简与周礼之文结合为"仁义"之思想和情感。因为，至西周封建，天下之典章文物，始粲然大备。然而，周政鲜为仁义之言。萧公权先生详细考察了这个问题，如《诗·雅》《颂》称周先王之德，绝无仁字。《尚书》"今文"诸篇亦不言仁。"古文"篇中间或有之，而亦不多见。若就《周书》《周礼》等观之，则周人所注重而擅长者为官制、礼乐、刑法、农业、教育诸事。一繁二苛，为周文（法令典章）之特点。而殷商政治崇尚宽简，《尚书·舜典》谓殷之先祖契为舜司徒，"敬敷五教，在宽"；"微子"之命亦谓"乃祖成汤"，"抚民以宽"。《史记·殷本纪》载汤出见野张网四面，乃去其三面之故事。其祝词曰："欲左，左。欲右，右。不用命，乃入吾网。"殷政宽大之说不虚。纣之暴虐，或为周人之加罪而语增。孔子既为殷遗之后，且又好古敏求，于殷政宽厚之说，多所采备。周政尚文，制度虽备，而究不能久远维持，至春秋而有瓦解之势，孔子或深睹徒法不能自行之理，又有取于周制之完密而思有以补救之。故于殷政宽简之中，发明一仁爱之原则，乃以合之周礼。"仲尼祖述尧舜，宪章文武"——宪章文武者，守西周缜密之制度；祖述尧舜（实为"殷"之代称。孔子为周人，崇殷不便）者，取其宽大之精神，由此而成一体用兼具之系统，以此矫正周人礼烦政苛。孔子全部政治思想之最后归宿与目的，亦于是成立。①

推恩与忠恕——从我至他，从家至国，是人性扩展、仁政施政的基础。孔子尚仁，因为人人自爱为本性，若能推自爱之心以爱人，即为社会和谐之要件。故樊迟问仁，子曰"爱人"（《论语·颜渊》）；仲弓问仁，子曰"己所不欲勿施于人"（《论语·雍也》）；子贡问仁，子曰"夫仁者己欲立而立人，己欲达而达人。能近取譬，可谓仁之方也已"。圣人出焉，心同理同（《陆九渊集》。原文为："东海有圣人出焉，此心同也，此理同也；西海有圣人出焉，此心同也，此理同也；南海北海有圣人出焉，此心同也，此理同也；千百世之上有圣人出焉，此心同也，此理同也；千百世之下有圣人出焉，此心同也，此理同也。"）。"人同此心，心同此理"（《孟子·告子上》："欲贵者，人之同心也。"），"近

---

① 萧公权：《中国政治思想史》，商务印书馆2011年版，第67~第69页。

取诸身，远取诸物"（《周易·系辞下》），无远无近，远近为一。同理，无我无他，他我为一，适于我者，亦必适用于他；不适用于我者，亦必不适用于他。然而"仁"之成就，必须起始于主观个体的情感，终点则落实于客观社会之行动。全部社会及政治生活，自孔子视之，就是表现仁行的巨大场地。其路径是，仁者先培养其主观之仁心，再由近及远、由我及人推广他的仁义仁行；起始于在家之孝悌，终点于博施济众，天下归仁；起始于血缘关系，终则在社会群体。"子贡曰：如有博施于民而能济众，何如？可谓仁乎？子曰：何事于仁，必也圣乎！尧，舜其犹病诸！夫仁者，已欲立而立人，已欲达而达人。能近取譬，可谓仁之方也已"（《论语·雍也》）。孔子还说："吾道一以贯之。"曾子解释说："夫子之道，忠恕而已矣"（《论语·里仁》）。所谓"忠"，指尽己之力以为人，所谓"恕"，指推己之心以及人。当子贡请教"有以一言而可以终身之者乎？"孔子也回答说："其恕乎，己所不欲，勿施于人。"（《论语·卫灵公》）在孔子看来，只要做到推己以及人，亲亲之爱就会化为人人之爱。《大学》所谓"身修而后家齐，家齐而后国治，国治而后天下平"，就是仁心仁行发展扩充的程序。故就修养言，仁为私人道德；就实践言，仁又为社会伦理与政治原则。孔子言仁，实已冶道德、人伦、政治于一炉，致人、己、家、国于一贯。物我有远近先后之分，无内外轻重之别。既讲究集体主义之重团体，又追求个体性之小我的存在，孔子则泯除小我与大我畛域，贯通人我。

其实，这种思想也建立了儒家"家天下"的世界理想，具体表现为处理夷夏关系。孔子并不认同《左传》"非我族类，其心必异"及《周语》"血气不治，若禽兽焉"之说法，尽管孔子也"严夷夏之大防"。子贡问管仲非仁者与？孔子答以"微管仲，吾其被发左衽矣"（《论语·宪问》）。"夷狄之有君，不如诸夏之亡也"（《论语·八佾》），若解释成"夷狄即使有君主，还不如诸夏没有"，就是对夷狄的轻视。但是，孔子并不特别强调华夏夷狄的区别。他认为夷狄并无高低贵贱先进落后之分。"夷狄之有君，不如诸夏之亡也"，若解释成"夷狄尚且有君，不像我们华夏这样没有"，明显是在批评春秋时期的无父无君，华夏尚且不如夷狄。而且，夷狄可以同化，夷夏不过是文化上的区分，而文化的区别是可以消除的。"子欲居九夷。或曰：陋，如之何？子曰：君子居之，何陋之有？"（《论语·子罕》）其深层的原因在于，夷夏虽异族而心同理同。"樊迟问仁。子曰：居处恭，执事敬，与人忠，虽之夷狄不可弃也。"(《论语·子路》)"子张问行。子曰：言忠信，行笃敬，虽蛮貊之邦行矣。"(《论语·卫灵公》)综合来看，孔子认为夷夏之间并无区别，而是各自独立并处但可以同化一体的。历史上华夏族对周边各大小民族的文化同化，证明了孔子仁爱和合思想的伟大。孔子以文化判"夷夏"，其意在用夏变夷。夷夏因文化交通融合而可以无定界并能同化为一体。这一点，有坚实的心理与情感基础。仁者爱人，博施济众。"君子修己以敬"，然后"亲亲而仁民，仁民而爱物"。物犹所爱，何况夷狄之同属人类。那么，"协和万邦"(《尚书·尧典》)，"蛮夷率服"(《尚书·舜典》)就不是空想而成为历史的现实。华夏民族本有仁爱之德，"自近者始"(《汉书·刘向传》："向以为王教由内及外，自近者始")，由我而他，那么，夷族也必然可受"仁爱"之惠，天下遂为一家。

孔子的这种仁义扩充、扩展的方式，被孟子称为"推恩"。于心理言之，仁心之起，源于性善。孟子以为仁、义、礼、智之四德，系由人类天赋恻隐、羞恶、恭敬（或辞让）、是非之心，引申发展而成（《孟子·告子上》)。孟子对公都子问性曰："恻隐之心，人皆有之。羞恶之心，人皆有之。恭敬之心，人皆有之。是非之心，人皆有之。恻隐之心，仁也。羞恶之心，义也。恭敬之心，礼也。是非之心，智也。"《公孙丑上》："孟子曰：人皆有不忍（残酷，狠心）人之心。先王有不忍人之心，斯有不忍人之政矣。以不忍人之心行不忍人之政，治天下可运之掌上。"又曰："恻隐之心，仁之端也。羞恶之心，义之端也。辞让之心，礼之端也。是非之心，智之端也。（中略）凡有四端于我者，皆知扩而充之矣。若火之始然，泉之始达。"故"人皆可以为尧舜"，而仁心乃人类之所共有（"仁，人心也"）。

孟子与孔子的仁心仁义实现方式相同，就是"推恩"。君子"推恩"以扩充"不忍"之范围。孟子对齐宣王谓"老吾老以及人之老，幼吾幼以及人之幼，天下可运于掌"。《诗》云："刑于寡妻，至于兄弟，以御于家邦。言举斯心，加诸彼而已。故推恩足以保四海，不推恩无以保妻子。古之人所以大过人者无他，善推其所为而已矣。"仁政者以不忍之心，行推恩之政，小则一国，大则天下。始于亲亲，极于爱物。孔孟皆讲"仁政"与"推恩"的仁义外化方式，然其立足点不同，孔子的立足点是"德性",而孟子的立足点却是"正义",这是由时代特点的不同造成的。

孔孟的这种仁义仁心的推动扩展方式,实际上反映了中国文化中一个很重要的东西,就是"异质同构"的认识方式和"设身处地""换位思考"的情感方式。这是认识基础和情感基础,"仁学""仁政"正是由此而可能。孔子与孟子,更多立足于情感、人性和修养的角度谈。其实,从早期中国文化开始,不只是情感的体察方面,更重要的是认识论方面,中国人认为个人、人心与社会、天地乃至于宇宙空间都是"异质同构"的,故可以由自己知他人,由心知物,由天地知社会,由吉兆灾相知政治盛衰,由诗歌知民心向背。由个体性、内在性、主观性一面,可以知群体性、外在性、客观性一面;既然可知,必是情意相通,那么,人的个体的、主观的、内在的情感,也就可以外推外化为群体的、客观的、外在的"他者"的同感。这就是"同情"或"共情"。

这两种认识的和情感的方式,集中反映了古人"推衍"与"感应"的思维方式。从天可以推知地,从地可以推知人,从自己可以推知他者(如"恕":"己所不欲,勿施于人")。同时,天地神人等组成宇宙的各个主体要素及其关系,都被人格化了,它们之间可以产生情感或感觉上的"感应",某种莫名其妙但是真真切切的同一情感或知觉。中国的诗性思维重视的天地关系、体验、直觉,都是这两种方法的表现。同时,以自然灾异与政治人事相联系,例如《史记·董仲舒传》记载董仲舒"以《春秋》灾异之变推阴阳所以错行,故求雨闭诸阳,纵诸阴,其止雨反是",以及《春秋繁露》中就有关于"灾异"是"天谴"、帝王将兴有"美祥"、将亡有"妖孽",治世与乱世有不同征兆与不同之气等,就是典型的推衍与感应。周易的"类同相召,气同则合,声比则应",陆贾所说"事以类相从,声以音相应",公孙弘说的"气同则从,声比则应。今人主和德于上,百姓和合于下。……故阴阳和,风雨时,甘露降,五谷登,六畜蕃,嘉禾兴,朱草生,山不童,泽不涸",董仲舒也说"气同则合,声比则应,其验皎然也",都相信"气同声比"时的感应。人类早期的巫觋活动,后世道教的模拟自然、祈福禳灾、画符治病、性命双修,都是以这种思维方式主导的实践活动。

仁义之心与仁政之政治,为处理"德与刑"的关系规定了方向,那就是——德治为主,刑治为辅。"忠恕"与"推恩"的结果,在政治上，孔子必然是主张仁政德政反对暴政刑政的。概括来看，孔子政治思想有三大内容：曰"养"，曰"教"以及有了教养之后才能施行的"治"。养教之工具为"德""礼"；治之工具为"政""刑"。德、礼为主，政刑为助，而教化又为孔子所最重之中心政策，其实施主体是德位相兼、内圣外王，既明其德又能亲民从而修齐治平而能"止于至善"的君子。

仁政的内容和目的，"养"以生民，"教"以化民，从而政通人和。然而，在某些情况之下，"教养"之外，政刑作为手段亦不可或缺。孔子所谓政刑，即一切典章法令、文武方策，以制度为体，而以治人治事为用。虽然教化之功可收无为之效，但人类天赋不齐、人心不一，或生而知之，或困而不学，中人可以语上，而上智与下愚不移。天下之民不能全部整齐划一，率教而同化，难于一一皆以教化方法治之。所以，法令刑赏还是不能偏废的。

但是，政刑只能辅助教化，补充政教不及之处，而不能独立行政。孔子每谈到政刑，都语露不足之意。前引对季康子问政则谓"焉用杀"，论听讼则曰"必使无讼"，"道之以政，齐之以刑，民免而无耻。道之以德，齐之以礼，有耻且格"等，都是强调德礼教化的功能范围，而务必缩小政刑督责的范围。他倾心于道德，以之为为政基础；而对刑罚典章制度的态度比较消极，只是作为为政的补充。

德政就是"仁治"，"仁治"必须是"人治"，而且必须是"君子"的"人治"。"君子"即人治思想之结晶。政者为正，正己正人正家正国；仁者爱人，爱己爱家爱国爱天下。君子的人格修养，必定是"正"与"爱"，而不是人心人情之外的刑罚及其条文。

所以，为政的主体必然首先是个君子，君子者，是"德位相兼"之人。"君子"既指社会之地位，也指个人之品性，或兼二义。如"子谓子产有君子之道四焉：其行己也恭，其事上也敬，其养民也惠，其使民也义"（《论语·公冶长》）。又如："子路问君子，子曰：修己以敬。曰：如斯而已乎？修己以安人。曰：修己以安百姓。修己以安百姓，尧、舜其犹病诸！"（《论语·宪问》）那么君子就是一个重修德以取位之人。故南宫适问于孔子曰，"羿善射，奡荡舟，俱不得其死然。禹、稷躬稼而有天下"（《论语·宪问》）。孔子盛赞以德取位之君，称之为"尚德"之"君子"。这是孔子仁政最理想的主体。孔子的理想君子，德成位高，不是过去的宗法贵族单纯依靠祖宗封荫，也不是权臣仅凭实力。君子取位，必须合乎德性之标准。因为春秋之时，封建宗法之制衰败，宗子世卿腐败无能，腐化堕落，已不能专擅国政。而且实权派上升，新兴阶级开始统治社会。新贵族权威势重，但德性不足，争利求乱。这样，角力斗智者或"逐鹿"或"僭越"，秩序荡然，纷纭无已。所以孔子设以德致位之教，传弟子以治平之术，使得登庸行道，代世卿而执政。

而君子之位，以德取之；君子施政，以德性教化为举措。那么，法令刑罚就不必了。政治的最高境界，是有情感有温度的榜样的力量，而不是冷酷严苛的压迫或压制。因为，法令固然有用，但看看周政权，法律典章极其完备，然而最终君微政衰，可见，国家不能徒赖完善之制度以为治。徒法不能为政，德性可有巨大力量。若能个人之心不违仁，扩大此心，社会就是"仁"的社会，如此则能人心齐一于德性教养，国家秩序当然得以保证。所以孔子立"仁治"之教，以为政治之起点。《大学》谓"自天子以至于庶人，壹是皆以修身为本"，足见"人治"思想实与"仁治"思想有不容分离之关系。《中庸》记："哀公问政。子曰：文武之政，布在方策。其人存则其政举，其人亡则其政息。人道敏政，地道敏树。夫政也者，蒲卢也。故为政在人，取人以身，修身以道，修道以仁。"仁政即为德政，德政即为人治。

总而言之，孔子政治思想，偏重仁德君子之治，为政在人，但也不否认政刑律令制度方策。"从周"之法令，与殷政之"尚仁"，两层主张，相互为用，不可偏废。孔子于周制之"郁郁乎文"确实表达了心中的首肯并予以接受，从周之说亦出于至诚；但出于对尚文周政终于陷入于乱的体认，遂对纯粹之刑律的作用表示怀疑，且认为周政之衰，实由于没有仁德之统治者，所以才以仁德之人治补救周文方策之弊。故孔子之注重"君子"，非以人治代替法治，乃寓人治于法治之中，二者如辅车之相依，如心身之共运。人治与法治，德与刑，并不矛盾，且为不可分离之一体两面。

（二）孟子："正义"

孔子之仁政主张，源于宗法阶级已然堕落，礼坏乐崩，新兴贵族僭越，诸侯之间唯利是图，以致政乱民穷，只有加强治者的德性修养，以仁行政，庶几可以解决问题。所以"仁"是核心的精神主导。至孟子，时为战国，各国之间争富强、炫武力，彼此侵夺，吞并不休，社会失序，人间失伦，国王们应该注意的问题是，"该不该战，义与不义"？所以，孟子为帝王师，致力于教君主们以"义"——行为的"宜"与"不宜"为行动之准则，"礼"（"礼乐征伐自天子出"）所规定的政治、社会与国家关系的秩序是无法继续遵守的了，毕竟历史要发展，社会在进步；且财大气粗、野心勃勃的新时代国王们也不会甘心接受外加之规范的。那么，退一小步，另一种规范——心理、情感、道德上能接受的规范，可不可以用于规范新时代的君王呢？故，"义"成为孟子政治思想的主导。文天祥绝命诗"孔曰成仁，孟曰取义"，概括了孔孟的主要区别。孟子曰："仁，人心也；义，人路也。"（《告子》上）"仁"是人心，而新王们人心不古了；"义"，为王们留下了一条可行之路。所以，孔子讲仁政重在德政，孟子讲仁政重在义政。德政是"我要怎么做"，义政是"你必须这样做"。

致乱之源在于人性。对于人性，孔子不言善恶分别，只要"正名"即可。荀子认为人性本恶，不能纵容，所以要予以强制性"节制"，于是接过来"正名"思想——以礼节制恶，以秩序正人之行为，正是荀子"礼"学思想的价值核心。而孟子是主张性善的，认为尽管国王们怙恶不悛，然而其心为善，即使不讲仁爱，却也不必强行规定他必须行之以"礼"或"法"。仁爱已非其时，且过于柔软而易失其用，礼法过于刚强而不易为人接受，所以接过来"仁"而大倡"义"，正是孟子的创新点。因为"义"既有外在约束力却不是过于压抑，既有内心之德性却又不过于柔软无力，居于"仁"与"礼"（法）的中间。孟子诚为儒家思想自孔子之仁至荀子之礼法的过渡。

"义"是中国文化的又一个重要范畴。如果说，"礼"是制度和规约，"仁"是情感和审美，那么，"义"就是价值和标准。"义"之为义，甚是复杂。中国的文化是"礼乐"文化，"仁"的平等、温情、互惠、和谐等观念，和之以"礼"所规定的伦理、道德等规则，形成了和合一体、不二圆融，既求平等、又有差别的政治文化。所以"仁"是"礼"之"仁"。而"义"字，就是在"礼"的"不同""区别""界限""高下"等规则规定下的、并有一定仁爱德性之心性内容的、人们行为的价值和标准。

儒家把"义"与"仁""礼""智""信"合在一起，称为"五常"。其中的"仁义"成为封建道德的核心。《论语·里仁》说"君子之于天下也，无适也，无莫也，义之与比"，就是说做事没有规定一定要怎样做，也没有规定一定不要怎样做，而只考虑怎样做才合适恰当，就行了。也可以解释成，君子做事天下无敌，法力无边，只是因为他知道怎样做才是合适恰当。《管子·卷一·牧民第一》："四维不张，国乃灭亡。""何谓四维？一曰礼，二曰义，三曰廉，四曰耻。""维"，是结构、体制、规则，这个结构是由四个"要素"构建的，即礼、义、廉、耻。

何谓"义"？有很多解释，而且各自歧义。第一义，"义"是"当战则战"。"义"是"仪"的本字。义，甲骨文 羐 = 羊（羊，即"祥"，祭祀占卜显示的吉兆）+ 我（我，有利齿的戎，代表征战），表示吉兆之战。造字本义：出征前的隆重仪式，祭祀占卜，预测战争凶吉；如果神灵显示吉兆，则表明战争是仁道、公正的，是神灵护佑的仁道之战。第二义，是"当和则和"。篆文异体字 羐 = 羊（羊，祥和）+ 弗（弗，休战），表示休战和平，揭示"道义"的另一层含义：非战即祥和。这两个意思是相反的，但是一个共同的地方是"应当"——"应当"者即"义"，"不应当"即"不义"。所以，古人解释说，"义者宜也"（《中庸》）。第三义，"义"是分割、界限。有人把 羐 字中的 我 理解成手持刀切割，无疑就是表达一种断割之象，以手持刀切割献祭之羊（而非持盘供奉）就是与神切割、天人分离之意。俗体楷书 义，在 乂（乂，表示割、杀）上加一点指事符号，表示杀得有理。"义"字的最初含义就是"天人相割，人神分离"。同时，"义"字与"乂""刈"字同源，读音也相同，同为切割、断绝之意。所以"义"字常有决断、裁决之意，是抽象意义上的断绝、切割。"义"就是要保持一个明确的界限，为保持这个界限就需要分割，而分割当然需要一个标准，所以，"义"字就是"以某个标准分割以明确界限，作为宜与不宜的标准"，如"割袍断义""画地为牢""故步自封"都有"义"的意思。

与"义"字成对成群出现的"道""德""仁"等字在古人语境的价值观排序中都排在"义"字之前，这些字是一体、不二、和合、圆融、爱心之意。可是自然与人类社会不可能完全同一，所谓"同一"必须是以个体的分立为前提，但"分立"只是前提，却不是人天关系与社会关系的理想，所以，"义"被放在道、德、仁之后，承认自然与社会关系的分割界限，也表达了大同融合的理想。而"义"的"分裂""分割"与中国文化的这种理想不相符合，在古人语境中，"义"一开始并不是什么好字，而是失道、失德、失仁之后才出现的，老子说过："失道而后德，失德而后仁，失仁而后义，失义而后礼。"没有了"大道"，人们开始讲"道德"；没有了"道德"，人们开始讲"仁"；当连"仁"也没有了，就只剩下"义"了，每况愈下，日益堕落，越来越不像话。大道不行，退而次之伦理道德也不行了，再退而次之人们之间的同情之心也没有了，最后只能悲哀地设定一个标准、界限，把人与人分割开来。先秦文学中对"仁义"评价并不高，后世用法诸如"义父义子""义肢""义地"就是在断绝、切割意义上来使用的。"义父义子"，即并非天生的血缘关系，而是后天"外来的"；所谓"义肢"，即并非天生的天然的肢体，而是后天外来接上的"异体"，虽然也能灵活自如，但毕竟并非"本体""天生"；所谓"义地"，就是死非其所，没有死在天然的、应该的天生之地（祖居地或祖坟，所谓落叶归根之处），而是葬在非其本体所生长的"别处"——显然这些含义都包含"外来""别处""非本体""非天生""异于我类"的意思，这应当是从"切割、断绝、分离"之本意衍生而来的意思。

总而言之，古人的世界观是"天人一体"的，人只是属于天地的一部分，人与天地相通，自然而化；无欲无为，顺从自然本性；人与人之间和谐共在，"并生而不相害"；人心与天理、人心与我物也并无矛盾，天理即人心，外物为心造——这种状态就是自然之道："道法自然"的意思是，自然即道，道即自然；道是一、是整体、是和谐、是不分裂、是无界限。后来，盘古开天辟地，一生二，二生三，天地人三者从道中分裂出来，一变为三，出现了"天人分离""绝地天通"的现象，于是"天道远，而人道迩"，人开始从浑然一体的天地自然环境中分离出来，自成一体，犹如婴儿离开了母亲脐带，这种新生过程首先是一种失去天地母体的痛苦分离。所以老子的思想大概就出于这种世界生成的观念，和对这个分割过程的痛苦的体味和回忆，要求人们以"损之又损"的方法和过程，对分裂对立、复杂纷繁的世界，不断做减法，回归（"返"）到"道"的本来状态——圆融一体，混沌澄明，无分不二的自然本相，也就是舍义而归仁，舍仁而归德，舍德而归道。自然在进化，人类在进步，而这一前进的过程就是文明化的过程。但是，文明带来的并不一定是合乎理性的，还有战争、分裂、纷争、物欲等，而这个文明化的分裂和物化过程，在人类的集体无意识上，写满了痛苦和悲伤。所以，道家儒家与佛教都倡导本然，追求大道自然的"一以贯之"之道。比如道家的"道冲"，儒家的诚、敬、正、一，佛家的一体不二，都追求这个"一"。儒道佛三家都称之为"道"。"道"即"太极""至善"，是最高标准、最远的目标、最圆满的境界、最符合道义、爱和审美的价值。

所以，"义"是反道、非道的，与道对立，但是却是不可不重视的原则。为什么当战则战，当和则和？战与和，都是处理两个个体之间关系的极端形式和手段。按照某个原则，处理两个之间的关系。这个关系之所以是某种关系，则它们必须是两个独立的个体，必须是分立、切割的，界限明确，彼此的疆界清清楚楚；按照某个原则处理好两者的关系，这个原则维护了彼此的界限，又让双方觉得"合适""合情合理""应该这样"，其结果就是，大家和平共处、和谐一体、同在共荣、万物共生而不相害。所以，综合而言，"义"的意思就是：独立的个体之间为了达到同在和合关系的本然而遵循的某个原则。"义者，宜也"的"宜"，就是"应当、应该、必须"——分开是必须的，个体性是必须要保证的；而其和谐共生、一体不二的理想也是应该的、必然的。凡应该、必须、理性之人事，就是义；否则，就是不义。

"义"的目的还是在于"仁政"。孔子论政，以仁为主。孟子也是承继其教而发"仁心""仁政"之论的。孟子的政治理想，仍然为"仁政"。孔子正名从周以恢复封建制度"定于周"，孟子盼望新王革命以恢复封建制度"定于一"。

孟子之时，列国纷争，民不聊生。孟子的理想，就是"定于一"——渴望国家的统一。周衰欲灭，诸侯争强。"海内之地方千里者九"，而楚、魏、齐、秦尤为大国，各有席卷天下之势。孟子深察世变，期望国家统一，民生幸福。但是，周室复兴已不可能，只有寄希望于"仁义"新王的出现并由此新王行仁政，"为百里行仁，为政天下"。谁可以统一中国呢？魏齐争霸，盛极一时，所以曾经对梁惠王，告诉他百里可王,仁者无敌的精义。尽管襄王"不似人君",但仍然得到孟子"天下定一"(《孟子·梁惠王上》)的教导。孟子是曾经想让梁国得到天下的。孟子也曾经对齐宣王表达"保民而王,莫之能御"(《孟子·梁惠王上》)的希望,勉励其学文武"一怒而安天下之民"(《孟子·梁惠王下》),示之以文王治岐之政。孟子尊王黜霸,因为霸政在当封建制度已衰未溃之际,可以挟天子以令诸侯,于紊乱中维持秩序。及至战国,七雄争长,则挟天子既无所用,令诸侯亦势不能。霸不足取而甚难,王近理想而反易。故曰:"以力假仁者霸,霸必有大国。以德行仁者王,王不待大。"又曰:"王者之不作,未有疏于此时者也。民之憔悴于虐政,未有甚于此时者也。饥者易为食,渴者易为饮"(《孟子·公孙丑上》)。欲王天下致一统,必行仁义之政;仁义之政,必非霸道之政,必是王道之政。而"王道",必须把"义"作为核心的标准规范。本此规范,才能行仁政、王天下。

(三)墨子:"公平"

据考,墨子是殷商遗民,是"贱人"之儒。墨子执业,是擅长制械的工匠。所以,墨子终身以贱人自处,褐衣跻服,枯槁不舍。墨子曾经受儒术熏陶,所以行动思想,与儒者彼此相近。故萧公权先生称"墨子乃一平民化之孔子,墨学乃平民化之孔学"①。墨子也处于宗法崩坏、阶级新变之时代,本诸"爱"之情感,为本阶级代言,在不推翻君主政体的前提下,以"公平"为价值准绳,提出了一系列的政治经济制度设想。

兼爱去私,是墨子的价值设定。与儒学之本在仁爱相似,墨学之本在兼爱。墨子生于战国初期,列国篡杀攻伐之事日益多而害益烈。墨子认为,世乱由于人之自私不相爱。"当(尝)察乱何自起。起不相爱。臣子之不孝君父,所训乱也。子自爱不爱父,故亏父而自利。弟自爱不爱兄,故亏兄而自利。臣自爱不爱君,故亏君而自利。此所谓乱也。虽父之不慈子,兄之不慈弟,君之不慈臣,此亦天下之所谓乱也。父自爱也不爱子,故亏子而自利,兄自爱也不爱弟,故亏弟而自利,君自爱也

---

① 萧公权:《中国政治思想史》,商务印书馆2011年版,第130页。

不爱臣，故亏臣而自利。是何也，皆起不相爱，虽至天下之为盗贼者亦然。盗爱其主，不爱其异室，故窃异室以利其室。贼爱其身不爱人，故贼人以利其身。此何也？皆起不相爱。虽至大夫之相乱家诸侯之相攻国者亦然。大夫各爱其家，不爱异家，故乱异家以利其家。诸侯各爱其国，不爱异国，故攻异国以利其国，天下之乱物，具此而已矣。察此何自起？皆起不相爱。"（《墨子·兼爱上》）

那么，显然，救乱的方法自然就在于去人之自私而使之相爱。《墨子》释之曰："若使天下兼相爱，爱人若爱其身，犹有不孝者乎？视父兄与君若其身，恶施不孝，犹有不慈者乎？视弟子与臣若其身，恶施不慈，故不孝不慈亡有，犹有盗贼乎？故视人之室若其室，谁窃？视人身若其身，谁贼？故盗贼亡有。犹有大夫之相乱家，诸侯之相攻国者乎？视人家若其家，谁乱？视人国若其国，谁攻？故大夫之相乱家，诸侯之相攻国者亡有。若使天下兼相爱，国与国不相攻，家与家不相乱，盗贼无有，君臣父子皆能孝慈，若此则天下治。故圣人以治天下为事者，恶得不禁恶而劝爱。"（《墨子·兼爱上》）

兼爱与孔子之仁爱大旨相同。墨子之"爱"，与孔子之"仁"，二字训诂相通。且"兼爱"也是由仁恕"推恩"而实现的。仲弓问仁。孔子曰："己所不欲，勿施于人。"（《论语·颜渊》）子贡问仁，子曰："己欲立而立人，己欲达而达人。"（《论语·雍也》）墨子释兼爱则曰："为彼者犹为己也。"（《墨子·兼爱下》）语虽相异，意实无殊。

但重点在于，墨子之兼爱与孔子之仁爱的区别。儒家行仁，目的是仁民爱物、兼善天下，但是，其出发点却是以血缘关系的亲疏近远，为推恩先后的原则和路径。故曰"家齐而后国治"（《大学》）。又曰："老吾老以及人之老，幼吾幼以及人之幼"（《孟子·梁惠王上》），从自我出发，从血缘关系出发，由己及人，由我而他，由小我到社会，外溢外推，博济施众，仁爱之道一以贯之。这是平面的价值外延，而与此同时，外推的这个动作也发生着上下关系的移动——无论如何仁爱，社会关系必然是上下等级明确有序的，此即"寓等差于博爱之中"。然而，墨家之爱，一者，没有血缘关系这个人性基础，只是架空了谈任何人之间都要相爱，这在一个宗法社会中是没有可信度的；二者，墨家之爱追求消灭差等，追求利益的绝对普及，可能是由于墨子出身的低微造成他要为本阶级说话，追求阶级间的平等。孟子与夷子问难，夷子曰："儒者之道，古之人若保赤子，此言何谓也。之则以为爱无差等，施由亲始。"这种绝对的平等，是违反"礼"制规定的，在当时宗法制的社会不可能，在秦并六国统一之后建立了君主专制制度之后更是不可能。孟子驳之曰："夫夷子信以为人之亲其兄之子为若亲其邻之赤子乎？"（《孟子·滕文公上》）盖各亲其亲，各子其子，乃人类之自然倾向。儒家把这种基于人性的"爱"作为博爱之基础，故强调远近亲疏的等级差异性；墨家则超越了这种等级差异而试图直达于大同。儒家思想的生命力在于，他们有人性根据，而墨子思想的仁爱，只是一种理想状态，却缺乏相应的根据，这也是墨子之学迅速衰亡的原因之一。

墨子的最高理想就是平等。墨子认为，官无常贵，而民无终贱，"不义不富，不义不贵，不义不亲，不义不近"。"义"就是原则，其实质就是个人与个人之间的"平等"，"公利"与"相爱"。然而平等也绝对不是毫无标准的平等，言及阶级与政治体制，则必以"尚贤"为标尺，"以德就列，以官服事，以劳殿赏，量功而分禄，故官无常贵，而民无终贱"（《墨子·尚贤上》）。人有贤有愚与不肖，那么在社会层面上就会有差异。而按照贤与不贤的标准来衡量人的等级，则是最"平等"的。那么，"尚同""尚贤"，看似矛盾，实是辩证合理。

"尚同"有两个意思：一个是人和人的"平等"；另一个是平等的保障手段，即政治与政权。"平等"是价值理想，而人性有善有恶，人自私而"不相爱"，交相利而彼此攻伐，"平等"不可能自然实现。所以，平等思想，首先体现于"尚同"理论中。"尚同"，一是"同政权"，公利、相爱必须以天下有一个强有力的稳定的共同政权为保证。兼爱之必有待于尚同，其主因在人之性恶。因为利有所得而喜，害有所得而恶。趋利，避害，是人性之本然。如果没有外力予以节制，势必争乱不止。所以必须设立天下共同的政权，以为万姓行动之标准，使个人化除自私，而归心于全体之公利。二是完善的政体。必以完善之政体为实施的主体性框架。尚同工作之进行始于一里一家，其事乃由下以达于上。百姓听命于上，士大夫听命于国君，国君发宪总义，尚同于天子，这样，上下一统一致，而天下臻于平治。在国体设定建成、刑政既立之后，君长临于天下，以赏罚毁誉的手段管理驱动百官及百姓，天下之人虽欲不兼爱交利，也不可能了。三是公利为尚同之目的，即实行民享政治而不是专制政治。墨子虽然重视政治制裁，但并不主张法家诸子那样的君主专制。君长之所以能治民，由其能坚持公利这个目标以为尚同的准绳。若君长不克尽此基本责任，则失其所以为君长而无以为治。四是"贤人政治"。"贤人"是政权和政体具体的实施主体，故墨子"尚贤"。孔子尊德，墨子尚贤。治国养民是至艰至巨的事业。若非贤能之士，必不能胜此重任。故居上位者必有出众之才，而尚贤乃"为政之本"。由之者治，背之则乱。古今一理，天人同道。

为何会有平等观念？墨子认为平等是天赋的，而不是宿命的。墨子认为，公平是"天志"，也就是说是天赋的人权。"尚同上"曰："天下之百姓皆上同于天子，而不尚同于天，则灾犹未去也。今若天飘风苦雨，溱溱而至者，此天之所以罚百姓之不上同于天者也。""天下从事者不可以无法仪。"规矩绳墨，此百工之法仪；君师父母，此百姓之法仪。然天下之为君师父母"仁者寡"，以"不仁"为法，怎么能行！君师父母因为"仁者寡"既不足法，那么可法者惟天而已。"天之行广而无私，其施厚而不德，其明久而不衰，故圣王法之。"天为全体人类之惟一主宰，其赏罚严明普及而不可逃，人对于天，不可不取绝对服从的态度。天有管治人类的无上威权，其赏罚虽天子亦不能免。"子墨子言曰：今天下君子欲为仁义者，则不可不察义之所从出。既曰不可以不察义之所从出，然则义何从出？子墨子曰：义不从愚且贱者出，必自贵且知者出。何以知义之不从愚且贱者出，然必自贵且知者出也？曰：义者善政也。何以知义之为善政也？曰：天下有义则治，无义则乱，是以知义之为善政也。夫愚且贱者不得为政乎贵且知者，贵且知者然后得为政乎愚且贱者，此吾所以知义之不从愚且贱者出，而必自贵且知者出也。然则孰为贵，孰为知？曰：天为贵、天为知而已矣。然则义果自天出矣。今天下之人曰：当若天子之贵诸侯，诸侯之贵大夫，偏明知之。然吾未知天之贵且知于天子也。子墨子曰：吾所以知天之贵且知于天子者有矣。曰：天子为善，天能赏之。天子为暴，天能罚之。天子有疾病祸祟，必斋戒沐浴，洁为酒醴粢盛，以祭祀天鬼，则天能除去之。然吾未知天之祈福于天子也。此吾所以知天之贵且知于天子者。不止此而已矣。又以先王之书，《驯天明不解》之道也知之。曰：明哲维天，临君下土，则此语天之贵且知于天子，不知亦有贵知夫天者乎？曰：天为贵，天为知而已矣。然则义果自天出矣。"（《墨子·天志中》）这就是"天志"，天命不可违。而人生来平等，也是"天志"的规定，不能违逆背反。"明鬼"一说，意在说明鬼神之赏罚善恶，统治君民，一如"天志"。

"公平"是天赋人权，却不是命运先天注定的，故而墨子"非命"，强调人的主观能动性和工作积极性。《墨子》曰："执有命者之言曰：命富则富，命贫则贫，命众则众，命寡则寡，命治则治，命乱则乱，命寿则寿，命夭则夭，虽强劲何益哉？上以说王公之听治，下以阻百姓之从事。故执有命者不仁。"（《墨子·非命上》）《墨子》释之曰："今也王公大人之所以蚤朝晏退，听狱治政，终朝均分而不敢怠倦者，何也？曰：彼以为强必治，不强必乱，强必宁，不强必危，故不敢息倦。今也卿大夫所以竭股肱之力，殚其思虑之知，内治官府，外敛关市山林泽梁之利，以实官府而不敢息倦者何也？曰：彼以为强必贵，不强必贱，强必荣，不强必辱，故不敢息倦。"下至农夫之所以强乎耕稼树艺，妇人之所以强乎纺绩织纴，其原因亦在强力则富，怠倦则贫。"今惟毋在乎王公大人，蕢若信有命而致行之，则必怠乎听狱治政矣。卿大夫必怠乎治官府矣。农夫必怠乎耕稼树艺矣。妇女必怠乎纺绩织纴矣。"（《墨子·非命下》）只要发挥自己的能力和主观意志，就可以改变自己的命运遭际。这也是平等的、公平的、正义的。

然而，墨子所说的机会均等并没有放弃等级之差异。墨子的平等思想，乃是于封建末世之旧制度中寓机会平等，给予人人晋升仕进的机会，而不是被挡在权利和利益之门外，但是，这并不意味着荡平阶级泯尊卑贵贱之等差。一者，墨子思想中之政治组织，仍为天子、诸侯、卿大夫、士、庶人等阶级所构成。上者号令于下，下者服从其上。位分显然，不可混夷。二者，墨子讲"分工"，且不得迁改。"非乐上"云："今人固与禽兽、麋鹿、蜚鸟、贞虫异者也。今之禽兽、麋鹿、蜚鸟、贞虫，因其羽毛以为衣裘。因其蹄蚤以为绔屦。因其水草以为饮食。故唯使雄不耕稼树薮，雌亦不纺绩织纴，衣食之财固已具矣。今人与此异者也，赖其力者生，不赖其力者不生。君子不强听治，即刑政乱；贱人不强从事，即财用不足。今天下之士君子以吾言不然。然即姑尝数天下分事，而观乐之害。王公大人蚤朝晏退，听狱治政，此其分事也。士君子竭股肱之力，亶其思虑之智，内治官府，外收敛关市、山林、泽梁之利，以实仓廪府库，此其分事也。农夫蚤出暮入，耕稼树薮，多聚叔粟，此其分事也。妇人夙兴夜寐，纺绩织纴，多治麻丝葛绪、綑布縿，此其分事也。今惟毋在乎王公大人说乐而听之，即必不能蚤朝晏退，听狱治政，是故国家乱而社稷危矣！"（《墨子·非乐上》）但是墨子实际上是要说明，愚而不贤则为"贱人"，农夫必须从事于农工；智而有能则为官，长以享高爵厚禄。所以，墨子所注重的，官无常贵、民无终贱之机会平等；所提倡的，以才能定身份之合理标准；而所欲废置的，是亲亲爱私之不合理政策而已。仍然是持劳心者治人、劳力者事人的界限和标准的。儒者同乐，墨者同苦，然而，同乐同苦均不废差等。孟子说君民同乐之义，墨子说节用、非乐、薄葬，要求上下同苦。同乐者不侵差等，同苦者岂侵差等！机会均等，而社会必须保持其等级序列，这才是真正的"平等""公利""公义"。

（四）诸子"民本"思想："教养"与"义利"

"民本"思想是中国古老的思想传统之一，历代政权都把养民、教民当作自己的政治义务。同时，历代政权也深刻认识到，民众是政权的基础。因为本质上来讲，政治，就是借助权益分配对人际关系进行协调。原始共产社会，无所谓政治，因为人人平等，没有私产；而随着生产力的发展、性别与生产的分工、利益分配的必要、权力分配的原则制定，都需要对人与人的关系进行管理和协调。人类的进步是伴随着群体化的，从家族到氏族、到部落、到部落联盟，以后又有邦国、天下，结成了群体性政治组织，于是就有了政治管理。所以，"政治"就是以权利方式，致力于人与人、群体与群体的各利益集团的利益的分配与协调。君王、皇帝与大臣的关系，君主与民众的关系，个人之间的关系，都是政治管理的内容。而在由各种利益集团组成的社会系统中，民众作为最低层次的构成，就是最基础的元素，甚至是根本的元素，是政治的目的。

《尚书》"民为邦本"之语，是中国"民本"思想的最典型、最精到的表达。其实，中国民本思想起源很早。夏桀暴虐无道，却以太阳自比，曰"天之有日，犹吾之有民"（《尚书大传·殷传》），其重民思想可见一斑。周人从商的覆灭中认识到"天命靡常"（《大雅·文王》），看到了人民的武装倒戈，认识到"天惟时求民主"（《尚书·周书·多方》），"民之所欲，天必从之"（《尚书·泰誓》），"天视自我民视，天听自我民听"(《尚书·泰誓》),继而提出"皇天无亲,唯德是辅"(《尚书·蔡仲之命》),"敬德"才可以"保民",开启了春秋战国时期民本思想的先河。从君主到一些大臣对"民"的认识都有了新的提高,认识到"政之所兴,在顺民心,政之所废,在逆民心"(《管子·牧民》)。田氏代齐的重要手段就是收买人心,搞大斗出货,小斗收进,结果"得齐民心","民众归之如流水"(《尉缭子》。最早著录于《汉书·艺文志》,书中杂家类著录《尉缭》29篇,兵形势家类著录《尉缭》31篇)。孔子提出的"节用而爱人,使民以时"(《论语·学而》)的思想,发展到孟子时的"民为贵,社稷次之,君为轻"(《孟子·尽心下》)仁政思想,告诫统治者"爱民""利民",轻刑薄赋,听政于民,与民同乐。这标志着民本思想至此真正形成。所以,历代统治者都把"民本"当作为政之基。明末清初,古代民本思想得到极大发挥,以黄宗羲、顾炎武、王夫之为代表的进步思想家对君主专制独裁进行了深刻揭露和批判,提出"天下为主,君为客",君的责任就在于"以天下万民为事"(黄宗羲:《原君》)的思想主张。这种社会政治思想是进步的,可以看作是早期民主思想的启蒙。

因此,"民本思想"是中国政治经济思想的核心价值所在。本节简介先秦时期诸子的"民本"思想,以明其源,知其流,深化我们对"民本"思想的认知。内容大概有以下几个方面:教民(道德教化)、养民(利益养育,节用,裕民)、贵民、牧民、顺民等。

1. 孔子关于"教化"与"养育"——民生第一,教化至上的思想

儒家是出于司徒之官的,司徒是主教之官,所以儒家也最重教化。儒家之言教化,养必先于教。"救死而恐不赡,奚暇治礼义哉"(《孟子·梁惠王上》)。生活问题如没有解决,在儒家看起来,教化两字,简直是无从谈起的。儒家养民之政,生产、消费、分配,三者并重,而其视消费和分配,尤重于生产。分配合理,人人乐于生产;消费合理,人人生活给足。而且奢与惰相连,过分享用,会使人流于懒惰。所以制民之产,和食以时,用之以礼,同为理财的要义,不可或缺。民生问题解决之后,才有教化之可能。教化,是于实际的生活之中,为之轨范。譬如乡饮酒礼,是所以教悌的;乡射礼,是所以教让的;都是因人民本有合食会射的习惯,因而为之节文,并非和生活无关的事,硬定出礼节来,叫人民照做;更非君与臣若干人,在庙堂之上,像做戏般表演,而人民不闻不见。"礼"目的在于保障社会秩序,保证政权稳固和社会的良性运作。《尚书》言"民为邦本",那么,"养民"就成这"礼"制的一个重要内容,如荀子也说"礼者养也"。"国家的根本是人民,人民第一个重要的问题便是生活,生活都不能保持,自然一切无从说起了。假使生活而能保持了,那就要解决'饱食暖衣逸居而无教,则近于禽兽'的问题了,这也是传统的思想上看得极为严重的问题。"①

第一,养民——保障民生与民享的基本政策。孔子以养民为要务,也是仁爱思想的一种表现。故孔子认为,博施济众圣人之业,古今从政者的优劣,亦视其能养民与否而定。如孔子称"子产有君子之道四",而"养民也惠"(《论语·公冶长》)为其一端。斥冉求以"非吾徒也"(《论语·先进》),因为季氏聚敛以病民。养民的途径,主要有裕民生、轻赋税、惜力役、节财用之数端。但是,孔子论养民,以民生裕足为目的,而仅限于此,战国之世法家之富强政策,却不是孔子所能想象。孔子所主张的是人民之自足而非财富之扩充。且裕足的标准,不在生产之绝对数量,而在分配之相对平均。孔子尝谓"有国有家者,不患寡而患不均,不患贫而患不安。盖均无贫,和无寡,安无倾"(《论语·季氏》),与"尽地力"("尽地力"是一种"重农政策"。战国时李悝为魏文侯作《尽地力之教》,鼓励农民生产)一类政策迥相殊异。

第二,教化——培养美善之品性与行为的终极价值。养民为国家必要之政策,而非最高之政策。国家的目的不仅在人民有充裕之衣食,而在其有美善之品性与行为。故孔子论卫国之民则谓既富而教,对子贡问政则主去食存信。教化思想是"仁"之思想的具体体现和实现方式。仁者己欲立而立人,己欲达而达人。个人修身立德,进而成人之美,由近逮远,使天下之人皆相同化,止善归仁。所以,教化离不开个人修身立德所获得的德性修养、仁爱推恩之心;教化的目的,是人人相爱,天下和同。所以,教养又变成了政治,即所谓"政教"。教养政治,是孔子政治思想的核心和主干。

教化之方法,一在于以身作则,即"正";二在于以道诲人,即"教"。最好的政治是"仁政",而仁政的施行主体必须修身立德。否则,不唯不合格,政治也失其起点。即使勉强有为,亦恐不免治丝愈

---

① 吕思勉:《中国政治思想史》,北京出版集团公司、北京出版社2016年版,第90~91页。

梦，徒劳无益。季康子问政于孔子，孔子对曰："政者正也。子帅以正，孰敢不正？"（《论语·颜渊》）孔子又尝谓"苟正其身矣，于从政乎何有？不能正其身，如正人何"？又谓"上好礼则民莫敢不敬，上好义则民莫敢不服，上好信则民莫敢不用"（《论语·子路》）。"君子之德风，小人之德草。草上之风必偃。"（《论语·颜渊》）在孔子看来，修身以正人，行事虽简，但收效最大最快，这是治术最重要的地方。苟能用之，则"不令而行"（《论语·子路》），"无为而治"（《论语·卫灵公》），政平刑措，指日可期，天下归仁之理想，于此可以实现。当然，教育，比如《诗》《书》《礼》《乐》，孝悌忠信等，其效果虽然不如修身那么深远，也是化民成俗之术。孔子之教化政策，以培养个人之品格为目的，而不注重智识与技能。连那些我们看不是技能类的科目，如射御诸术，也被当作是陶融人格的手段，而不是健全身体或图谋生计的训练。那么，孔子之政治，就是政教合一、君师合一的政治。"政者正也"之主张，认定政治之主要工作乃在化人，非以治人，更非治事。故政治与教育同功，君民与师傅共职。国家虽另有庠、序、学、校等教育机关，而政治社会本身才是培养人格的组织。

2. 孟子主张"养民"与"贵民"的思想——民贵君轻，与民同乐

民贵君轻之旨，春秋时已经是君王们的基本共识。如季梁（事在公元前705年）止随侯勿追楚师，谓"上思利民，忠也"，"夫民，神之主也。是以圣王先成民，而后致力于神。……故务其三时，修其五教，亲其九族，以致其禋祀。于是乎民和而神降之福，故动则有成。今民各有心，而鬼神乏主，君虽独丰，其何福之有？君姑修政而亲兄弟之国，庶免于难"（《左传·桓公六年》）。邾文公卜迁于绎。史曰："利于民而不利于君。"邾子曰："苟利于民，孤之利也。天生民而树之君，以利之也。民既利矣，孤必与焉。"左右曰："命可长也，君何弗为？"邾子曰："命在养民。死之短长，时也。民苟利矣，迁也，吉莫如之！"遂迁于绎。五月，邾文公卒。君子曰："知命。"（《左传·文公十三年》）师旷对晋侯问卫人逐其君（事在公元前558年），谓"夫君，神之主也，民之望也。若困民之主，匮神乏祀，百姓绝望，社稷无主，将安用之，弗去何为"（《左传·襄公十四年》）。其实，"贵民"思想在更早的文献中即有记载，《盘庚》告殷民以"古我前后，罔不惟民之承"（《尚书·盘庚中》），以及"天视自我民视，天听自我民听"（《尚书·

泰誓》），更为古老。

然而，孔子在这里却并不主张"民贵"，"民可使由"（《论语·泰伯》）、"庶人不议"（《论语·季氏》），颇有轻民之意。以孔子之圣，反不如同期之君王？大概是因为孔子的思想，是想恢复周代之礼制，而礼制的核心在于上下等级秩序，"教民""养民"可以，但是于礼制的规定来看，"民"不可"贵"。孔子是思想家和政治教育家，他立足的是理论的逻辑和理想化的政治图景，"民本"是其要义，"贵民"却违反了"礼制"规定。

至战国时代，混乱纷争，民不聊生。新旧贵族之间的相互倾轧，邦国之间的连年战争，民力亏损严重，"民本"成为历史，作为轻民虐民的极端，"贵民"被孟子重视起来。孟子继承了孔子仁义思想，发出"贵民"之论，体现在养民为国家和君主之义务；也体现在民贵君轻之贵民论。

孟子倡行仁政，而仁政具体如何体现？孟子说，不外乎"教""养"二大端。其一曰养民以保民。裕民生、薄赋税、止争战、正经界诸事，都是仁政之要务。论"裕民生"，见于《梁惠王上》对梁惠王语。其略曰："不违农时，谷不可胜食也。数罟不入洿池，鱼鳖不可胜食也。斧斤以时入山林，材木不可胜用也。谷与鱼鳖不可胜食，材木不可胜用，是使民养生丧死无憾也。养生丧死无憾，王道之始也。五亩之宅，树之以桑，五十者可以衣帛矣。鸡豚狗彘之畜，无失其时，七十者可以食肉矣。百亩之田，勿夺其时，数口之家可以无饥矣。""薄赋税"略见《滕文公下》"什一去关市之征"、《尽心下》"有布缕之征，粟米之征，力役之征，君子用其一而缓其二"、《公孙丑上》"市廛而不征，法而不廛""关讥而不征"，"耕者助而不税""廛无夫里之市"等。"止战争"如《告子下》孟子告慎子鲁地已逾百里旧制，"一战胜齐，遂有南阳，然且不可"；《梁惠王下》劝滕文公学大王去邠，对狄人取不抵抗政策。"正经界"见《滕文公上》"夫仁政必自经界始"，"请野九一而助，国中什一使自赋"，"方里而井，井九百亩，其中为公田，八家皆私百亩，同养公田"。这是要求国家通过强制手段，整理确定不同土地所有者之间的土地疆界区限，以维护土地所有权。

孟子遵循"民为邦本"之原则，倡导"与民同乐"之君民关系的融洽。对齐宣王雪宫之问，孟子谓："乐民之乐者民亦乐其乐，忧民之忧者民亦忧其忧。乐以天下，忧以天下。"(《孟子·梁惠王下》)孟子的思考立足于共同的人性需要。君王是人，百姓也是人，其物质需要、心理满足是共同的。美食安居，人所共悦。如果强迫君王居于土阶茅茨，违反人情，一定会被反对。如果君王以己之心，体察百姓之心，行推恩之术，惠及百姓，则举国欢腾，可臻仁政目的。养民是为解决民生问题，民生问题解决则民才能快乐，百姓快乐则君主才能快乐。孟子本不忍人之心，矫正当时虐政之弊，所以于民生涂炭之世，再三致意而发为"保民"之论。孟子之重视民生如此，故于当时君臣不能尽养民之责，讥诋至严，毫不宽假。如讥梁惠王则曰"率兽食人"(《孟子·梁惠王上》)，对邹穆公则曰"上慢残下"(《孟子·梁惠王下》)，斥善战者曰当"服上刑"(《孟子·离娄上》)，论致富强之徒则毁之为古之"民贼"(《孟子·告子下》)。

孟子赞赏"衣食足，知荣辱"(《管子·牧民》)之议，认为，充裕的物质生活为道德的必要条件，所以强调民产，重视生产裕民。"广民之为道也，有恒产者有恒心，无恒产者无恒心。苟无恒心，放辟邪侈、无不为己。"(《孟子·滕文公上》)又曰："明君制民之产，必使仰足以事父母，俯足以畜妻子，乐岁终身饱，凶年免于死亡。然后驱而之善，故民之从之也轻。今也制民之产，仰不足以事父母，俯不足以畜妻子，乐岁终身苦，凶年不免予死亡。此惟救死而恐不赡，奚暇治礼义哉？"(《孟子·梁惠王上》)"易其田畴，薄其税敛，民可使富也。食之以时，用之以礼，财不可胜用也。民非水火不生活。昏暮扣人之门户，求水火，无弗与者。至足矣。圣人治天下，使有菽粟如水火。菽粟如水火，而民焉有不仁者乎？"(《孟子·尽心上》)孟子重生产，与孔子"不患贫而患不均"思想不同。

孟子言"利"，反对自私自利，视公利为大义。利于民即为大义、正义。从贵民保民这个角度看，利就是义。但是，若君王们自私自利、图一人一国之利，孟子则说"何必曰利"(《孟子·梁惠王上》)，因为此"利"，仅为一人之利，反仁心之不忍，助凉血之自私。流弊所及，君私其国，人私其身，上下交征利而国危。若以不忍人之心，行不忍人之政，则不求利而利在其中。此利即为正义之利。此与墨子"利者义也"相发凡。

其二曰教民以保民。养民之事完善，民生问题解决，则教化问题自然而然，顺理成章，不必特为用力。此与孔子重教化轻生产先后顺序略异。所以，于教化一端，孟子并无多大创建性贡献，对梁惠王问洗曹败之耻，孟子说："王如施仁政于民，省刑罚，薄税敛，深耕易耨；壮者以暇日修其孝悌忠信，入以事其父兄，出以事其长上。可使制梃以达秦楚之坚甲利兵矣。彼夺其民时，使不得耕耨以养其父母。父母冻饿，兄弟妻子离散，彼陷溺其民，王往而征之，夫谁与王敌？故曰：'仁者无敌。'王请勿疑！"（《孟子·梁惠王上》）对滕文公问为国，论于田地赋税之后，告以"设为庠序学校以教之。庠者，养也；校者，教也；序者，射也。夏曰校，殷曰序，周曰庠。学则三代共之。皆所以明人伦也"（《孟子·滕文公上》）。《孟子》七篇，言"教"之处不多，就是因为孟子认为那是极简单、自然、顺理成章之事。

以上综合起来，仁君不废快乐之心，而能推恩及民，致力于民生问题。当人民既养且教，君民同乐，即为新时代之仁政了。行此仁政，则霸业必成，天下定然一统。这就是孟子的政治理想和方法。

养民既为第一要义，那么"民贵"之论就是必然结论。"民为贵，社稷次之，君为轻"——人民为政治之目的，而且也是政治的主体。孟子的时代，魏齐争霸，秦势方兴。国强君威，专制政治渐趋形成。商鞅、申不害等法家位至卿相，厉行农战军国主义，通过富国强兵而图统一诸侯，所以尊君贱民使民思想甚嚣尘上。这种思想与贵民仁政思想大相径庭，为孟子极力反对，斥为不仁不义，而倡导儒家传统之以民为本的思想。主要有以下三个要素：

一曰，民主君仆，民体国用。"民为贵，社稷次之，君为轻。是故得乎丘民而为天子，得乎天子为诸侯，得乎诸侯为大夫。诸侯危社稷，则变置。牺牲既成，粢盛既洁，祭祀以时，然而旱干水溢，则变置社稷。"（《孟子·尽心下》）君长之得位、政权之保存，在于丘民，诸侯社稷均可变置，但人民是不可动摇、不可替代的根基。所以，孟子不仅把人民当作政治目的，亦且认为人民还是政治的主体。孟子认为君民是对立的，君民之中，本应民主君仆，民是体，国是用。如："孟子谓齐宣王曰：王之臣有托其妻子于其友而之楚游者，比其反也，则冻馁其妻子，则如之何？王曰：弃之。曰：士师不能治士，则如之何？王曰：已之。曰：四境之内不治，则如之何？王顾左右而言他。"此暗示君主有职，同于百官，以"贵民"的态度，做好保民养民的工作，是君王官吏们的必然职责。如若不然，政权就没存在的必要，或被外国消灭，或被民众推翻。孟子对齐宣王问汤放桀，武王伐纣谓："贼仁者谓之贼，贼义者谓之残。残贼之人谓之一夫。闻诛一夫纣矣，未闻弑君也。"（《孟子·梁惠王下》）暴君不行仁政则可杀，哪里还有什么尊君王之义！

二曰，重视民意——以民心向背为最后标准。孟子贵民，所以很重视民意，把民心向背作为政权转移及政策取舍的最后标准。得乎丘民者为天子，失民心者失天下。"孟子曰：桀纣之失天下也，失其民也。失其民者失其心也。得天下有道，得其民，斯得天下矣。得其民有道，得其心，斯得民矣。得其心有道，所欲与之聚之，所恶勿施尔也。"（《孟子·离娄上》）尧舜禹汤之得天下，或传贤，或传子，或禅让，或征诛，虽由"天与"，实赖"人归"。孟子论齐人伐燕谓"取之而燕民悦则取之"，"取之而燕民不悦则勿取"（《孟子·梁惠王下》）。得民心者得天下，百姓悦者得民心，能不能得民心，是君主废立、战争、行政、治国、用人的准绳。如孟子告齐宣王于破格进贤，其标准主要就是"国人皆曰贤"，然后才能察而用之。于决狱用刑之时，必"国人皆曰可杀"，然后察而杀之（《孟子·梁惠王下》）。

三曰，养民为君主之责而民无服从之义务。孟子寄主权于民，所以认为，政府有绝对养民安国的义务，而人民却没有绝对服从政府的义务。若政府失职，则民可不忠。孟子对邹穆公之问，谓"上慢而残下"（《孟子·梁惠王下》），则民可"反之"以不亲上死长，出尔反尔，以怨报怨。在孟子看来，君与民是对立的。如果君王不能履行其行政的天然义务，则这个政权就是反人民从而是反动的。孟子的政治思想于是乎成为针对虐政苛政暴政的强烈抗议。这种思想，在当时那个时代环境中有其鲜明的意义，但是在和平发展、民生问题解决之世，就不可能得到共鸣。然而，只要遭遇世衰国乱、民不聊生，就会引起相当重视，与老庄之无君思想互相呼应。所以，孟子的儒学，不仅有异于荀子的尊君，而且与孔子轻君思想不同。孟子取人民之观点以言政，孔荀则倾向于君主之观点，视角不同，结论自然相异。孟子贵民的思想，作为"民本"思想中非常重要的内容，是中国政治思想中最为宝贵的遗产之一。

3. 荀子主张"节用"与"裕民"——以礼为法，以礼尽性的思想

如前所述，荀子更多继承了孔子"正名"主张，以"人性恶"为思考基点，强调"礼"的规范节制作用。比较孔孟，荀子过分强调了"礼"的外在规范力量，并以"法"行"礼"，以"礼"代"法"，开启了法家思想之先河。"上以法取焉，而下以礼节用之。""由士以上则必以礼乐节之，众庶百姓则必以法数制之。"（《荀子·富国》）人生而有好利，嫉恶之心，耳目声色之欲，必须加以节制，"正理平治"之社会生活才能实现。所以"礼"，是人类性恶之苦口良药，而亦社会生活之基本条件。因而，在政治上，强调礼制、法治，如强调君主在"礼"制系统中的关键作用谓之尊君；且君主应专权而不可独治，故主张建立文官制度防止君主行私自利；强调析辞正名以息辩讼，厉行言论压制，从而主张"别黑白而定一尊"，为始皇专制与焚书之始作俑者。

然而，荀子不过是从儒到法之过渡者，其身份不是法家，仍系儒者。故其思想之本质，仍然不是法家的严酷之治，而是儒家的仁政之治。政治上虽主法治，但明白表示此法治是"以法为末，以人为本"的"人治"，更符合孔孟思想之神髓。如他认为，虽然"君道"为上，但"徒法不能自行"（《孟子·离娄上》），真正的"治"，还是需要君子行仁政方能达成，"法者，治之端也，君子者，法之原也。故有君子，则法虽省，足以遍矣；无君子，则法虽俱，失先后之施，不能应事之变，足以乱矣"（《荀子·君道》）。君子足以为治。而君子之治，首先强调的就是君王之德性，"君道"篇谓："请问为国。曰：闻修身，未尝闻为国也。君者仪也。仪正而景正。"又谓："上好礼义尚贤使能，无贪利之心，则下亦将綦辞让致忠信而谨于臣子矣。如是则虽在小民，不待合符节别契券而信，不待探筹投钩而公，不待衡石称悬而平，不待斗斛敦概而啧。故赏不用而民劝，罚不用而民服，有司不劳而事治，政令不烦而俗美。"

所以荀子的思想是直承孔子遗教，人法兼取——君主之仁政与法制相兼相济。此与法家寓君权于械数之内不同，荀子欲君主之人格透露于法制之外。前者专重治法，后者则求治人以行治法。那么，道德与权力兼而施用，就是应有之结论，也是荀子思想儒者之本质体现。

因此，尽管或"礼"或"法"有严格、严酷、专制之成分，然而荀子之目的还是与孔孟相合。礼之目的为养——"节用以礼，裕民以政"。其"节用以礼"，表明礼的目的只是节欲，而非绝欲，在借节欲之手段以图物质生活最大限度之满足。其"裕民以政"，又不外乎"轻田野之税,平关市之征,省商贾之数,罕兴力役,无夺农时"之数事。"彼裕民,故多余,裕民则民富,民富则田肥以易,田肥以易则出实百倍。上以法取焉,而下以礼节用之。"(《荀子·富国》)与孟子思想相同。如他重视商业流通和经济合作之理想,欲令天下之物产,以有易无,互相供给。故"泽人足乎木,山人足乎鱼。农夫不斫削不陶冶而足乎械用,工贾不耕田而足乎菽粟"。于是"四海之内若一家","百姓皆得养而安乐"(《荀子·王制》)。再如,荀子相信裕民之政策可使物质生产作无限度之增加,故富国之关键不在减低要求而在扩张供给。圣人制礼,应该根据物质基础情况设法满足人们的生养之欲。欲望是生产动力,如不尊重欲望,则生产动机消失,虽如墨子主张那样非乐节用薄葬,"若烧若焦",也没法做到天下富裕,反而越来越贫乏了。

人有欲望,欲望是动力;人有欲望,欲望需要节制。节制的手段,士由礼节制,民由法节制。如此上下兼顾,以礼而尽性。这是政治的哲学基础。荀子说:"君者,善群也。群道当,则万物皆得其宜,六畜皆得其长,群生皆得其命。"君怎能使万物如此呢?那就得如班固《货殖传序》所说:"昔先王之制:自天子公侯卿大夫士,至于皂隶抱关击柝者,其爵禄奉养,宫室车服棺椁祭祀死生之制,各有差品,小不得僭大,贱不得逾贵。夫然,故上下序而民志定。于是辨其土地川泽丘陵衍沃原隰之宜,教民种树畜养五谷六畜,及至鱼鳖鸟兽,雚蒲材干器械之资,所以养生送终之具,靡不皆育。育之以时,而用之有节。草木未落,斧斤不入山林。豺獭未祭,罝网不布于野泽。鹰隼未击,矰弋不施于徯隧。既顺时而取物,然犹山不槎蘖,泽不伐夭,蝝鱼麛卵,咸有常禁。所以顺时宣气,蕃阜庶物,蓄足功用,如此之备也。然后四民因其土宜,各任智力,夙兴夜寐,以治其业,相与通功易事,交利而俱赡,非有征发期会,而远近咸足。故《易》曰:后以财成辅相天地之宜,以左右民。"这便是《荀子》所谓"天有其时,地有其利,人有其治,夫是之谓能参"(《荀子·天论》);亦即《中庸》所谓"能尽其性,则能尽人之性;能尽人之性,则能尽物之性;能尽物之性,则可以赞天地之化育;可以赞天地之化育,则可以与天地参"。荀子的民本思想,立足于人欲,系之于天地原理,有深厚的人性和宇宙论基础;以礼或法节制君、臣、民之欲,保证君行仁政,民竭其力,各安其生,秩序井然。

孔孟儒学的思想是把仁爱与礼制相结合。这种思想是极其人性化的，讲究从自我的心性体会出发，推己及人，普遍爱人；而这种爱绝对不是无差别的爱，而是一种父子、群臣、夫妇之间上下级的等级差异的爱。爱的平等与礼的差等，以血缘关系为象征性参照物构建了一个让人信服的逻辑体系，既合情又合理，因而，爱与礼的思想文化，矛盾性地完美地结合一起。这种体制规定（外王）、心性修养（内圣）的合一性，体现在小我就是家庭伦理，体现在士大夫就是齐家，体现在诸侯邦国就是治国，体现在天子就是平天下。

爱与礼的内在矛盾，也给其留下无限的解释空间。基于人性的考虑，人性或善或恶，那么，普遍的礼能否完全、全面地规定人性，就值得怀疑。荀子首先提出了疑问，把"礼"升级为"法"，认为"礼"只适用于贵族，而"民"必须以"法"来管治。墨子提出公平与平等的观念，为低层阶级的上升张本，这实际上是在解构由天子—宗法贵族—国君—士—民构成的礼制政治和社会秩序。在这个方面，与孔学同时如日中天的墨学，虽然也讲爱，但却是与儒对"礼"的规定唱反调的。孔墨思想，恰好反映了爱与礼的矛盾性所具有的解释空间的无限可能性。

如果说，春秋尚可说是贵族的时代，讲究"礼""义"的时代，那么，战国则是一个讲究"利"的时代，"义"的内涵也有了新时代的新内涵。在春秋，"爱"和"礼"都是"义"——应该和应有；在战国，"爱"不复存在，"礼"被弃如敝履，"乐"从生命生活中消失。一切都以名利为鹄的，"唯利是图"，为名为利非礼非义，不择手段。此时"礼乐文明"处于一个被打击、被审视、被重新定义的时代，终于，经过法家在秦的努力，中国的"礼乐"文明，从宗法分封制向郡县君主制挺进了。这个变化，变的是当权者，从天子和世袭贵族变成了君主和官僚，变的是君主权力的扩张、集中和唯一；不变的是上下等级秩序。这个不变的因素，持续了两千余年，是中国封建社会的价值核心、政治根本。而对于"义"的理解，也就具有具体的时代性变化。

4. 墨子主张尚国尚贤，非攻节用的思想

墨子立足于"义"与"利"的关系，主张尚同尚贤，非攻节用。而在"利"与"义"的关系的措置与处理上，他以"公利"为"义"，"公义"之"利"就是"义"。义与利之争，是个复杂的问题，不仅是先秦诸子众说纷纭的问题,也是贯穿中国政治与思想史的一个核心问题。其所以众说纷纭,乃在于对"义"与"利"的内含理解之差异。

"利"有两个含义:一是物质利益;二是"是否有利"的判断。就第二义言,"义"也是"利"。"义"也有两个含义:一个是内容方面的"仁义""德性";另一个就形式方面看,"义"就是一种公认、公共、公利的标准、规范。然则,若"法"也是一种"义",那么法家也重视"义"。法家最重视富国强兵,这首先是"利",然而此利之目的,在于国家或争霸,或统一,而富强本身,就成为必然之"义"。把国民的意志、力量、财富统筹起来,要借助于"法"的强制性,则"法"也就是"义"。所以在回顾诸子关于义与利的各种主张时,亦要区分他是在何种意义上使用概念的。

对于"义"与"利",先秦诸子有一个基本共识,即,"公利"即"义","私利"即不义。孟子尚"义"而斥"利",以"仁义"之名示推恩不忍之政,而以"利"之一名示自私交征之事。"孟子见梁惠王。王曰:叟,不远千里而来,亦将有以利吾国乎?孟子对曰:王何必曰利,亦有仁义而已矣。王曰:何以利吾国?大夫曰:何以利吾家?士庶人曰:何以利吾身?上下交征利而国危矣。"(《孟子·梁惠王上》)所以孟子之非利,并非真正非利;其所非者,是自私自利。至于为民为国之公利,孟子是支持并提出了一系列政策措施的。墨子也是如此。墨子主张"兼以易别":以爱人若己为兼,而以亏人自利为别。这也正是以公私判义利,公者即义,私者即非义。故墨子《天志中》说,三代圣王从兼去别,利及天人而并得称为"仁义"。《经上》曰:"义,利也。""经说上"释之曰:"义,志以天下为芬(爱),而能能利之,不必用。"这个"爱利",即儒家博施济众;而孟子所斥之"利",正为墨家所弃之"别"。用名不同,立意不殊。自私自利是人性,而此种人性一定会危害他者的利益的,所以,"义"——"公义"而非私利——就成为平衡与协调公私、他我利益关系的一个标尺、规范。

人作为个体是自私的,阶级也是自私的。防私去弊,无论是对个体还是阶级,都是必要的。儒家说,君主要行仁政,博施济众,与民同乐,不能以自私为目的。公正公平是阶级利益的协调。然而,其协调的标准却是均贫富。百姓生活之裕足,不在生产之绝对数量,而在分配之相对平均。孔子尝谓"有国有家者,不患寡而患不均,不患贫而患不安。盖均无贫，和无寒，安无倾"。道家和法家、管子作为杂家，无一不是以去私为重点。墨子的思想核心是公平和正义，所以，墨子在"义"与"利"这个问题上，考虑得更多。

墨子认为，目前之世之所以乱象丛生，乃由于人之自私不相爱。君私其国，人私其身，上下交征利而国危。"当（尝）察乱何自起？起不相爱。"那么，救乱之方就在于去人之自私而使之相爱，"若使天下兼相爱，国与国不相攻，家与家不相乱，盗贼无有，君臣父子皆能孝慈，若此则天下治。故圣人以治天下为事者，恶得不禁恶而劝爱"（《墨子·兼爱》）。

人们"兼爱"而不再"交征利"，似乎很难有说服力。那么，就必须有一个制度性保证，儒家以礼，法家以法，而墨子则主张"尚同""尚贤"和"非攻""非乐""节用"。前者是制度性保证，后者是方法、策略和行为规范。此问题前边有关墨子的"公平"思想中已有说明，兹略。

"尚同"有利益之同，有意见（舆论）之同。而利益的协调平衡与意见的统一乃至同一，必须建立共同政权，形成强有力的政体，以为公利与公意之强制性保证。兼爱之必有待于尚同，其主因在人之性恶。盖利所得而喜，害所得而恶。趋利、避害，乃人性之本然。苟无外力以节制之，其势不至于争乱不止。故必设立天下共同之政权，以为万姓行动之标准，使个人化除自私，而归心于全体之公利。此就"公利"言。"子墨子言曰：古者民始生，未有刑政之时，盖其语人异义。是以一人则一义，二人则二义，十人则十义。其人兹众，其所谓义者亦兹众。"（《墨子·尚同上》）是以人是其以非人之义，故"交相非"。此就"公意"言。若有统一政权与有效政体，天子、三公与里长家庭上下相维、左右联动，君主统领舆论并能贯彻执行，则天下大治，"公利"即可得以保证。墨子认定公利为同义之最后标准，君长与人民皆应以之为目的。君长能本公利以执行政治制裁，则君长之义以能表示公利成为全体尚同之归宿。这就是"合群治众"的基本原理。这种思想，颇具大同主义色彩。

制度既定，则实施者就是下一个问题："尚贤"为"公利""公义"之主体保证。"不义不富，不义不贵，不义不亲，不义不近。""以德就列，以官服事，以劳殿赏，量功而分禄，故官无常贵，而民无终贱。"

(《墨子·尚贤上》)治国养民乃至艰至巨之事业,若非贤能之士,必不能胜此重任,故居上位者必有出众之才,而尚贤乃"为政之本"。所以墨子曰:"自贵且知者为政乎愚且贱者则治,自愚(且)贱者为政乎贵且知者则乱。是以知尚贤之为政本也。"(《墨子·尚贤中》)由之者治,背之则乱。古今一理,天人同道。

贤人所组织实施者,无非"非攻""非乐""节用",此为"公利""公义"之实践。墨子尚俭,约含三义:一曰节用,二曰节葬,三曰非乐。节用为主旨,节葬、非乐为其分论。节用是为充裕民生、实行爱利。墨子谓古之圣王"爱民谨忠,利民谨厚",于是制为节用之法,一则俭省费用,二则免除无益之消耗。饮食、衣服、宫室、器用皆有一定之限制。总之是以"诸加费不加民利者,圣王不为"(《墨子·节用中》)为原则。所以,墨子又立为节葬、非乐之论。厚葬久丧,不能够富贫众寡,定为理乱。丧葬本为不得已而无所利之事,多一分费用,即多一分损失。故墨子认厚葬久丧为儒者丧天下"四政"之一,而制为薄葬短丧之法以易之。"非乐"同理。一则"乐"即浪费。作乐必有乐器。乐器"将必厚措敛乎万民","亏夺民衣食之财"。二则"乐"者无益于民生,"民有三患,饥者不得食,寒者不得衣,劳者不得息。此三者民之巨患也。然即当为之撞巨钟,击鸣鼓,弹琴瑟,吹竽笙而扬干戚,民衣食之财将安可得乎?"三则作乐不足以禁暴止乱。四则乐工废耕稼树艺、纺绩织纴之生产事业。五则听乐者必怠于工作。"与君子听之,废君子听治;与贱人听之,废贱人之从事。"(《墨子·非乐》)所以,古之圣王不为乐。

自私自利推动争战豪夺,所以"非攻"。"攻"之原因,或名或利。攻伐之起,多由侵略者认战争为有利之事。"国家发政,夺民之用,废民之利,若此甚众,然而何为为之。曰:我贪伐胜之名,及得之利,故为之。"然而,"攻"实际"不利"。"夫取天之人,以攻天之邑,此刺杀天民,剥振神之位,倾覆社稷,攘杀牺牲,则此上不中天之利矣。意将以为利鬼乎?夫杀天之人,灭鬼神之主,废灭先王,贼虐万民,百姓离散,则此中不中鬼之利矣。意将以为利人乎?夫杀人之为利人也薄矣。又计其费,此为害生之本,竭天下百姓之财用不可胜数也。则此下不中人之利矣。"(《墨子·非攻中》)墨子又认定好名亦为侵略之主要动机。攻伐之君妄冀非义之利,滥得勇武之名,其蔽在不明自私之为公害。若以兼爱之标准定之,则"率土地而食人肉"者"罪不容于死"(《孟子·离娄上》),哪里能获得什么美誉?

5. 管子主张"经俗"以教民,"经产"以养民的思想

管子也是具有"民本"思想的,其核心是"经俗"以教民,"经产"以养民。"教民"是为"牧民","养民"则须"顺民"。

如前所述,管子兼儒家之仁德与法家之刑法。他提出"以法治国"的概念,主张建立强大而完善的法律体系和制度,明确各种法治之手段即法术。然而,他的法治却并非后世法家之法治,具有极强的儒家仁义、仁政色彩。如,《管子》重视家族宗法;不废人治,且重礼教;尊君而不废顺民之旨。法家与此迥异,如商鞅,其目的是强化君主专制,富国强兵以争霸称王,故其法治内容如保甲制、连坐法,类似于特务和警察组织;"勇于公战,怯于私斗",按杀敌人数封爵给赏,把国家变成了一座兵营和杀人机器;严刑峻法,禁止言论。如此血腥专制,虽然把秦从公国变成了王国再变成帝国,但是,这是以牺牲民众利益为代价的,与政治尽必要养民教民的民本思想截然相反。秦政短命,商鞅横死,也说明此"法治"的反人性、反政治性。

管子之法治实际仍然为"人治"。管子之时代,要求尊君以维护礼制。儒墨以人民生活之美满为目的,而管子则尊君,孟荀以仁义礼乐为治术,而管子则任法。谈治术,管学法治思想有别于儒家之德治、礼治,然而管子之"以法治国",仍然是"人治"思想的一种,与孔、墨、孟、荀诸家以君主为治权之最高执掌人者,根本无异。

不过,管子对于"民"的态度,是"牧民"——管教、管理以为我用。孔子以教为政成全个人道德之发展,管子以教行法(禁、令)以事君国。儒家以教为政,其目的在兼善天下,使人人皆有"成人"之机会,以个人道德之发展为政治之最高理想。故其治术虽礼义与刑法兼用,而礼义为主。管子教育之目的则不在个人道德发展之完成,而在人民之顺服以事君国,"期而致,使而往,百姓舍己,以上为心者,教之所期也。始于不足见,终于不可及,一人服之,万人从之,训之所期也。未使之而往,上不加勉而民自尽竭,俗之所期也"(《管子·立政》)。"昔者圣人之治人也,不贵其人博学也,欲其人之和同以听令也"(《管子·法禁》)。既欲人之和同听令,则一切违俗自异之行皆势所必禁(《法禁》篇中列举"圣王之禁"几二十事。其中如"其身母任于上者","拂世以为行,非上以为名,常反上之法制以成群于国者","身无职业,家无常姓,列上下之间,议言为名者","诡俗异礼,大言法行,难其所为而高自错者",等等)。行为不合于国之经俗者乃"不牧之民","不牧之民,绳之外也。绳之外诛"。

当然,"牧"除法治之外,还需要养民顺民。管子虽然主张尊君,然而尊君也不能废民。对桓公问霸政之本,"管子对曰:齐国百姓,公之本也。人甚忧饥而税敛重,人甚惧死而刑政险,人甚伤劳而上举事不时。公轻其税敛则人不忧饥,缓其刑政则人不惧死,举事以时则人不伤劳"(《管子·适变》)。此与孟子所主"省刑罚,薄税敛","勿夺其时"操术略同。

同是民本思想,管子与儒家用意不同,并且充满内在矛盾。一方面,民本是为了用民御民以为工具。此与荀子认为治国是所以养民不同。荀子礼治之最后目的为全体人民生活之满足。故治国所以养民,而君之与国不过达此目的之工具。管子所标之政治目的不同:"凡牧民者欲民之可御也"(《管子·权修》)。又曰:"计上之所以爱民者为用之,故爱之也。""凡大国之君尊,小国之君卑。大国之君所以尊者何也。曰:为之用者众也。小国之君所以卑者何也。曰:为之用者寡也。然则为之用者众则尊,为之用者寡则卑,则人主安能不欲民之众为己用也。"(《管子·法法》)民之作用如此,故"争天下者必先争人"(《管子·霸言》)。当然,民不乱可用。管子论治民,于消极方面求其不乱,于积极方面求其可用。所以必须"以法治国",设经常之制度,明必信之赏罚,使全国人民从令不疑,行动齐一。

另一方面,轻视民意。既然爱民为手段而非目的,在处理君民关系时,必然认定君之意志有绝对之权威,而轻视乃至忽视人民意志的力量,专制必不可免。人民既为君主之用具,则君民间最理想之关系为君有所令,民无不从。若以民意干政,则"令出虽自上而论可与不可者在下,是威下系于民也。威下系于民而求上之毋危,不可得也"(《管子·重令》)。故"明君在上位,民毋敢立私议自贵者",而"倨傲易令、错仪画制、作议者尽诛"。如果人君行独断之政,虽逆民意而有利于国,则亦厉行之而无所恤。"夫至用民者杀之、危之、劳之、苦之、饥之、渴之,用民者将致此之极也,而民毋可与虑害己者。明王在上,道法行于国,民皆舍所好而行所恶。"于是"引而使之,民不敢转其力。推而战之,民不敢爱其死。不敢转其力然后有功,不敢爱其死然后无敌。是故仁者、知者、有道者不与大虑始"(《管子·法法》)。而"为国者反民性然后可以与民戚","民欲佚而教以劳,民欲生而教以死。劳教定而国富,死教定而威行"(《管子·侈靡》)。民意所以不足听,原因在于民心之习苟安而昧于真利,自私而不能自治,"民者服于威。杀然后从,见利然后用,被治然后正,得所安然后正者也"(《管子·正世》)。

管子的"民本"思想,主要是以法治民,牧民、用民、禁民。此外,还有较为温情的"顺民"之说。"政之所兴在顺民心,政之所废在逆民心。民恶忧劳,我佚乐之。民恶贫贱,我富贵之。民恶危坠,我安存之。民恶绝灭,我生育之。能佚乐之则民为之忧劳,能富贵之则民为之贫贱,能安存之则民为之危坠,能生育之则民为之灭绝。"(《管子·牧民》)"人主之所以令则行,禁则止者,必令于民之所好而禁于民之所恶也。民之情莫不欲生而恶死,莫不欲利而恶害。故上令于生利人则令行,禁于杀害人则禁止。令之所以行者必民乐其政也。"(《管子·形势解》)民有根本利益,民利得以保证,民生问题得以解决,那么,国力才能增强,政权才能稳固。君主当以政令督禁,使民能得其根本之真利,民得真利而心喜。就此言之,则为"顺民心"。故曰"民未尝可与虑始而可与乐成功"(《管子·法法》)也。

虽然管子主张尊君、轻视民众,但认识到民不可逆,且还要利用人民,那么,对人民的教和养两者都要努力完善厉行。《管子》"重令"篇曰:"朝有经臣,国有经俗,民有经产。"此三者即完成法治之主要条件。后二者都是讲治民之道:一是道德教化;二是经济养育。

其教民的一方面是"经俗",其内容和手段则是"礼义廉耻"四维。"何谓国之经俗。所好恶不违于上,所贵贱不逆于令。毋上拂之事,毋下比之说。毋侈泰之养,毋逾等之服。谨于乡里之行而不逆于本朝之事者,国之经俗也。"(《管子·重令》)法治目的在于臣民安分而从令。其手段,一方面是赏罚严明,另一方面则是经营民众习性,法治之效始能深远而稳固。管子所谓经俗实为法治之心理基础,而经俗之养成则有待于适宜的教育政策。人类政治组织,有赖于道德的维持。这是立国不可或缺的政治道德,管子名之"四维"。"何谓四维?一曰礼,二曰义,三曰廉,四曰耻。礼不踰节,义不自进,廉不蔽恶,耻不从枉。"(《管子·牧民》)四维之张,有待教育。故"权修"篇曰:"凡牧民者使士无邪行,女无淫事。士无邪行,教也。女无淫事,训也。教训成俗而刑罚省数也。"当然,教训成俗非一蹴而就,必须按部就班,循序渐进,等待习惯的逐渐培养,"渐也、顺也、久也、服也、习也,谓之化"(《管子·七法》)。而教育是软的,还需要配合着政令即政府的监督劝惩,以助教训之行。管子赋予乡长及五属大夫荐善举过之责,希望贤材登庸,不善遭诛,美俗既成,风化自正。"罢士无伍,罢女无家。士三出妻,逐于境外。女三嫁,入于舂谷。是故民皆勉为善士。"(《管子·小匡》)同时充分利用家族及乡邻组织。"君臣父子人间之事谓之义"(《管子·心术》),而"孝弟慈惠以养亲戚"(《管子·五辅》)复为义之一体。故"公修公族,家修家族,便相连以事,相及以禄,则民相亲矣"(《管子·小匡》)。孝悌之教既立,则又当"敬宗庙,恭祖旧","不敬宗庙则民乃上校,不恭祖旧则孝弟不备"(《管子·牧民》),礼义教化就会受到阻碍而难以实行。

养民,其一是"经产"。其原理是"仓廪实则知礼节,衣食足则知荣辱"(《管子·牧民》)。建立法治的另一基础为"民有经产"。"何谓民之经产?畜长树艺务时,殖谷力农垦草,禁止末事者,民之经产也。"(《管子·重令》)孟子谓民无恒产者无恒心,管子重视经产,用意略同。故曰:"仓廪实则知礼节,衣食足则知荣辱。"又曰:"民不足,令乃辱。民苦烈,令不行。"(《管子·版法》)管子深知民生为政治之要件,民生问题决定政治之安危。自心理上视之,"夫民必得其所欲,然后听上,听上然后政可善为也"(《管子·五辅》)。且"民富则安乡重家,安乡重家则敬上畏罪,敬上畏罪则易治也。民贫则危乡轻家,危乡轻家则敢陵上犯禁,陵上犯禁则难治也。故治国常富而乱国常贫。是以善为国者必先富民,然后治之"(《管子·治国》)。从物质利益上视之,"以人猥计其野,草田多而辟田少者,虽不水旱,饥国之野也。若是而民寡,则不足以守其地,若是而民众,则国贫民饥,以此遇水旱,则众散而不收。彼民不足以守者,其城不固,民饥者不可以使战,众散而不收,则国为丘墟"(《管子·八观》)。

经产的内容之一是重农。管子树立经产之术以重农政策为中心而辅之以节用、输财、济困诸端。其所立之重农政策大意与他家无甚差异。"积于不涸之仓者务五谷也。藏于不竭之府者养桑麻育六畜也"(《管子·牧民》),"民事农则田垦,田垦则粟多,粟多则国富"(《管子·治国》）。皆以农产为富源。振兴农业之要，在于给予农民以耕稼的便利，鼓励人民务农本而舍末作。故"司空"修水利，"由田"办地宜，"乡师"劝力作。然而工商之利厚于农业，政府不加干涉，则民将舍本而逐末，"故先王使农、士、商、工四民交能易作（分工合作），终岁之利无道相过也。是以民作一而得均"（《管子·治国》）。

其二是"节用"。"国修则用费，用费则民贫，民贫则奸智生，奸智生则邪巧作"（《管子·八观》），然"俭则伤事，侈则伤货也"（《管子·乘马》）。"五辅"篇"德有六兴"之说，基本包括经产政策积极方面的全部内容。"何谓六兴？曰：辟田畴、利坛宅、修树艺、劝士民、勉稼穑、修墙屋，此谓厚其生。发伏利、输塔积、修道途、便关市、慎将宿，此谓输之以财。导水潦、利陵沟、决潘诸、溃泥滞、通郁闭、慎津梁，此谓遗之以利。薄征敛、轻征赋、驰刑罚、敖罪庆、有小过，此谓宽其政。养长慈幼孤恤螺寡、问疾病、吊祸丧，此谓匡其急。衣冻寒、食饥渴、匡贫窭、振罢露、资乏绝，此谓振其贫。""六者既布，则民之欲无不得矣。"

其三是"均平"。管子认定，经产之作用在富国而不在富民。人民必须满足充裕的衣食，但不允许私人厚积资财。私人积资则贫富差距加大，差距加大就会产生危机。故"贫富无度则失"（《管子·五辅》），"甚富不可使，甚贫不可耻"（《管子·侈靡》）。因为"民富则不可以禄使也，贫则不可以罚威也。法令之不行，万民之不治，以贫富不齐也"（《管子·国蓄》）。而欲均贫富，则必须均农田之利与工商之利。如，主张恢复井田制。如，将工商之利大体收归国有，采取政府以货币操纵市价；官山海，即食盐、山林、矿产等资源实施国有化。再如，满足耕农的需要，政府以资本及器具贷给农民，解除贫民对豪强的债务等。又如，抑豪强，止兼并。《史记·齐太公世家》谓："太公至国修政，因其俗，简其礼。通商工之业，便鱼盐之利，而人民多归齐。"齐开国以来实行放任的重商主义，经济发达了，但其副作用随之呈现，就是工商业过度发展、私人坐拥豪资。管仲一方面重农节用，另一方面抑豪强，止兼并，使利归于国，民无困乏，以收富强之效。

三、无为与不治

中国之哲学，一以"阴阳和合"为本。无论是各家的理论内涵，还是各家共在所呈现的理论流派关系，总是体现为"阴"与"阳"二端，并表现为相对对立的统一、执两用中的中和。儒墨主仁爱公平正义，为阴柔；法家主任法刑罚，为阳刚。而儒家之礼可变为法，法家之法可致无为，故二者阴阳可转，互依共存。再者，儒墨管法，或主张仁义礼德，或主张法治君权，总之是以积极的态度去应对现实挑战的。这是阳刚的、积极的一面。与此相对立，老庄哲学思想，却是既反对仁义礼德，也反对法治君权的，而主张个体的绝对自由、没有约束的放任，既非礼，又非法，对道德仁义，也认为每况愈下，无一可取。这是阴柔、谦下理念支撑的消极的、退让的、逃避的一面。与儒墨法相比，属于另类的自由思想与个人（而非社会性的）实践。然而，老子无为而无不为，正言若反，其无为遂一变而为有为之策略；庄子主个体的纯粹自由，而若人人皆得自由，则人心安定，无争无得，无辩无讼，则社会亦达到绝对和美之状态。此亦阴阳互依互转之关系。从实践的角度观察其政治与经济态度，老庄哲学主张消极避让，虚静无为，与主张积极进取的儒墨管法主张或礼制仁政、或法治人治截然不同，既非礼又非法，走出了纯粹美学的人生路向。

在政治上，老子主张无为与虚君而治。老子曰"圣人无常心，以百姓心为心"（《道德经》第四十九章），又曰"不敢为天下先"（《道德经》第六十七章），曰"欲上民必以言下之，欲先民必以身后之"（《道德经》第六十六章）。如果治国之君、牧民之官吏都能严格执行这些理念和方法，那么，天下万民就会各行其是，各安其生。政府的作用就极其有限，政府的管理、施政对百姓的节制措施就很少，政府简政少事，用不着礼制，也用不着法治，君主也用不着独断专制，也不必仁义德刑。政府与君主是无用的。这个主张与孔子"民可使由之，不可使知之"（《论语·泰伯》），以一人之心、为万民之主，与墨子"上之所是，必皆是之。上之所非，必皆非之"（《墨子·尚同上》），与荀子论民之从君"同焉者是，异焉者非"（《荀子·正论》），与韩非"人主者明能知治，严必行之。故虽拂于民心，立其治"（《韩非子·南面》）皆不相同。孔子、墨子都相信君主的专制力量的必要性，而老子独倾向于"虚君"民治。

老子思想中之基本原理有二：一曰反；二曰无。其政治哲学之主要部分乃以后者为根据。老子深观宇宙，认天地万物皆生于自然之道。故有形生于无形，玄虚为实质之根本。若就"有生于无"的过程看，则宇宙之成乃由虚以至实，缘静以生动，先简而后繁。且道生万物，其事纯出自然，成于无心，决非有意之造作。大道自存，万物自化，本不必人为造作。既然有生于无，那么后起之有，应以先存之无为法则。夫令后起者法先存，实不异于使已往者复返。故此法先之事老子称之为"观复"，为"复命"，为"守母"，为"执古之道"（《道德经》第十四章）。具体言之，"复命"就是复归于无物，返本于虚无、宁一、自然，慎守原始自然之道。以这个归根复命的原理应用于政事，就是清静无为之治。老子曰："清静为天下正。"（《道德经》第四十五章）又曰："为无为则无不治。"（《道德经》第三章）又曰："圣人处无为之事，行不言之教。"（《道德经》第二章）又曰："为道日损，损之又损，以至于无为。"（《道德经》第四十八章）既损之又损，那么无为之政治，第一义就应该要减少政府功用，收缩政事范围，以达到最低最小之限度。第二义则为听百姓自为，上下相安，各得其所。若君主政府强加干涉，大举多端，其结果必至于治丝益棼，庸人自扰。第三义为严防苛政。其实乱世之君，必不免多方暴虐于民。苛政病民，最典型的表现就是厚敛、重刑、黩武之三端。"民之饥，以其上食税之多，是以饥。"（《道德经》第七十五章）"朝甚除，田甚芜，仓甚虚。服文彩，带利剑，厌饮食，财货有余。"（《道德经》第五十三章）这是厚敛所生损不足以奉有余之害。"民不惧死，奈何以死惧之"（《道德经》第七十四章），这是严刑重罚所生之反响。"天下无道，戎马生于郊"（《道德经》第四十六章），"师之所处，荆棘生焉。大军之后，必有凶年"（《道德经》第三十章），这是穷兵黩武之恶果。如此治天下，一定会非徒无益而又害之，不如不治为善。第四义为无心无私无欲即无主观之意念从而无为不治。道生万物，出于无心。故无为亦可训为无所为而为之。个人之私心是乱政最根本的原因。争夺奢侈的生活，苛烦纷扰的政治，都源于私心私利。所以消除私意，就可复于自然之无为。"是以圣人后其身而身先，外其身而身存"（《道德经》第七章），"处无为之事，行不言之教"（《道德经》第二章），"万物作焉而不辞，生而不有，为而不恃，功成而不居"（《道德经》第三十五章）。如此"功成事遂，百姓皆谓我自然"（《道德经》第十七章），而天下必治。为此，首先要"寡欲"，"常使民无知欲"，"不尚贤，使民不争。不贵难得之货，使民不为盗。不见可欲，使民心不乱"（《道德经》第三章）。其次要"弃智"。"知者不言，言者不知。塞其兑，闭其门，挫其锐，解其分。和其光，同其尘"（《道德经》第五十六章），"俗人昭昭，我独昏昏。俗人察察，我独闷闷"（《道德经》第二十章）。最后要"自足"而已，即，合于自然最低之范围，谋其自足之乐。"五色令人目盲。五音令人耳聋。五味令人口爽。驰骋畋猎，令人心发狂。难得之货，使人行妨。是以圣人为腹不为目，故去彼取此。"（《道德经》第十二章）又曰，"圣人之治虚其心，实其腹，弱其志，强其骨"（《道德经》第三章），足见老子所提倡之自然，乃人类最低限度的生活。一切由文明所产生的享受，都必须予以摒弃。这样的无为政治，不依赖礼乐仁义刑法，却有釜底抽薪之妙用。

所以，老子反对儒家仁义忠孝之德，礼乐制度之文。它们同蹈有为，于事无补。"大道废，有仁义。智慧出，有大伪。六亲不和有孝慈。国家昏乱有忠臣"（《道德经》第十八章），且"失道而后德，失德而后仁，失仁而后义，失义而后礼。夫礼者，忠信之薄而乱之首"（《道德经》第三十八章）。仁义礼忠信都是不自然之根本，人们却试图以之救乱，那不是扬汤止沸吗？那么，除苛止暴，惟有"镇之以无名之朴"（《道德经》第三十七章），"辅万物之自然而不敢为"。所以说，"我无为而民自化，我好静而民自正，我无事而民自富，我无欲而民自朴"（《道德经》第五十七章）也。

然而，说老子是"消极的"绝对"无为"主义，也并不符合实际。老子总是"正言若反"（《道德经》第七十八章）的，他看似消极的主意，实际却有积极的目的。"无为"，是为了"无不为"；退是为进；柔弱是为坚强；"上善若水"（《道德经》第八章），水之善在于无往而不克。所以，老子的无为哲学，却能够与"黄帝"治术合称为"黄老之术"；老子是兵家之祖；与法家也有千丝万缕的思想维系。老子的目的，不是真正的无为放任，不是无政府、非政治。老子认学道与治国之最高原则，皆为"无为而无不为"（《道德经》第三十七章）。因为道生万物，由有至无。而"朴散则为器，圣人用之则为官长"（《道德经》第二十八章），万物以有形为自然，那么政治上的无为，也并不是毁弃君臣之制，使人类社会形同于禽兽之无羁。所以当慎避而勿蹈的，是有为之政的"失政"已。故老子所攻击的并非"治"之本身，而是不合"道德"标准的政治。最好的政治是"太上，不知有之"，此无为之治。其次是"亲而誉之，其次畏之"，这是用仁义刑法有为之治。"其次侮之"（《道德经》第十七章），这是败亡之苛政。而"小国寡民，使有什伯之器而不用，使民重死而不远徙。虽有舟舆，无所乘之；虽有甲兵，无所陈之。使人复结绳而用之，甘其食，美其服，安其居，乐其俗。邻国相望，鸡犬之声相闻，民至老死不相往来"（《道德经》第八十章），才是老子的政治理想。

庄子是主张个体的绝对自由主义的。他认为，万物齐一，无差别无相对。人只有摆脱了相对性、差异性，以平等齐物的观点看世界，才能去掉相对性的执着，逍遥于混沌一体的宇宙，达到绝对的个体的自由无羁、自我自然。齐物就是断离物我、人我无干，取消我与物、我与他人的关系。所以，庄子一主张不为物役，则我不干人；二主张内适其适，则人勿干我。人我无干，则"无治"为理想，"在宥"为政术。

《列子》引杨朱之言谓"人人不利天下，天下治矣"（《列子·杨朱》）。庄子的无治理想，或即继承了杨子这一精神。个人想要保全一己的"天乐"，必然不要承担社会责任，否则就会异化为名利之非我。如《秋水篇》载"庄子钓于濮水。楚王使大夫二人往先焉。曰：愿以境内累矣。庄子持竿不顾，曰：吾闻楚有神龟死已三千岁矣。王巾笥而藏之庙堂之上。此龟者宁其死为留骨而贵乎？宁其生而曳尾于涂中乎？二大夫曰：宁生而曳尾涂中。庄子曰：往矣！吾将曳尾于涂中"。《应帝王篇》曰："天根游于殷阳，至蓼水之上，适遭无名人而问焉，曰：请问为天下。无名人曰：去，汝鄙人也。何问之不豫也。予方将与造物者为人，厌则又乘乎莽眇之鸟。以出六极之外，而游无何有之乡，以处圹垠之野。汝又何帠以治天下感予之心为！"如果人人不以治天下感其心，以治境内累其身，那么何必政治、何必政体、何必政事，所有的政治与社会之生活，也因完全没有必要而不会发生。"故至德之世，其行填填，其视颠颠。当是时也，山无蹊隧，泽无舟梁。万物群生，连属其乡。禽兽成群，草木遂长。是故禽兽可系羁而游，鸟鹊之巢可攀援而窥。夫至德之世，同与禽兽居，族与万物并，恶乎知君子小人哉！"（《庄子·马蹄》）这样的话，即使有君，实已无治，个人各顺其性，各行其是。虽群居共处，而毫无组织拘束。这是无治之理想，泯义务，忘权利，实在是一种绝对自由的境界。

至德之世既已无治，则何必有君？庄子认为君主还是必要的，但不过是个象征物而已，没有也不能有任何实际作用。《天地篇》曰："至德之世，不尚贤，不使能。上如标枝，民如野鹿。端正而不知以义，相爱而不知以为仁，实而不知以为忠，当而不知以为信，蠢动而相使不以为赐。是故行而无迹，事而无传。"这都表示无治而有君的境界。《人间世》曰："臣之事君义也。无适而非君也。无所逃于天地之间。"也在揭示有君之旨。因为齐物外生之结果在自由而不在平等。自由是最高价值，平等与否，并不值得关注。只要不行控制驾驭的政治手段即可，至于贵贱之名，却可能应该认同的。如果百姓的生存状态是"民如野鹿"那样的天放无羁，君主也可以存在，不过只能是一种象征性存在，"上如标枝"（《庄子·天地》），自己尽管存在，百姓视之无物，如不存在一样。

退一步讲，即使有治，也只能行"在宥"之政术，就是以不治为治——尊重万物自性、天放，勿同且无为。"在"是自在，"宥"是宽容。"在宥"就是反对人为，提倡自然，无为而治。我不为君，君不立治，这是庄子的最后理想。但是，如果个人不免于居君之位，应该如何治理国家呢？庄子认为，治术无他，以不治为治而已。"故君子不得已而临莅天下，莫若无为。无为也而后安其性命之情"，"闻在宥天下，不闻治天下也。在之也者，恐天下之淫其性也。宥之也者，恐天下之迁其德也。天下不淫其性，不迁其德（尊重万物自性），有治天下者哉！"（《庄子·在宥》）庄子所以主放任的原因，在于他认定，天下人民并不需要外加的控御督责。"彼民有常性，织而衣，耕而食，是谓同德。一而不党，命曰天放"（《庄子·马蹄》），此天放之民，自生自灭，无羁无束，不识不知，不争不乱。如果为其君者强立礼乐刑法去治理管制他们，跟续凫断鹤，毁璞羁马无异，不仅无益，而又害之。所以天下不只是不必治，实际根本不可治。

主张有为而治的，一定尊君，强化君主权利，使人民之意见通同于己,这样必然拂性生祸。故而庄子反对"壹同众义,身正民从",尚同不能以仁德之素养为天下百姓的榜样,以身作则也无用。既然万物齐一,那么以一人之是非,定万众从违之标准,显然大悖情理。儒墨之徒,尊德尚贤,希望壹同众义,并且希望君主身正而百姓跟随,以为我是人非,我高贵民低下,人我不同,区分甚大,这种先入为主之见,实际上是偏见、谬见,必然成为"在宥"之障碍。庄子乃申齐物之旨以痛砭"剋核太至"(《庄子·人间世》)之政术。《在宥篇》曰:"世俗之人,皆喜人之同乎己而恶人之异于己也。同于己而欲之,异于己而不欲者,以出乎众为心也。夫以出乎众为心者,曷尝出乎众哉?因众以宁,所闻不如众技众矣。而欲为人之国者,此揽乎三王之利而不见其患者也。此以人之国侥幸也。几何侥幸而不丧人之国乎?"《应帝王篇》又托为接舆之言以申此义。"肩吾见狂接舆。狂接舆曰:日中始何以语汝?肩吾曰:告我,君人者以己出经式义度,人孰敢不听而化诸?狂接舆曰:是欺德也。其于治天下也,犹涉海凿河而使蚊负山也。"而且,同人于己,不仅世俗之人为之必败,即贤智出众者亦决不可为。盖鹏鹏异飞,贤愚殊事。强而同之,则拂性生祸。故"师是而无非,师治而无乱","是犹师天而无地,师阴而无阳。其不可行明矣"(《庄子·秋水》)。庄子复寓言以明之曰:"昔者尧问于舜曰:我欲伐宗、脍、胥、敖,南面而不释然,其故何也?舜曰:夫三子者,犹存乎蓬艾之间,若不释然,何哉?昔者十日并出,万物皆照,而况德之进乎日者乎?"(《庄子·齐物论》)。郭象注曰:"今欲夺蓬艾之愿而伐使从己,至于道岂弘哉?故不释然神解耳机。若乃物畅其性,各安其所安,无远近幽深,付之自若,皆得其极,则彼无不当,而我无不怡也。"那么,贤智者,自安其贤智;蚩蒙者,亦任其自蚩蒙。"不一其能,不同其事。名止于实,义设于适。两忘而各化于道,斯无为而天治矣。"(《庄子·至乐》)

况且,有为而治者,他们的仁义礼法,以人灭天,违反人性。所以庄子反对仁义、礼乐、刑法诸术。仁义、礼乐、刑法诸术可以为治?庄子乃申老子"大道废、有仁义"之旨,反复辨明,一切"有为"之治皆不能治。因为经国之法,意在止乱。然而人心诈伪,自私自利,如果建立有为之系统组织,则其中执掌权柄者,必然借其权利与组织而逐利致乱。欲止乱反而生乱,法度之不能治天下而反以资乱,就是必然。

至于儒家所标榜的仁义智信之德，当作化民致治的根本，从庄子那里看，也无异于法度械数，同样无用。须知民有常性，如果不"任其性命之情"（《庄子·骈拇》），而以仁义知辨"撄人心"（《庄子·在宥》），则欲治天下而适以乱之。庄子始终坚持的东西是人物之本性，也就是说，人性物性各有其宜，只要尊重，勿加干涉。凡出于自然者皆极美善，凡由于人为矫作者皆致祸乱。人性自然完善，社会的安定、人的自由无待乎君子之教化。因为"至德之世"（《庄子·胠箧》），诸德自存。"端正而不知以为义，相爱而不知以为仁，实而不知以为忠，当而不知以为信"（《庄子·天地》）。此可与法家斥"六虱"之说相发凡，认为儒家所标榜之仁义，诚为无用之虚名。

　　天造地设之万民万物，存在即有自身的合理性和必然性，有其绝对之价值，有其最本质的自然本性。政治，尽其性而已。民有常性，织而衣，耕而食，他们的生产生活生老病死，就是最大的自然之道。这个常性、人性、自然之性，就是政治的根本。本此根本施政，或无治，就是"在宥"。保其寻常、正常、自然而然，就是"在宥"之术。可见，庄子的政治思想，确实是古今中外最彻底的个人主义，也是古今中外最极端的自由思想。庄子对个人有条件的信任，对组织却持无限度的轻蔑。制度无论良窳，皆无益于个人之自由。"与其誉尧而非桀，不如两忘而化其道。"（《庄子·大宗师》）与老子坚持人类天然本性为可贵，去智寡欲，求自得而不求自进，与君长各相契于损道相似，庄子"在宥"之术，无须"民智"，不待平等，不必政治，无须仁义礼乐。除"干涉他人"一事外，人人尽可各行其是，各自相安。个人是唯一的价值，自由是最后的目的。庄子"在宥"乃最彻底、最纯粹的自由主义思想，一直作为审美的人生态度，构建着中国知识分子的精神家园，成为知识分子躲避政治或外来任何压抑力量的心理空间，也成为他们理想的方外之地。

第五章 中国传统文化范式时代性创新转化的维度

　　研究中国优秀传统文化、思想的创造性转化与创新性发展，必须厘清中国传统文化与思想是如何发展的，思想的发展流变受哪些因素的影响、制约与推动，把握思想发展的脉搏，找到思想发展的动力因素与影响机制，以便于我们在新的时代立足新的现实需要，制定并实施有利于思想健康发展的道路、模式、方法与管理体制。而这个影响机制和影响因子，不同于其他民族或国家的思想文化发展的影响机制与因子，这一点，有助于我们理解中国传统文化和文化传统的独特性，而不至于在目前中国学术受西方学术范式影响极其深刻的背景之下，在他者影响的偏执道路上走上不归之路，以他人之道治理自己的文化生态。传统文化与思想的独特性，决定了我们自己文化路线的独立品性与独特的创新性。机制，指的是影响因子和元素及其相互关系的物理表现，即影响因子的关系所构成的结构性框架；机理，指的是思想发展的内在动力、外在因素、历史与传统、现实需要等要素之间发生关系的逻辑。

一、现实之维：现实需要的价值理性

　　中国思想最突出的、首要的特性就是实用价值理性，一切事物的价值判断的标准就是有用与无用。所谓有用与无用，就是能否对现实存在发生某种或正或负的影响，产生作用力。所以，现实、现状及其问题，永远是学问、学术、思想的出发点、着力点。它要解决的问题是：现实或问题是什么？有何特点、难点？针对其特点或难点，提出怎样的方法，解决怎样的问题？这一套问题的思考所形成的理论形态就是思想，当这种思想成功地被统治者接纳采用，就会拥有一定的话语权力而上升为国家意识形态。学问、思想就自然演变为治术，即治理国家与社会的手段，完成从道向术的转变。

中国古人的思想始于对天地秩序的观察，并把这种观察投射到大地，用于体验、观察和解释人所存在于其中的这个世界。世界源于何处？世界万事万物背后的那个作用力，那个神一样的力量是什么？是"道"。在这一本体设定之后，出于对天地、男女、上下等相对而生的二元现象的抽象而形成"阴阳"观念，并进一步现象化为三元的具体存在。当这种观念被用于人类社会，则从男女产生了家庭和社会、政治与组织、权力与秩序，等等。天地与人间结构的对应关系、神与人的感应关系、人对祖先的情感与历史关系，自然而然就产生了祭祀，并且同样按照天地神人的等级关系规定了仪式和礼制阶梯。周代的礼文化就是祭祀文化，是中国伦理文化的雏形和奠基，从"礼"孳生出了封建、井田、伦理、法制、仁义、道德等观念和思想。中国人思想成熟很早，在周代就生成了秩序性很强的体制性文化，用以解决人与大自然、人与人、人与神、人与祖先以及人与自心的实用性价值关系，形成数千年封建文化的基因。随着地方势力的崛起，周王权威与力量日益走衰，东周起进入春秋战国时代，早间的礼制文化规定的秩序崩解，国家与社会处于一片混乱之中；过去的巫史祝宗们从朝廷落入民间，知识分子也开始走上历史舞台。知识分子向来以天下苍生为己任，他们从历史走来，关注着现实的生灭变革，试图为"礼崩乐坏"的"失序"病态，探索提供一个有效的药方，于是，百家争鸣的自由思想时代开启：儒家坚持礼仪文化的社会理论，提出了礼、仁文化方案，解决社会关系；道家以智慧见长，立足于人与自然、人与名物、人的安全与健康，主张以弱胜强，回归大道之本来和合同一的状态，解决自然关系；墨家与儒家基本对立，主张兼爱非攻，建立一个绝对平等的社会，并以语言学、逻辑学、算学、工艺学等方面的杰出贡献，提出了极其超前的民主主义方案，但由于它与中国文化的体制性、级差性本质相左，竟然无功而终，消泯不见；而法家则同样为了建立一个等级序差的稳定而强大的社会，直接撕去了儒家的温情脉脉的面纱、抛弃了墨学的民主与平等原则，以强力而冷酷的严刑峻法，确保社会秩序的合法性。终于，经过秦国的成功实践，法家独立潮头，儒与道纷纷法家化、实用化。秦国建立秦朝，一个统一的国家开始生成。从"国"到"朝"的变化，意味着"封建"思想的常规性、一以贯之的不变性；历史变化的只是王朝的姓氏，而"级差秩序化"为最高宗旨的政体和思想文化则一脉相承，稳固牢靠地持续到清末。"秩序化""大一统"，是中国思想永远的主题。学术与思想之"用"，就在于此。

汉代是中国文化成熟的时代。汉朝国家版图辽阔、人口众多、强敌环伺，国家一统、国家强大、皇权至上、社会团结一体化，成为国家发展的需要。于是，汉初以黄老之学治国，开始以黄老学派对诸子百家的理论进行融合、整合、统一和体系化，《吕氏春秋》《淮南子》写成。然而，道家思想本质上是反体制的、处于皇权的对立面，对皇权采取相对的批判主义态度。公孙弘等儒生适应国家需要和皇权心理，成功地把儒家思想儒学化，为封建政权提供儒学思想的精神支撑。而至大儒董仲舒出，把天地宇宙论与儒家思想结合，以感应为基本逻辑，建立起大一统理论，追求和建构一个宇宙一统、社会一统、国家一统、人心一统的思想体系和价值目标。儒家思想由是而独尊，获得至高无上的话语权力和地位，成为国家意识形态。并且，儒学思想的学术范式也独步当时，"经学"大师辈出。此时，从三代时期一直源源不断而流变下来的各种方士技术包括一些迷信活动，也开始进行理论化体系化而发展为谶纬之学。这样，儒家之经学与社会一般知识的纬学相结合，"经纬成文"，形成汉代极其有效的思想景观，保证了政权的稳固、国家的强大和统一以及历史的连贯性和生命力。

但是，汉代思想标举的国家主义、集体主义力量，是以牺牲个人、个体的心性、感情、自由为代价的。至东汉，国家复次陷入分裂状态，那种极度顽固、强大、窒息、非人本主义的思想，遭到清算和抵制。借助于道家思想对个体自由的自然主义态度，发展了玄思的哲理化把握世界的方式，佛教应运而至，佛玄易结合一体，从自我性、个体性、自由品格、哲理探索、存在的美学等方面，完成了"人的解放"的伟大历史任务，人们以清谈而正清名，以玄思深化心性修养，以魏晋风度瓦解名教伦理，以"言意之辨"怀疑乃至于否定语言的信达实用性。西汉强化了国家与社会，东汉魏晋强化了个人与自觉。有汉一代，中国文化与思想，完整而完满地解决了文化的两大核心问题。

南北朝的混乱与佛教、道教的极度兴旺发达相始终。当政权无力掌控秩序，当儒家思想这个国家意识形态被超越与反对而失去其清整的力量，留给思想界的就只有宗教了。佛教，以对现实此岸超越性和对理想彼岸的向往、以远离现实的哲理性思考、以作用于人之心性的潜移默化的心理催眠与暗示，重塑人的心灵，而其最终的指向，仍然是在心性秩序基础之上，追求一个外在的社会秩序，不过其发生作用的力量更强大、也更隐蔽了。道教同理，它把人的注意力从政治、社会、伦理、法制、策略与手段等宏大层面，转向个体的修身养性、强身健体和长生久视上去，强化了对个体的学理审视和实践重视。此时，儒家思想已经降位到能够与道教佛教平等对话的"不堪"地位，三者相争相斗，相资相生，互相借鉴，互相融合，分别从社会、自然、人心三个角度，分工明确，各司其职，悄悄地为中华民族的复兴培育着最坚实的精神基础，于是，开放、繁荣、强大、宏博而诗意盎然的大唐时代，如期而至。

思想仍然是以实用性为圭臬的。而封建王朝的实用价值目标，不过就是皇权永存与坚不可摧、国家的长治久安繁荣昌盛、社会的和谐安定与人心的"定安止虑得"。对于起于西部边陲、有鲜卑血统的李氏而言，为自己寻找一个自然主义的、人类学乃至于宗教的权威的动机，使李唐之初崇道家、用道学，把道教捧高扶正而树立为统治阶级的意识形态，正是合乎逻辑和心理的思想建构，道教盛极一时。然而，唐代文化是包容的、相对自由的和开放的，佛教此时也是春风得意，一花开五叶，成功地中国化而质变为禅宗，达到了佛教的极盛期。佛道同步而至于最佳的历史状态，应该是唐代的伟大贡献。而儒家思想的地位却是不可撼动和移易、取代的。一般而言，（正宗的而非迷信的）佛教、道家思想更多地作用于知识分子，道教更多地沉于民间而作用于一般社会，儒家思想则是通过知识分子与政治权力话语的有机结合，行使其不可替代的意识形态功能。于是，韩愈攘斥佛道，挖掘并试图重建儒家道统，儒家思想仍然是主流的、核心的统治阶级的思想。不过，由于受佛道在心性、自然、哲学思考方式和修行方法、致思方式的影响，加上儒家学派自身所内含着的心性一脉，儒家思想已经开始了它的内向化进程，宋代理学和道学，在唐代就已经成功地播撒下了种子。

宋代与唐代形同对折的两面，唐阳宋阴，唐诗宋词（与瓷），唐强宋弱，唐开放而宋封闭，唐武而宋文，艺术代表上的唐三彩与宋孩儿枕……然而，思想的价值导向不变。赵宋王权欺负前朝孤儿寡母黄袍加身而建立政权的不光彩，使之同样致力于为自己寻找一个"天经地义"的"上天安排的"政权的合法性，于是，唐代的李耳让位于宋代的赵元朗，道教在一定历史阶段仍然有其现实意义和利用价值。同时，中国社会、中华文明发展到宋代，达到了高峰，社会、政治、人文精神等各呈现为最成熟的状态。而外在的伦理规定与内在心性修养及道德原则的建构，也正是一个国家与民族文化成熟的标志。于是，"同风俗，一道德"就成为那个时代思想与学术的最强音。伦理、规则、规范、原则等，上源于天，下合于地，中适于人，外适用于社会政治，内适用于人心德性，内外一体，普遍适用。这个"秩序"，可以是"礼"，可以是"法"，可以是"道"，而宋人称之为"理"。理，首先是天理，是天经地义的、不可回避的、必须遵守的；而人心人欲是虚妄的、无原则的、没有秩序感的、破坏性的。如果通过格物致知的途径，明理尽性——明了天理，并适用于人心人性，做到天地贯通、支配人心，则秩序化中国可得保证。所以，皇权的合法性给予道教短暂的高光时刻，但是，道教已经失去了义理、戒律方面的正面价值，术士方技方面的迷信色彩日益浓厚，最终使其失去主流知识界的支持和信仰，而沦落于民间。而佛教表面上虽然表现衰颓，但佛教禅宗的义理、方法与心性价值导向，已经深深地熔进儒家思想内部，与儒家心性一脉相结合，经过唐代儒学的心性转向，程朱理学与陆氏心学由是而成大观。理学家们解经注经、编订圣典、进行义理方面的道学探索和人心质问、开办书院教学、制定家规族规，传承格物致知的学问，追求穷理尽性的心性境界，把"天理"作为本体性、本质性的规定，衍生出伦理与道德、行为规范与心性修养方面的统一的规则，既用于管理社会、政治治理，也用于人心训诫、德性修养。这种思想与统治者的政治价值追求完全一致，所以，到了南宋，以迄元明，理学成为新的国家意识形态，朱熹得以配祀孔子，理学及其《四书》成为考试的学问和教材。理学的胜利，也是儒学的新生，是儒佛文化融合的成果，更是中国思想的新的历史性创造，且最终是中国传统文化范式的胜利。由此，宋代的伦理道德社会，成为我们今天所谓"中国传统"的典型特征。很显然，孔子主张"有道则见，无道则隐"，而思想也恰恰是"有用则成，无用则败"的。佛道渐次掉队，儒学依然高歌猛进，与时俱进，正是因为儒学的社会性、秩序性价值追求，具有历史性的时代价值。

宋代之后，中国社会其实已经开始出现新的表象。资本主义开始有所发展，精神的压抑和思想的一统、伦理道德的过于严苛、理学"道问学"理论的过于烦琐和贵族化，使思想界开始寻找新的突破视角。开放的、灵活的、自由的、简捷的、百姓的学问和思想，使得理学变得面目可憎，遭到厌恶乃至唾弃。而心学提出"心即理也"，主张自我、自由、顿悟、简捷的方法，认为只要于刹那间体悟到，那个所谓的天理即是人心本身，人的欲望与意志本来就是天理，没有自我的人心和欲望就没有天理，这样，实际上就把人心提高到本体地位，以人文主义、人本主义思想，开始冲决过于严密严苛的伦理道德的堤坝，抛弃一统的风俗与道德，中国传统文化范式开始松动，主体的创造力、个人权利开始得到尊重，中国社会与文化做好了迎接未来明末清初天崩地裂、东西冲突之大变局的准备。如果说，理学是建构的、保持的，是中国传统文化范式的忠实捍卫者，那么，心学就是解构的、瓦解的，是中国传统文化范式的掘墓人。理学与心学同为儒学支派，但是这两个支派的时代价值却是截然相反，显然，儒学的这种内部分裂的张力，恰好印证了儒学思想的实用性和与时俱进性——在任何时代、任何环境中，儒学都能及时地做出创造性的变化，以新的面貌和精神内核，参与到新局面的应对和新秩序的建设当中去。最后，到了中国古典历史的终结时期的清代，中国思想、学术等知识领域也进入了大总结时代，在继续以"新变"姿态为新的政权、新的时代和新的社会提供知识与智力支持以外，儒家典型的学术形态——经学，在历史文献学与语言学、哲学领域，在古文经学与今文经学的对立统一中，在汉学与宋学、名物训诂与义理新阐的对立统一中，在义理、考据与辞章三个方面，都得到了全面的总结、梳理、深化与发展，取得了惊人的成就，并本诸物极必反的宇宙原则，以经学的终结的形式，最终完成了古典儒学的历史使命，与中国古典的社会形态、政治体制、义理精神、实践理性一起同步瓦解。

历史地、总体地看，中国传统思想，是以儒家儒学（经学）作为主导力量，在对立与融合中统领着佛道思想，向着内外两个方向即社会的与人心的、伦理的与道德的两个方面，致力于以绝对同一、稳定的中国传统文化范式为终极构建目标的价值约定和理性规定，发挥着意识形态的整理、规定、约束、训诫功能。学以致用、通经致用、知行合一，以致"天地位焉，万物育焉"的自然和谐的实践理性和实用主义价值，是中国传统思想的主题。这一主题，在当今中国"伟大复兴""民族凝聚力""国家治理与秩序稳定"等时代议题上，仍然需要我们创造性地转化和创新性地发展。中华文明，由是而继续强大、永存。

二、历史之维：历史资源的批判性接受与创新性发展

现实之维是思想发展的现实动力、动机和需要，是功能性的实践价值理性的呈现，而历史之维，将考察思想自身发展的历史流变，呈现为从起点到终点的历史线条，发现其继承与发展的节点、内容和方法。只有弄清了历史之维即思想自身的演化与进步过程，才能让我们以历史的视野、宏大的视角、清醒的理性，关注那些可以、必须继承、转化和创新的元素与因子，才能真正把握到新时代中国传统优秀思想内容的时代性创新和实践途径、方式。

以天地人为基本构架的宇宙论呈现的自然景观、以祭祀礼仪的等级差序呈现的社会存在、以德性修养和审美态度呈现的主体与心性的个体生活，构成了中国思想跨越历中、超越时代的历史资源。而自然、社会与人心具有异质同构性和价值同一性，"秩序"价值追求一以贯之地横贯于各个领域和各个时代。人间社会关系的等级秩序是参照、比对着自然秩序而映射生成的，从事这种活动的巫史祝宗们，以仪式、音乐、语言的祷告等形式，发展出各种方士技术、科学的与迷信的活动形式，承担着沟通天地神祖先与人的信息沟通的任务。这是中国思想的雏形和奠基期，也是思想史的出发点，成为思想发展过程中继承、转化与创新的初始资源。

这个初始资源及其衍生理论体系，分化成了不同学派和思想体系，各学派的思想形成了自己的"道统"。"道统"，就是思想发展的历史性传承与变革，是历史资源的批判性接受与创新性发展。续统与继承、反动与转化、创新与发展，构成了思想进步的历史线条和形态。从学派之"道"出发，后续的思想者，以继承、转化与创新发展的历史姿态，开始了思想的内部分蘖与推演，可表现为：（1）深化（如曾子、孟子之于孔子）；（2）纠偏即自身的矫正（如儒家的北宋道学、南宋理学、

宋明心学);(3)偏激化(自然与放任、禅宗与狂禅、知学与良学);(4)对立(理学与心学,义理与考据,南禅与北禅);(5)另辟蹊径等。

　　源于自然宇宙的思考的道家思想,以对"道"的本体、对阴阳发展机制的辩证统一、对道法自然复归于一的混沌冲和、对语言的否定、对人之价值与柔弱处世、无为而为的社会学定位等的思考,就是道家之"道"。这一"道"在历史的发展史上形成了道家道统。庄子首先是老子思想的继承者,坚持并强化了道家道统,但是,庄子与老子不同。老子更多地强调道之"术"的层面,与黄帝之学结合为黄老之术,并助力了后世方士技术的扩大与繁荣,在道教那里变成地位很高的修炼养生之术。庄子以齐物论的平等、不二世界观,抛弃等级差异的虚假现象,辩证地对待有用与无用的社会学问题,以自然主义的态度,追求更加审美的超越性存在方式。老子是术,庄子是诗;老子是现实的政治的,庄子是艺术的审美的;老子与政治渊源颇深,而庄子则与佛禅关系更近。老子的思想与黄帝之学捆绑在一起,历世以道教为主体形式,参与政权建设与维护工作。而庄子思想,更多的是在上等知识分子阶层,以审美的态度、超然的姿态和强烈的艺术气质,作用于智慧的心灵,并维持着个体圆滑而老道的处世哲学。老子以其对术的喜爱,受到方士技术的欢迎,并在道教中成为地位极高的神仙;庄子却是哲学的、诗性的、远离现实与社会的,他更大程度上是文人士人的崇拜偶像和精神支柱。这是原始道家思想的两个典型,其他人如宋钘、彭蒙、田骈、慎到、文子等的思想,不外乎此两种倾向。而至秦汉一统,思想大一统的现实要求,道家思想家们站在历史高度和现实基底,开始了学术思想的综合、融合过程。但是,此时的道家,已经不是老庄等的道家,从《吕氏春秋》和《淮南子》看,说它们是道家,毋宁说它们是杂家,是综合百家学派、融合杂糅的产物。这种一统性、体系化的思想,把春秋战国的派别之争和思想歧异,总束在一个系统当中,但是,道家思想的独特属性消失了。老子与庄子,变成了中国思想的哲学、中国文学艺术的诗学和做人处世韬光养晦的智慧,而不再能作为学派,显性地出现于思想史,而是隐性地与易学、佛教相结合,以玄学的形式,对禅宗、理学、心学的形成,起到关键作用。道家并非道教。天地神人系统、方士技术、道家思想及其修炼方法,合成道教。道教以老子为神仙,但道教思想绝非道家思想,相反,魏晋道教学者如葛洪等专门对道家思想进行了特别剥离,去掉了道家思想的哲学性、超越性,而专以务实于自然、身体、道法、功效等方面。有时,基于历史的特殊因素,如政权的需要或皇帝长生的欲求,道教能够短暂地赢得话语权,甚至成为国家意识形态。然而,总体看,道教义理不深、戒律不严、徒以法事追求直接效益,往往言过其实,夸大其能,功利目的极强,具有太多的迷信色彩,所以,在上层知识分子和政治家们那里,道教虽可以盛极一时,却必然遭到弃绝与鄙视,而无可奈何地流于民间,沦为迷信。

佛教具有严密、严格的道统传承。佛教在印度既已流派众多,思想复杂,传到东土,仍有大乘与小乘、空宗与有宗等区分,在中国更是发展出佛禅之别、五家七宗、禅宗之众多支流,在与儒道既斗争又融合的历史进程中,波澜壮阔,内涵丰富,宏肆而精微。佛教有自己的佛神系统,有严格的戒律,有组织化僧团和丛林制度,有逻辑学语言学和哲学,也有适应时代和现实需要的包容性和变革能力,所以,佛教无论是参与到政治话语纷争,还是作用于人性心智的清整,抑或是对社会秩序的维护,都有其杰出贡献。如以不二一体世界观观察色空之世界,以四大皆空、人生即苦、轮回、善恶等观念慈悲度世,以中道观念引渡上智之人,使之放弃分别相、执着心,或通过长期的修炼磨砺,或通过刹那间的顿悟开解,进入到不二一体、湛明一片的寂灭境界,从而从痛苦轮回中解放出来。佛教以心性修炼为手段,以理想净土为目标,以逻辑沉思或闭关坐禅的冥想为致思方式,在需要参与社会秩序时,就借助于儒家伦理道德善恶因果之说以劝世;在需要个人解放时,则以上乘的宇宙观、方法论,引导人们进入一个无有约束、无有阻碍的自由的心性世界。从而与道教和儒学一起,直接或间接地参与到中国传统文化范式的宏大话语体系中来。这是佛家道统,是不变的思想要素。但是,中国有自己的文化选择。在道家与儒家的影响之下,中国选择了大乘佛教,选择了中道般若理论,部分放弃了哲学与逻辑的致思方式(唯识宗的生态及其结局就是明证),甚至放弃了佛教的艰苦修行之路而选择了非常简洁、直截的顿悟之法,使佛教中国化而为禅宗。就禅宗本身内部看,达摩东渡,面壁九年,传"二入四行"之法;依代代相传变革之路向,依次发展出慧可之"是心是佛",僧璨之"信心不二",道信之"一行三昧",弘忍之"守本真心",神秀之"一心二门"和惠能之"即心即佛""三无说",其对禅宗道统的传承和依时而变的轨迹,清晰可辨。

当禅宗的直截了当、关注当下现实的一举一动，而使佛教由宗教信仰变为生活美学，当禅宗进一步发展为不讲义理和思辨的狂禅，当公案与机锋的语言游戏取代了渐修和顿悟的修行根本，当"触目会道，涵盖乾坤""本自天然、截断众流""任心自然、随波逐流"使禅宗进一步流于绝对的自我和随意，宗教色彩全部消失，禅宗收获了它最初追求的自然主义目标，但也造成了禅宗的瓦解。继承是必然的，而创新是有限度的，当创新成为没有原则的疯狂突破，其赖以存在的根本就被抽除，无力、鲸落乃至于消失就成为必然的历史结论和终点。

儒家道统也是从自然宇宙的秩序出发的，也是从祭祀礼仪中发展出来的。孔子以"名、仁、礼"三大范畴，奠定了早期儒家思想的秩序文明体制和思想体系，以伦理道德、经纬纲常的上下等级序列观念构筑的秩序化社会，就是儒家道统，最集中地体现于《春秋》"大义"之中。儒之礼制，有时与法家之法制相结合，有时发展自己内有的心性修养内容，并从道家那里借来宇宙论支持，完成了儒家思想在自然、社会、人心德性方面的综合性、全体性、全局性秩序化构建，使其成为中国文化的主体和主导力量。汉儒继承了孔子的礼义思想，借鉴阴阳理论、方士技术，发展成熟了感应理论，并与纬学相结合，构建了一个适用于政权统治和社会稳定、国家一统、思想一统的大一统理论体系，把儒家思想、儒学改革改制而为"儒术"，使纯粹的学术思想晋升为国家意识形态。儒家学说开始真正发挥其实用理性的实践力量。而其过于一统的思想压抑与群治主义对个体的忽略，在东汉魏晋时期遭到抵制和反动，被视为纲常"名教"而鄙弃，成为需要反对或超越的对象。儒家思想的工具化、群治主义和压抑性，使儒学进入低谷，而把思想高地让位于道家与玄学，并为佛教的长驱直入提供了思想的有机环境。唐代，自由主义、开放姿态，使李唐政权在意识形态建构方面进退失据，玄宗以自己的努力，把儒道佛三家并列于世，用于教化人心维护统治，显示了统治者并无思想建设方面的主观意志和一统意识。这就造成了儒家思想的相对衰落。于是，韩愈摆出排斥佛老的姿态，以华夷之辨的理论资源，试图从复杂的思想地图中找到儒家思想最清晰的发展路线，整理、描绘乃至重构儒家道统，确立了"尧、舜、禹、汤、文、武、周公、孔、孟"关于道的传授系统的论说，称自己继承了真正的孔孟之道，是儒学的正宗。程颐认为，孟子以后，儒家道即已失传，直到程颢才接过这个传统。朱熹作《伊洛渊源录》《近思录》，将道统论进一步发展完善，他认为儒家的道统是周敦颐和程氏兄弟上接孟子，而自己又继承了周敦颐和程氏兄弟的儒家道统。程朱理学的道统论是一个精致的理论体系，有着作为经典依据的儒学典籍、独立的历史传承谱系以及作为理论核心的哲学问题。其特点就是本着儒家学说的基本价值精神不变，但是，在一个不能绕过佛禅的时代，只能或必然致力于儒学思想的内转，即把心、性、道、理等总问题及其关系，作为思想议题的核心内容，把伦理道德等儒家的核心价值实现的途径，放在首先建立一个秩序化的人的"心性"基础之上，使儒家的伦理秩序的建基更加深厚、沉稳和坚固。然而，"天理"与"人心"的距离、"格物致知"的烦琐与知识的贵族主义倾向，却给陆王心学提供了突破口。作为儒学内部的分蘖式发展，心学与理学呈现为对立态势，否定了心与理的对立，把人心与天理等同起来，取消了天理的客观性、高高在上的不可企及性、脱离现实性，认为不必要去费力不讨好地格物致知，通过自心的觉悟，也可以"明理尽性"，因为所谓天理不过就是我心而已。理学，是佛教影响下的儒学；而心学，就是禅宗化了的儒学。王阳明对于善恶关系的四句教，直接导致王学后学左右派的分化，专注于"知"者，试图回归到朱熹的理学方向；专注于"良"者，则把禅学特质发展到极端，实际上是儒学思想的自我消解——良派心学以其极端自由和随意性，完全抛弃了实用性、秩序性，完全抛弃了社会和人心两个层面的建构性规定和理性。心性的极端发展，意味着儒学道统的断裂和结束，一个新时代，经过摧枯拉朽的消解，正在等待思想的新变与新生。从学术史的角度看，儒家思想是具有最发达的学术传承的思想学派。从孔子编辑六经开始，儒家学说实际上已经具备了自己的学术形态，汉儒更是在经学发展上做出了突出贡献，主要是从语言学的角度，对经典义理进行名物训诂，以更精微地把握"春秋大义"，出现了一大批的经学大师。同时，由于所依据经传文本的不同，也由于他们的主观出发点是致力于还原经典的客观原意还是借经传阐发自己的主观新义，产生了今文经学与古文经学的区别，从而，汉代儒学术进入了一个高峰。宋学与此基本相对。宋代儒学的主要特点是内向转移，呈现出更强的主观性和义理追求，经学家们更加关注哲学思想体系的建立、新范畴的挖掘、新方法的探索，具有佛禅思想的哲理性，以此建构一个由客观的"天理"决定和支配的伦理道德思想系统,完成新的思想一统大业,把儒家道统具体化、现实化、精致化。而清代的儒家学术主体倾向是汉宋兼采,发展出更为科学、合理、同时也更为烦琐的语言考据学,也深化了对经典义理的认识。语言的与历史的知识集于大成,哲理的与创意的内容走向高峰。古文经学的古朴与春秋大义,今文经学的创新与"托古改制",在历史和现实两个层面,均有实在的贡献。所以,儒家的经学,传承与发展的无非两个方面:一是义理之学;二是训诂方法。这是儒家经学的两大法宝和研究核心。

三、关系之维:共时存在的思想资源的对立统一

　　思想的发展首先离不开一个学派思想自身的历史性传承和革新,其次也离不开同时期诸思想之间的相互影响与作用。思想的发展是网状结构的复杂元素相互作用的结果。关系之维就是考察思想发展在一个特定的具体时代与周边相伴而生、共同存在的思想资源之间的关系,是横向共时存在的思想资源(思潮或流派)之间的互动(批判、协调与兼容),包括:(1)辩论与反制(如百家争鸣);(2)并存、互容与互转(如道法转关、儒法转关、以礼代法、纳佛入儒、儒佛互释);(3)综合、杂糅、总结、调和、兼容并包、吸纳并举(秦汉之际的道家,如吕览、淮南子;汉初儒家,如春秋繁露;明末对理学与心学的调和;清末对义理与考据学派的兼采;佛教华严宗对佛教思想的整体贯通;等等)。

　　中国思想史的生命力,正在于它是多学派的"中和",既能保持自己的独特属性,又能在与他者的对立关系中,自觉地完成互借、互转、互资、互助的历史进程,有并存,有斗争,有相向而行,有综合统一,形成思想上的"和而不同,不同而和"的优良生态。春秋战国时期,百花齐放、百家争鸣,"道术将为天下裂",各学派争相发声,对立、辩论成为学术常态,思想的生长呈现为生机盎然、勃然奋发之势。儒家倡仁义礼智,主张差别之爱;墨家奋起反对,主张绝对的平等;孔子述而不作,墨学发展逻辑学和语言学。儒家关注社会和积极进取的实利主义,道家则关注自然本性,主张柔软胜刚强的"反动"与退让。墨家

相信语言和逻辑,名家则完全打乱了语言的逻辑性、语言与事物相符合的指称关系。儒家主张仁义之政,法家则力主残酷的法制手段。在这些对立中,各学派展开针锋相对的斗争。但是,由于他们的先在前提是一致的,由于他们的不同主张实质上都是在礼崩乐坏的时代背景下共同探讨新秩序的可能性,因此,他们在价值导向和终极目的上的一致性,使对立与论争的结果可以以"辩无胜"来描述:也许,论辩的对立法则违反了齐物的世界观;也许,以语言为手段的辩论因为语言的不可信性而毫无意义;也许,是他们辩论的议题,其实都是唯一的一个"秩序"问题,本身他们之间于此并无区别和分野。所以,春秋战国时期的学术与思想生态,是生机盎然的、和谐共处的,在对立中发展,在辩论中深化,为中国思想史创造了几乎全部的生产资源和精神储备。各国学者、各派学者,集中于"稷下学宫",辩论、探讨、切磋、演讲打擂,在鞭策中奋进,在斗争中发展,就是思想生态的关联性、有机性、生产性、包容性、民主性的象征。其结果是,思想的对立转化为相互走近并融合一体,如道法转关、儒法转关、以礼代法等。到了秦汉,思想的统一与总结成为时代要务,综合、杂糅、兼容并包、吸纳并举的体系化,是以《吕览》《淮南子》表现出来的。在热烈的思想激荡之后,冷静的思考与评判、全局性的总结与综合,往往是思想史发展成果的集成性检验和归纳(后来,佛教发展中佛禅分家、禅宗内部派别林立,佛学也开始打造包容性的体系化工程,如华严宗对佛教思想的整体贯通,建构起"六相圆融"的完美体系,五教十宗全部收入囊中。清代学术其实就突出地表现出中国思想的这一特点)。

专力逻辑和民主的墨家和冷酷严苛的法家,一背离封建政治的等级观念,一不合乎中国社会与文化"人文化成"的温情与乐感,二者弱化甚至消失。掌管天地自然的道家与致力于伦理社会的儒家,以天地秩序规定人间社会伦理秩序,角度不同而取向一致,故而儒、道两家得以集成而发展。至汉代,道家与儒家轮番走上政治舞台,发挥着国家意识形态职能,黄老之学与儒家之术,各有千秋,各领风骚。然而由于道家本质上的客观主义和批判视角,比不上儒家思想对政权统治者的助力与支撑优势,儒家遂得以独尊。此时,经学与纬学相互配合,经纬成文,思想一统建立,弥漫着迷信暗黑色彩的儒学,成为强大有力的话语权力所有者,并在一家独大的语境中失去了生命力。于是,道教兴起,佛教东来，儒道佛开始了数百年的纷争。借助道家玄学大致相近的思想资源，佛教借壳登陆成功，顺利进入中国文化版图。道教向佛教学习甚至借用其经典、神祇系统、戒律科仪。佛道均向儒家的伦理道德义理与价值追求靠拢，纳佛入儒、儒佛互释、佛道一家，经过甚至是你死我活的斗争、或毁道或灭佛的曲折过程，最终还是造成儒道佛教对立统一、相斗相资、相克相生的生态格局。无论多么歧异，要想占有话语权，就必须遵循一个不变的价值导向：为国家、政权服务，为秩序建构和大局稳定服务，为民生和人心德性建设服务。正是因此，儒道佛才能和谐共处，共同发展。至唐代，文化的开放精神，不仅使儒道佛三家都有发展，并且道家与佛教发展到顶峰，儒家经学继续前进，道统也被寻找并接续下去，并向儒学的深处掘进到心性层次，而且，来自西方的宗教如景教、火教、祆教也能被允许存在并发展。统治者不分高下，以三教治国，虽显凌乱不一，但仍然生机勃勃，是为大唐强盛之基底。

　　南北朝与五代十国时期，是动乱分裂的时期，是民族融合的时期，也是思想发酵的时期，前者为大唐、后者为大宋提供了文化与思想的精神储备。宋时，佛道渐衰，儒学开辟新质，呈现新象，而此时的理学与心学，其实是融合了佛道思维、理念和方法的新儒学。这是三家深度融合而以儒学面目呈现来的新思想。那么，儒道佛的共时关系不再是主题。儒学内部，即程朱理学与陆王心学的对立与共存，使儒学保持了思想的深度、宽度及生命力。朱熹（1130～1200年）与陆九渊（1139～1193年）同代，故理学与道学基本同步当时。二者都是要"穷理尽性"，都是对经义有自己的理解和创意，都追问宇宙、社会、人生的终极意义和基本原则；但不同在于，前者"依经明理"，对经典进行修订、改造、疏注，都是要从经典原典中发现或创设"天理"，后者却主张"六经注我，我注六经"，"学苟知本，六经皆我注脚"（《象山先生全集》卷三十四"语录"），"心即理也"，把"理"安置于人心上，反省内视。很明显，朱陆的学问，前者向外求，后者向内看；前者依经，后者从心；前者的格物致知是真功夫，然而往往支离，后者的致良知是心性开悟，然而往往太简；前者"道问学"，后者"尊德性"——其对立显而易见。陆氏心学受佛禅影响甚深且明显，其"人心即天理""万物皆备于我、六经皆我注脚"，以孟子的"尽心"说认定尽心即悟真理，是其理论特征，这些特征受到理学家的批判。朱熹批判心学的佛老意味、轻蔑知识、虚浮晃荡无根基，担心其对知识的学习和涵养的修炼的否定，可能导致把世俗"人心"也提升到"道心"超越地位，心灵中必然存在的"人欲"没有"天理"制约，最终会导致道德与伦理堤坝的全面崩溃。陆氏则批评朱氏把知识持成是真理之门，增加思想负担，不能达到精神的纯粹境界，"学者疲精神于此，是以担子越重，到某这里，只是与他减担"（《象山语要》卷二十七）；讽刺那些枝蔓的学问，"大世界不享，却要占个小溪小径子，天人不做，却要为小儿态。可惜！"（《象山先生全集》卷三十五）这种对立，也正是宋代儒学深化和成熟的表现。实际上，这种对立也并不那么突出，并不是截然矛盾的，作为理学内部的分歧，只是大同而小异。陆九渊凸显"心"的意义，朱熹同样对"心灵"给予重视；陆九渊批评朱熹的"支离"，朱熹其实也是相当强调追求意义而批评寻章摘句的，主张"读书玩理"，也常常批评"支离"，如《答吕子约》中批评吕氏"《论》《孟》两说，恐看得太幽暗支离了，所谓欲密而反疏者，须更就明白简约处看"，"今所论却似太支离也"，又自我批评说"嘉亦近日方实见得向日支离之病，虽与彼中证候不同，然其忘己逐物、贪外虚内之失，则一而已"，"向来诚是太涉支离，盖无本以自立，则事事皆病耳"。朱熹批评陆九渊的简易直接，但陆九渊也注意知识的意义，朱熹也盛赞陆九渊《白鹿洞讲义》"力言义利之辨，而终之以博学、审问、慎思、明辨、笃行"。这样，理学与心学有明显的对立，其实也有更明显的同一。二者共处且共谋，以道德理想主义，为国家与社会的理性秩序提供"天理"的与"人心"的依据。这种争论中的统一，同一中的差异，恰恰是学术发展的良性状态。倘若一家独大，百家噤言，独大者也就不会充满生机，这一点，从儒家思想在不同时期的历史地位的尊卑高下即可看出。当儒家思想独尊时，它就成为机械的教条，活力尽失而走向衰微；而当它处于与其他思想资源的对立、争论中时，其内在活力就会源源不断，并会在自身内部激荡出新意义和价值来。思想的多元化，多元间的矛盾、激荡与激发，往往成为思想发展的有利环境。

故而，自南宋理宗时期朱氏理学被尊为新的国家意识形态、成为考试教材、以严苛的道德形式竭力压制人心人欲，虽明清两代仍然持理学为思想正宗，儒家思想自我救赎，却已经成为明日黄花。即如明代，王氏心学崛起，似乎以心学的知识思想形式，重新把业已沉入底部的禅宗异端激扬起来，以禅宗改造儒学，以"心即理也"对抗理学的"理心二分"，以"致良知"对抗"格物致知"，以"知行合一"对抗"知行分离"。显然，阳明心学是对前代理学的批判，实际上也是心学对理学的跨时代反叛。心学成为时尚，理学陷于没落。而阳明后学则分化为警惧心灵的放纵、回归"无善无恶"心灵的"知派"与主张圣心百姓无二、率性所行、纯任自然的"良派"，这是阳明心学生命力的表现，也在争论中淡化、减弱了心学的影响力。并且，心学的自由主义和主观主义、心学对政治的无主观故意的疏离、对秩序的破坏性后果，引起了统治者的不满和传统的社会公知的抨击。这是针对心学的，但是也预示了儒学的危机。于是，儒家思想开始了内部整肃，高攀龙、顾宪成等希望用程朱之学来补充和调和王学的过度激烈，希望通过知识世界的重新调整来清理思想秩序，希望重提"格物"来补救王学的蹈虚凌空。认为朱子"率流而拘"，王子"率流而狂"，故"当士习之浮诞，方之以朱子可也，当士习之胶固，圆之以王子可也"，于是"奉先师孔子之像于中，而晦庵朱子、阳明王子列左右侍焉"，调和陆王心学。刘宗周在《圣学宗要》中把宋儒周敦颐、程颢、张载、朱熹和王阳明连成一系，"本是一条血脉，而学者溺于所闻，犹未免滞于一指而不能相通，或转趋其弊"，若"在言复而不言克，言藏密而不言洗心，言中和而不言慎独，言立大本而不言心官之思，言致知而不言格物，遂不免离相求心，以空指之间，兼重自觉道"，开启了调和程朱陆王之间，兼重自觉与监督两端，在修养与知识之间追求平衡的思路。

　　心学的放荡不羁、自由心性，与清代的中规中矩、诚正客观正相对应，构成了思想发展的又一波折。而对于义理哲思与考据方法的双重重视，恰恰凸显了清学对于历史资源的高度继承、综合并用以指涉变革中的现实的实用主义理想的性征。考据学兴起，革除了思想耽于空虚义理的弊端，发展出实证考辨的纯粹的技术知识，学术性注释、疏证、笺释、札记、函札构成的文献考据和历史研究，重拾、接续并发展了汉唐学风，从"束书不观，游谈无根"到注释、物供、辨伪、音韵、文字、训诂，把真理安置在更加确凿的经典文本之上，超越朱王之辨，瓦解"伪学"，回归"经学"，找到确凿的经典文本作为真理的经典依据，非理学而崇郑玄"博通"的"经学"，重组儒家学说。然而，经世致用的理想不能落到实处，批判话语缺乏独立的理论思路、知识来源和词语支援,批判宋儒朱学只能是内部修订、批判陆王心学只能借用理学话语,国家意识形态仍然是理学当道,考据学不免流于落寞。于是,与此再次对折,经学学术发生了从文献学语言学向哲学语言学的转折。经学尝试以经典证伪和文字溯源(词源学)的概念清理,寻找新的义理或"通例",重新审查考据的根本预设和依据,使考据学成为清理思想和秩序的大学问,考据介入思想,成为思想内容和思考方式。他们对唐宋以后的主要话题,如"理"与"欲","情"与"理"进行了新的阐释,认为孔门本无"理"字,"理"源于宋人窃取佛教概念;"性"字既从心又从生,兼有心智或理性一面,情感和欲望一面,从而提出了以"礼"代"理",合"情""理"于礼(法)的中和思路,兼容善恶两端,瓦解二元对立,建构共识或规则。这样,语言学就不再是历史学的文献学的语言学。"由文字、声音、训诂而得义理之真",由字义的探究、词义的确立,到句义的分析,再进入意义的把握,用确定的理性的方式重新估量真理,改变了是非真伪的传统原则,经学语言学发生了从文献学到哲学的形而上学变化。以此为基础,面对万国并峙的"中国危机",经学与时俱进,试图以经学的形式,探索普遍适用的"通几""通例",以历史文献学和历史语言学的考据方法,寻找并设定规范与约束社会生活世界的"以礼代理"法则,探索原本存在于天文历算而能够拈出用作"通则"的"数""公式"或"法则",到了康有为,则打出了"今文经学"的古老旗帜,"托古改制",为变法张本。从语言到哲学,从方法到义理,从经典文本的义理还原到经典文本与概念被证伪之后的义理新阐,从古文经学到今文经学的清代学术,短短时间内,把传统经学的要点、方法、观点、理论、文本乃至于文字,都进行了全面的批判性继承、创新性发展。从"汉宋兼采"、到"义理、考据与辞章"不可偏废,最集中地表明,这是一个综合的时期、融通的时期、深化的时期、发展的时期,同时,也是经学终结时谱写哼唱的一曲美丽中正的挽歌。

四、主导力量之维:政统与道统的生态策略

国家(或政府、政权)的实用主义价值导向是思想发展的主导力量。这一主导力量与知识学术的力量之间,存在着巨大的张力。这个张

力体现为政权与知识分子之间的对立与统一、控制与服从、反抗与同谋。

学术自由是学术的本质属性，有自己独特的存在和发展规律，它需要贴近现实以解释和作用于现实，同时也必须超越现实作独立思考，保持相对独立性。自由的学术氛围、自主的学术研究、独立的学者人格、足够的生存生活条件，是思想发展的必要条件。

然而，中国思想一直追求学术的实用价值，讲究在对世界解释的基础之上对政治、社会、人心的清理与整肃，因而具有积极的入世特征和干世欲望；统治者也必须利用知识分子的话语内容为政权寻找合法性、合理性，强化统治力量，达到稳定和长治久安的目的，为此，皇权以科举考试、官僚体制等方式控制知识分子的身体和社会属性，充分调动手中的政治资源、物质资源、社会资源，对知识分子进行思想、利益、地位乃至生命的控制，以予以夺。这样，知识分子作为社会精英，其话语对现实的权威性影响力，被纳入政权的控制与管理之中，其思想内容、思想方式、价值观念和现实主张不能超出政权的利益需要之外。当知识分子坚持自己的学术主张，与统治集团利益产生不和谐之音，知识分子及其行为就会被打击、压抑；反之，当知识分子的思考活动及其成果能够被统治集团利用，知识分子就会平步青云，名利双收。前者，有可能使知识行为转入地下或民间，获得独立思考的机会，形成纯粹学术的繁荣，也有可能使学术活动失去具体的环境而使其弱化甚至消失；后者，则可能在政权的支持下，思想学术获得广阔的发展空间和崇高的社会地位，乃至于上升为国家意识形态，但由于成为了统治者的实用工具，知识者作为附庸而失去独立思考的可能，其知识内容也会过于实利化和庸俗化而失去生命力。在政权的干预之下，知识生产具有复杂的生态，造就了知识者与统治者或离或合、乍阴乍阳、或一或二、或对立或同谋的种种关联，形成了或荣或衰的历史，直接影响了一个国家或民族的精神要素、思想特征。

总体上来看，中国知识分子及其知识生产具有很强的实用性，因而也就具有很强的人身依附性，知识分子成为统治集团的一员，统治者的利益诉求决定或支配着知识生产的方向、内容、价值、深度和广度。早期的巫史祝宗们，由于他们掌握了与自然、神和祖先沟通的技术，形成了他们至高无上的话语权。这些人演化为后来的知识分子，本来就是统治者的一个组成。至春秋战国时期，礼崩乐坏，秩序崩塌，天子失官，学在四夷，知识分子流于民间，获得了独立思考的人身自由和环境，"士"开始崛起，知识与政治权力分离，与实用技术分离，知识分子的创造性被激发出来，造就了百家争鸣、百花齐放的学术繁荣景观，为中国数千年历史准备了充分、全面的精神资源储备。自然问题、社会问题、人心问题、政治治理问题、语言学与逻辑学问题、人与外物的关系与价值问题，都得到探讨并得出各自不同的结论。这一时期，国家分裂、政治动乱，使政权失去了对知识分子的控制，知识分子获得了人身自由和思考自由，大乱，反而成就了思想的大繁荣。这个特征，贯穿于中国此后的整个思想史。

秦汉是大一统的时期，因而学术思想也体现为融合交汇、综合兼容、经纬成文、儒化一统的特征。国家统一，需要思想统一，精神统一，人心统一。《吕氏春秋》开思想的哲理统一之先河，以"十二纪"体系表达天道、世道和人道的同源同构互感关系，试图思想一统；《淮南子》也进行了思想的整体结构体系化设计，对春秋战国时期的思想进行了收束和总结、综合和融合。黄老之学的这些努力，为国家一统提供了理论和思想资源支持，发挥了其时代性作用。然而，由于黄老之学重道轻权，更重视知识本身而轻视政治实用，并且以批评的视角对待现实，在汉代就不可避免地被边缘化了。国家与政治需要，为儒家思想的突出扫清了障碍。儒生叔孙通被称为"汉家儒宗"，为汉王朝制定礼仪制度，文帝时博士诸生撰写《王制》，确立了天下的理想秩序，张苍据五德终始理论确立律历，申公建设明堂确定天子权威，以公孙弘为最典型，儒学变成了儒术。董仲舒成其大，作《春秋繁露》，在宇宙论和人性论基础上，以天人感应为逻辑构架，论证了君主的宇宙论合理性，这一方面为君权合法性合理性提供支持，同时，也内在地嵌入了一个知识分子的话语权问题：天可给予，也可剥夺，代天立言的知识分子们的道统，就应该对皇权为中心的政统有所限制。但视其大局和基本面，刑与德、政统与道统合一，知识阶层与官僚阶层合一，是儒生们的巨大贡献，儒学作为国家意识形态，成就了大汉王朝和大汉民族。儒学学术即经学也成为思想生产的权威形式，成为精英思想的知识源泉和真理的依据，五经博士的设立使儒生白衣封侯。然而，知识阶层被纳入了王朝统治的范围，从身份独立经平衡打破到人身和思想的依附，消解了知识与精神的独立性立场。实用性使儒家失去了理论深度而停留于现实平面，独尊的地位使儒家失去了外在监督与竞争，工具性使儒家失去了思想的自由品格。儒术与政权之间的相互关系，呈现为政权对儒术的利用，儒生获得相应的利益回报，有价值实现上的崇高性与利益互换上的庸俗性。从政权政治和个人生存发展的角度看，也合乎自然，无可厚非。

汉治之后进入动乱与分裂，集体主义和一统力量解体，个人主义、个性自由成为主题。思想和政治上大一统的压抑，引起了思想的反弹。东汉魏晋至南北朝，发生了从一统到分化、从集体向个人、从具体到抽象、从抽象到诗意的变革。不能思想了，只好知识化；不能群体了，就能个人化；不必实用了，就能理想化；不必唯政治了，就可诗意化；不能独尊了，就能争鸣。本来一统的思想世界，使儒家思想失去了自由性与超越性；知识分子的依附性，政统兼并道统，知识阶层被边缘化；儒家意识形态对思想形成了窒息和消解，儒家知识分子的道德与真理理想主义被抛弃——儒家思想的固化，造成了它的被边缘化，诚所谓物极必反、大而化之以至消隐。意识形态的固化导致思想的沉默，训诂名物的技术性操作，取代了思想内容的生产，通儒、古学和博学的知识主义风气，造就了汉代经学大师的学术成就。知识分子的主体性开始苏醒，东汉文士追求名节与"正论"，并在个体意义上，从群体自觉走向个人的超越，于是，老庄思想卷土重来，玄学之风甚嚣尘上，给思想界带来阵阵新风。关注个人、追求个体心灵自由的玄学，形成了"玄意幽远"的思想氛围和不切实用的纯粹思想。"幽远玄微"的士人风气和学术时尚，让何晏、王弼从具体人事到抽象玄理的老庄研究，从"有无之辨"到"言意之辨"，从"任自然"到"反名教"，再到越名教而任自然的"风流"与"放诞"，中国思想史由实用而务虚，由博学而玄思，由清谈而风流，形成了又一个思想的高峰："人的自觉"与文学自觉；玄学之于中国思想抽象思维发展促进作用；佛学借助于玄学之风进入中国，接受了儒家崇孝重忠的伦理追求；道教形成并接受了儒家的伦理道德价值观和学习佛教的经典系统、戒律规制而迅速高升成长。儒道佛在并举中相斗，在相斗中相资，由于相资而强大发展，在义理、价值观、经典写作、思维方式上，相斥相排并相资相生，形成了儒、道、佛三家共存共融的局面。至七世纪，三教一休，三家合流，动乱而分裂的时代，造就了又一个思想嘉年华的辉煌时代，使中国思想、中国精神、中国文化的结构范型得以生成,其成就叹为观止、流芳百代。

政统需要道统的言说,思想为政权提供秩序系统及其精神支持,儒道佛均应为政权、政治和社会、人心服务,为中国传统文化范式服务。为了完成这一目标、达成这一目的,政权对知识分子就需要笼络和羁縻、控制和引导。隋唐对于思想的控制与管理,最突出的特点就是科举制度的发明与有效利用。科举制度借助于权力,把意识形态的内容,指定为考试教材,并以利益输送回报的方式,为士人提供晋身之阶,政权就牢牢地控制了学术与思想,控制了知识分子;知识阶层内在于政权官僚制度和体制,失去独立身份而附庸化、被控制;思想成为考试的文本或公式,成为沽名钓誉的市场交换工具,失去了自由立说的空间,统一的国家就有了统一的思想与文化。其结果就是,儒家思想作为意识形态,失去了对社会现实的洞察力、判断力和疗救功能,沦落为简化的记诵知识,附属于统治权力和世俗利益,成为庸俗、浅薄、浮华的教条存在,思想成为装饰,成为手段,成为游戏。自在高位、志得意满、春风得意之福,焉知非自贬身价、自我沦陷、精神萎缩之祸!于是,韩愈努力重建道统,李翱从外在的伦理道德方向加紧向人内在的心性方向转移,急于为僵死的儒学别开生面和寻找生机。政权用之,而政权亦毁之,儒学之命运,由其本有的实用理性而决定着。从道教角度看这一问题,更为明确而简单。道教,是较为缺乏学理和理论体系的宗教,以施用道术等迷信内容为主要特征,并不能进入文化精英阶层而多流于民间。但是,当政权需要时,道教也可以成为主流。唐李政权对于政权合法性的论证,需要道教;宋赵政权基于同样的理由,也需要道教。某些帝王对长生久视的向往,也往往给道士们荣晋之机。道士们有时依靠其阴阳之术、兵法韬略,助力战争和政治,在特定的历史阶段,道教在唐宋元明各代都曾经获得过政权的重视利用。从佛教的角度看,佛教处境最为艰难,却更具有内在的生命力。佛教不具备儒家的伦理高地,没有儒家的政治意识形态地位,没有道教的本土文化身份,"华夷之辨""尊王攘夷""华夏中心主义"的地域和种族歧视,往往是佛教先天的致命弱点。然而,佛教接受了儒家的伦理道德秩序、仁义善恶观念,巧妙地把"色与空"与讨论"有与无"的老庄哲学相嵌合,并强化自己修身养性、同体大悲、不二一体的理论价值,在人心性这一最深刻的幽暗之处,为"秩序"、为政权,为社会,提供着最强大的智力支持。所以，虽不断遭到来自道教的无情攻击、儒家的尽情嘲笑和鄙视，虽曾有三武一宗灭佛之祸，佛教仍然坚强挺立，健壮发展。佛教也以其逻辑思辨性、义理精深性、心性审美性而多受知识分子精英阶层的信从，以其善恶报应、六道轮回观念吸引着普通百姓的信仰，因而，佛教总是有巨大的市场空间和精神引力。尤其是，它以不变应万变，在中华文化大地上自觉接受中华文化的洗礼，在不乐于哲学沉思而沉浸于审美的诗意生活的中国人这里，以其生活化、现世化、入世与避世的辩证方法，顺利中国化并变身为禅宗，获得了发展的动力和空间。至此，佛教精深的义理被忽视，逻辑沉思被放弃，唯识宗华严宗衰颓，从义而律，从律而禅，修行之路被顿悟和见性成佛截断。禅宗一花开五叶，流派竞起，百舸争流，进入禅宗之极盛状态。亦是物极必反，盛极而衰，禅宗非义理、非文字、非修行，从宗教而生活，从哲学而审美，从思想而文学，其结果是去宗教化。佛教在唐代，是其极盛，亦其衰亡。

如果说，唐代思想的大趋势是思考重心由思想转向生活和诗意，那么，宋代思想则是为诗意和思想提供一个天经地义的"天理"规范，在另一个内在的、心性的角度，重新完成"秩序"的规定和重建。宋取北周而代，其政权合法性需要思想支持；宋代尚文治而成"残山剩水"之国际格局，需要思想领域的天下一统理论的支持；中唐以来社会道德伦理的走衰、宋朝物质经济的发达和审美生活的扩张，需要生活世界同一性和普遍性的伦理道德规范。这一切都需要知识分子话语权的支持。然而，此时的知识阶层却有自己的独立性，道统独立于政统之外，在思想中心洛阳聚集，形成了与政治中心汴京的疏远与偏离。北宋政权似乎并没有笼络与控制精英知识分子的能力。知识分子阶层持高调的道德理想主义，而政权持实用的功利主义，这种对立导致多次变法革新的失败。外向的、实用主义的努力显得力不从心，政治家自说自话，内向的、心性道德的研究却深入肌理，思想家潜心向学，在民间，道学家、理学家和心学家们开始沿着自己的理想主义道路，接续儒家圣人道统，论证天地理性秩序，明理辨性而制定人心规范，论道立诚，以格物致知或"致良知"而穷理尽性，在天理天道与人性欲望的鸿沟两岸，架设桥梁，或寻找二者不二一体的玄理根据；无论是"穷天理灭人欲"，还是"心即理""心外无理"，大家都试图找到那个"同风俗，一道德"的理论根据。这样，整个社会文化呈现为"郁郁乎文哉"的基调，在

"舞雪歌云"的柔软与温情中,思想家们潜心构造了思想的理学心学大厦,并成功树立起知识分子独立于政权的话语权和学术尊严。直至南宋,统治者们才发现了理学对于政权和秩序建构的价值,于理宗时代确立了理学的意识形态地位。思想家们把社会秩序建立在心性基础上,为中国社会建构了统一的伦理道德规范,它是如此地深刻、牢固和可靠,使宋代的思想与社会形态,成为中国思想与社会的典型形态。政权因此受益,社会因此稳定。可见,思想与政治的矛盾,知识精英与统治者的疏离或对立,只是暂时的,只要知识分子修齐治平的心向不变,只要他怀有"为天下立心,为生民立命,为往圣续绝学,为万世开太平"的伟大理想,则政统对道统、权力对知识的收编,只是早晚之间的事儿。同样的结局是,当理学成为官方意识形态,朱熹的《四书集注》成为考试教材,人们的生活被各种家训族规控制,中国社会也就失去了生命力,个人的创造与创新便不再可能,个体的自由意志就没有任何空间。这也就是为什么心学与理学并起并能长期获得支持的原因。心学具有解构作用,它解构的是固化的、机械的社会和思想,解放人性,尊重欲望,尊重个体,向往自由,面向未来,迎接万国并峙时代的到来。

元明统治者均是以理学为治国方略和意识形态的,因为理学对于秩序的清整和保障功能极其强大且深入人心。元蒙统治者在其统治中后期开始尊孔、修订典籍、承袭汉文化正统,开科取仕,定《四书集注》为课本,自己汉化以求取对其政权合法性的认同,种种措施,把知识分子纳入政治体制之内。理学教条化、实用化、世俗化、浅薄化,成为交换利益的实用文本而少有进境,儒学丧失了应有的独立品格。明代的制度化和世俗化更加严重,严苛的文化体制和政治压迫,不仅使理学成了政治权力与意识形态的诠释文本,而且,高度权威性的道德训诫与高度真理性的空洞话语,也使人的存在与生活失去了活力和自由空间。政权对思想的控制和利用,葬送了思想。看来,政权对文化思想的利用是必然的,但是,政权能否尊重学术生产的规律,给思想保留一定的发展空间,采取某种保障学术思想健康发展的策略,是政府必须要考虑的重大问题。在理学衰颓的同时,明代资本主义初步发展,社会生活的同一性消失,地区差异、阶层差异、文化差异、价值取向差异非常明显,思想的同一性已经不再可能,个体性、差异性需要的自由、自主、自在、自决,导致阳明心学崛起。元代以来处于蛰伏状态的心学,其简捷明快的思路和追根寻底的意味、高尚其事的学风和鄙夷世俗功利的精神、轻视形而下的学问而追求心灵的澄明境界、凸显心的意义，在明代进一步与禅学思想相结合。"心即理也""致良知"和"知行合一"，把理等同于人心，把知识的途径改成"返身而明"，把知与行的二分改成良知发动，即知即行，这明显是儒学的禅学化。心学迎合了社会变革、多元化和尊重自我、心性自由的时代需要，一时成为思想时尚。但是，这种极具破坏性和解构性的思想，必然受到政治意识形态的压制，对心灵自我的放纵、对秩序的破坏，使心学成为众矢之的。明末至清代，内忧外患纷至沓来，心学对于打破旧世界、迎接新世界，储备了一定的思想资源，但是对于中外关系、社会秩序的整理和重建的需求，必然使心学成为不合时宜的东西。清政权建立后，通过种种努力，民族主义让位于中华普遍主义，国家主义、天下一家和普遍真理取消了个人思想的可能，公共话语与私人话语相对立，私人性的学术思考只能下沉为考据学的知识主义方式；程朱理学仍然是官方意识形态，但考据学风气才是知识分子智力驰骋的场所，社会生活与智力领域发生分离。由于考据学少问政治，一些杰出的知识分子便不会构成对权力的威胁，清政权对考据之学多有鼓励和支持，于是，儒家思想便以经学的形式进入历史的总结、反省、深化过程，并在清末试图从子学、佛学中寻找新变的出路。经学就以这种学术形式，终结了儒家思想古典阶段的辉煌历史。

历史脉络是清晰的，历史经验是丰富的。知识生产与政治政权有无法分割的关系，知识分子就应该以其话语权，为国家民族的稳定、发展和繁荣提供智力支持。但是，知识生产却不能过于关注利益交换的实用价值而使学术思想失去品格，否则，就会导致学术的失效、思考的失败和思想的终结。政权政府必须以各种方式、手段、体制、组织加强对知识生产的管理，说服知识生产者按照国家或政权意志进行思想与知识生产，但是，必须尽可能保证知识生产者的主体性、创新性，保障知识分子的尊严、自由和思维空间，否则，就会使他们远离政治，形成疏离乃至于反动。政权与知识对立与统一的张力，国家（政权）管控与知识分子的心态与生态的关系，是文化政策的核心问题。纯粹的压制与压迫并不可取，过于放纵与疏于管理也不可行。要做好政权主导，摆正政权与学术行为的位置关系，处理好政统与道统的辩证关系，设计并运用好教育体制、考试体制、官僚体制与国家文化管理体制；既能使知识分子尽到其知识责任，又能做好秩序的阐释与维护，达成与政权的共谋与合作。而从知识分子的角度看，中国知识分子不可能放弃用世价值观念，也非常尊重自己的话语权，致力于保障学术尊严。但是，知识分子却不能够把学术当成饭碗，把思想当作利益交换的通货，否则，思想会贬值，知识会无效，学术会衰颓，进而把自己埋葬。即使成功上位，作为国家意识形态而存在，也应该居安思危，朝惕夕厉，保持学术品格，保持自己学术思考的独立与自由。政权与学术，可以相互走近、统一、团结、共谋，但各自必须有自己的界限，彼此有不可突破的原则。知识分子必须以独立批判和超越的姿态，客观冷静地观察分析和思考，完成知识与思想的探索与建构，作为意识形态的力量，以共谋同行的方式实现自己的价值。同时，也必须关注学术自由与话语规范的关系、学术的个人取向与国家意志、个体话语权与集体话语权、个体利益与国家利益的关系，争取良性生态，对抗政治压迫与体制剥夺，防止学术品格和思想自由的丧失。

五、思维模式之维：主体把握世界的致思方式

思维模式是一个民族及其文化种类思想、精神最深刻、最集中、最有效的实现方式，是主体把握世界的意识手段、方法和途径。思维，是指面对对象性世界及实践世界，试图解释世界并以实践改造世界的过程，以意识方式把握世界的结构和规律属性从而获取价值功利的精神活动形式。中华文明是世界上历史存续最长、最有生命力且仍然具有可以转化与创新的可能的文化，其独特的思维方式也是我们研究的重点，如辩证思维、同构思维、感应思维、预知思维、还原与创造思维、知与诚的知识途径等。

中国思想最终典型的思维模式是辩证思维。已如前述，中国传统思想的哲学致思方式是以二元对立的范畴说明世界的构成，以三元范畴描述世界的存在状态与变化形态。但是，与西方哲学中的二元对立范畴不同，中国思维讲究对立的统一，更确切地说，是二元的一体化。思维的辩证性，指的是对立的、界限清晰而绝无内涵与外延交叉、但是完全完

整地描述了整个世界的两个范畴之间在状态、关系上的一体化，以佛教的语言表达，即二元对立范畴的"不二一体"性。譬如"阴阳"，这是绝对对立的两个范畴，具有截然相反的属性；对立的二元之间没有任何空隙，是紧密相联的；对立的二元完整地表达了世界的全部，没有部分被遗漏的可能。但二者是可以相互转化的，阴要向阳变化，阳也要向阴变化，没有绝对固定不变的阴与阳。所以，没有绝对的阴，也没有绝对的阳，即阴即阳，即阳即阴，阴阳互转，阴阳不二，由阴阳二者构成的世界是一体不二的世界，是"冲和"的、纯净的、混沌、圆融的世界，而这个世界就是一个理想，无论是个人的修养，还是政治与社会的管理，都以这个一体境界为目标。当人为破坏了这个本然的世界，当人的认识因其感觉的局限性而以错误的认知结论呈现为知识或"客观"，这就意味着我们离开了世界的本质和本然状态，就需要运用修行、学习、格物、直觉或诚敬的方式，回归到世界的本来状态。其他如有无、空有、善恶、迷误、是非、刚柔、高下、强弱、进退等，均具有对立、全包容的特征，并最终通过某种方式被否定或放弃，而回归到没有对立的状态。世界要么呈现为"有"的实存状态，能够为人的感觉器官发现和把握；要么呈现为"无"的无实体状态，人的感觉器官根本不能把握到它的存在。但是，"无"中生有，有生于无，"无"往往是道，是本体，它没有形象、质地等物质属性，但它无处不在，无处不有，且永远不变、不会消亡，它生产并支配着世界，是"神"一样的存在，是真正的"实体"。所以，"无"才是真正的"有"；而我们通常所谓之"有"，却是具象的、变化的、无常的、无自性的，因时因地而呈现为或有或无，或实或虚，这是真正的"无"。因而，虽然在主观上我们明确地划分了"有"和"无"的二元对立，但是，无未必是无，有也未必是有，有即是无，无即是有，即有即无，即无即有，有无相生相互变化，而毕竟无"有"无"无"，有无一体，对立消失，世界大同。佛教之"空有"亦是如此。事实上，佛教东传，其最坚实的台阶就是道家玄学中的"有无"思想，道家玄学就是以"有无"与"空有"的共同性接引佛教入华的。有者，系缘起者；缘起者性空，即无自性，即假既无即虚妄。而"空"才是真，"是诸法空相，不生不灭，不垢不净，不增不减"（《心经》），所以，空有不二，空即是有，有即是空，此即"色不异空，空不异色，色即是空，空即是色"（《心经》）。人的主观世界也是如此,"受想行识,亦复如是","是故空中无色,无思想行识,无眼耳鼻舌身意,无色声香味触法,无眼界,乃至无意识界。无无明,亦无无明尽,乃至无老死,亦无老死尽。无苦集灭道,无智亦无得"(《心经》)。这些成对出现的东西都是"没有"的。没有善恶,没有是非,即善即恶,即是即非,无佛无圣无凡,即圣即凡,即人即佛。若说有圣有佛,若说任何东西为"有",则陷入执着,进入痛苦轮回,进入无常之苦境。只有放弃善恶、是非、有用与无用、迷误与悟解的对立,才能真正放下空无虚妄的错误体验和认识,回到儒家之"诚敬"、佛家之"涅槃"、道家之"坐忘"与"心斋",回归世界未分前的自然、"父母未生前之本来面目",也就是那个没有对立、没有分别、没有差异的本来性相和状态。老庄对对立的差异进行了绝对的否定,佛教也是以"无区别、无差异、无判断"为教旨的。儒家之"仁"略有不同,它规定了差异前提下的"一体"、制度之下的自由、严肃的温情,然而,它的最高政治境界也还是"大同",主张关系的"和而不同,不同而和",此即所谓"中和"。"中和"之中,即《中庸》之"素":"君子素其位而行,不愿乎其外。素富贵,行乎富贵;素贫贱,行乎贫贱;素夷狄,行乎夷狄;素患难,行乎患难。君子无入而不自得焉。在上位,不陵下;在下位,不援上;正己而不求于人则无怨。上不怨天,下不尤人。故君子居易以俟命,小人行险以徼幸,所以"素"即是具有独立性、个体性以及与他者的差异性,以某个界限与他者相区别;而"和",却是讲究二者间的音乐、美学关系,"发而皆中节",是一体感应、协调和乐、不以分别而得以"界定"者。至于做人行事,虽然有进有退,有成有败,有有用有无用,然而,最佳境界,必然还是无进无退,无成无败,无有、无无、无用、无无用,无为无不为,此是道家态度。而于佛教或玄学,则是出离名教,回归自我,随顺自然,脱落放下,乃至风流倜傥,无所拘束,空月山风,禅茶一味,举手投足,禅意盎然,无我无物,澄明一片……如此,政治即可安宁,国家即可长久,社会即可稳定,人心即可温良。对立是认识的手段和工具,一体才是世界的本相本质和理想。理解这一点,才能真正理解中国传统文化,否则,孜孜纠葛于善恶、好坏、是非、幸福与痛苦的对立之中,不仅远离世界本相,亦且无聊无益,恰是痛苦之根、之缘、之源。这不是圆滑的世俗聪明,而确是本质的自然智慧。若执着于对立的现象表面,不过是低等低劣之人之智，于哲学层次上的进阶和高级层次的人生，相差无限遥远。所以，无论是格物致知，还是返身而诚，是性命双修，还是修心养性，是研习经典，信仰天地，还是闭关坐禅，心性自明，无论是文学、艺术、社会实践还是宗教，其高尚者，必须有此辩证思维，以回归自然的不二一体为最理想境界，为终极目的地。

中国思想最早也是最普遍的思维模式是"同构与推衍"——天地自然、社会群体、自我人心、意识与物质等不同的空间领域所有存在，都具有相同的结构；并以自我为中心向外推衍，呈现为同心圆的结构形态。《系辞上》说："易与天地准，故能弥纶天地之道，仰以观于天文，俯以察于地理。是故知幽明故，原始反终，故知死生之说。"天地宇宙与伦理规范一脉相承，自然、社会与人心一以贯之，祭祀礼仪与礼制仁政（礼与法，乐与仁）相辅相资；即便是儒道佛等人文思想，虽然径路取向不同，终究也要大道归一，无差无别。周代的礼乐文明以礼与秩序为核心。天地秩序即人间伦理、政治、法律乃至人心之秩序，祭祀天地的礼仪所呈现的等级也是人间秩序的等级，天地、家、国伦理同构。老子把天道、民道与人道贯通，以古代祝史对"天道"变化的体验，贯串于对"世道"崩坏的反思，以及对"人道"永恒的追索。"人法地，地法天，天法道，道法自然"（《道德经》第二十五章），天、地、人、道、自然，一以贯之为"自然"之"道"。在"道"与"阴阳"的规则之中，"不出户，知天下，不窥牖，见天道"（《道德经》第四十七章），将"天道"作为终极的依据，推衍于"世道""人道"。世道、人道与天道，世德、人德与天德，世间之失、人世之失与天地之失，同类比德，"是以圣人抱一为天下式"（《道德经》第二十二章），"一"是"道"是根本，"天得一以清，地得一以宁，神得一以灵，谷得一以盈，侯王得一以为天下正"（《道德经》第三十九章）。非"天道"者，如从"道—德—仁—义—礼"的每况愈下，是必须批判和纠正的。何以如此？它有宇宙论系统的支持。世界是一个整体，而且是一个以"道""枢"为中心，并经"气""器"为表现形式，从中心向四方（或是六方）无限延伸的、对称、整齐的空间构成的整体，并产生一种根深蒂固的秩序感。这种秩序表现为以阴阳五行八方联成网络，把"天、地、人、鬼"联系起来而成为整体。其间发生关系与相互作用的机制是阴阳刑德，"阳曰德，阴曰刑"（《大戴礼记》），阴阳生克，刑德相配，应用于自然、军事、天象、政治、人情等全部领域，无有爽差。宇宙时空逐渐被哲理化、系统化了。在这个由千差万别的事物构成的整体中，它们的同构性是由"推衍"思维保证的。比如，时空上的推衍。邹衍说"其语闳大不经，必先验小物，推而大之，至于无垠……"，"先验小物，推而大之"（《史记·孟子荀卿列传》），就是通过采取经验和推理的扩张思路描述世界。从一物通过空间上的放大而体验无限，从一时而通过时间上的延长来推算永恒。由此，阴阳五行学说，成为推衍的逻辑工具。"阴阳消息"与"五德终始"，是世界的排列组合，也是事物的发生和发展。邹衍把五行的空间关系挪用和推衍到时间的纵向方面，用于历史时间和终始变化，把人类历史尤其是政治史看成是一个不断循环的过程。又如，人性人心上的推衍。既然人类生活在一个由"道""阴阳""四时""五行""八卦"等整饬有序的概念构筑起来的，天地、社会、人类同源同构的宇宙之中，"天"的秩序与"人"的情感、人的物理属性也应该是同构的。"一阴一阳之谓道"（《易经·系辞》），"道"通过"人"实现，"继之者善也，成之者性也"（《易经·系辞》），"天道"变成"人道"，"天命之谓性，率性之谓道，修道之谓教"（《中庸》），天道从宇宙时空变成内在的人性道德。《中庸》又说，"能尽人之性，则能尽物之性，能尽物之性，则可以赞天地之化育，可以赞天地之化育，则可以与天地参矣"，天道人性就无差无别了。人是法天地的小宇宙，"气"分阴阳，阴阳化合而生人，人以天地为法则，男女仿佛阴阳，正如气分阴阳一样，头圆像天，足方似地，五官是仿效五行，四肢是配合四时，三百六十骨节如三百六十日。再如，在社会政治上的推衍。社会秩序与宇宙秩序相同，社会是由法天地、高度组织化的君臣制度主导的，但它又是自在而自为的，符合自然规则之"仁政"即是社会运行的基本法。《吕氏春秋》的"十二纪"，按"春生、夏长、秋收、冬藏"的自然时节，将天象、物候、农事、政事、人事等统统系连起来，综合各种思想、知识与技术，设想了一个日常思想与行为的秩序，构画了"天道""世道"和"人道"之间的同源同构互感关系："爰有大圜在上，大矩在下，汝能法之，为民父母。""盖闻古之清世，是法天地。凡十二纪者，上揆之天，下验之地，中审之人，若此，则是非可不可，无所遁矣。天曰顺，顺维生，地曰固，固维宁，人曰信，信维听。三者咸当，无为而行。行也者，行其理也。行（其）数，

第五章　中国传统文化范式时代性创新转化的维度

循其理，平其私。"天道、地道与人道贯通，从春夏到秋冬，农者的岁时之功、兵家的治军之道、儒者的立身之本、墨者的节葬之说，都在天道运转、阴阳变化中，同构同理，处于"天道"构筑的以太一、两仪、阴阳、四季、五行、十二月为基本时空构架的庞大网络之中。由于"同构"，故能"推衍"。以自我为中心，以天地为蓝本，中国传统思想，就生成了一个一以贯之的有机系统。道要传承，故有"道统"；社会需比照天地而立定规则，人心道德同样也顺应天地之道正心诚意，天地人心，不二无两。这种自然、社会、政治与人心的秩序建构，就变得非常简洁明快、效能显著、有理有据而不可辩驳且不可更张。天道、天理、伦理、心理、德性、情欲，必须在这个整体而有机的系统中获得固定的秩序，并能够让人自觉遵守、服从而且心甘情愿。

　　感应，也是中国古代先人的典型思维方式之一，用以思考人存在的系统性、有机性环境，以及人自身应对世界的神秘而有效的方式。天地和人什么关系？我和他什么关系？上和下什么关系？心和物什么关系？男和女什么关系？所有这些关系之间都是感应的关系，是和合一体的整体圆融关系，是个体融于整体的关系，是理性贞正、和顺通畅的关系。其核心就是各种个体存在的和谐共生。所有的关系因感而和，关系的建立依赖"感应"，这是中国文化精神的根本。所以"感"，"咸"也"心"也——世界之万事万物，"都"、全部在"心"上相互应和、交流穿透、共鸣，达到"交""通""同""和""一"的状态，即"道通为一"的本体性相，感而遂通，中而庸之，如此而天地就位，各正性命，各安其理，各得其所，各安其心，万物化生。

　　"感"，由"咸"和"心"构成，造字本义是"心完全被触动"——宇宙构成的所有个体，全部以"心"的作用而处于相互交应的有机关系当中。"感"之要义有三。一是强调全部、所有参与者主体；二是强调应和交流的关系；三是所有这些个体的交流发生在心性这个场域。即是所有的心都被触动，彼此发生着、向着和合统一的状态行进的能量交流关系。自字义言之，《说文》"感，动人心也"；《易·系辞》"感而遂通，天下之故"，都说明感则心动，心动必通之理。通过不同个体之间在心灵上的感应，达到通同的状态。自动作行为言之，是知觉、反应、交流、融合、一致、通同，如感到、感光、感官、感觉、感受、感想、感知、感应、感情、感性、反感、好感、敏感、伤感、预感、交感、多愁善感等。《易·咸》之"天地感而万物化生",即此。自其内容而言之,为灵感、美感、快感、痛感、通感、同感、情感、性感、口感、手感、质感、读后感、责任感等。我们常说"感悟""感情",感悟就是通过心与心的交流互动与同一融合,而使自己回到我心的本来状态,即心即物、即色即空、即一即二、即人即佛、即道即性,以"不二一体"之性相,体悟自外物压抑下的解脱与超越。感情,就是两个人可以达到心息相通、心心相印,乃至于在不同的时间、地点,具有共同的感觉、感受,你疼我也疼,你乐我也乐,你顺我也顺,你逆我也逆。不必言传即可会意,不必格物即以神通,所谓心有灵犀、会心一笑、知心知意、志同道合。所以感情就是"同情",是具有同一的心性状态并能达到绝对、完全、有效、充分的交流和共在。所以中国文化的智慧,不在物而在心,不在哲思而在感悟,不在现象之多而在道性之一,不在外在客观之思而在内在心性明确之行,不在叙事而在抒情,不在现象而在意象,不在小说而在诗,要之,不在对事物条分缕析的分析而在心性道理上的综合,就是不在区别而在同一,不在多元而在一体,不在思辨而在感受,不在天上而在现实,不在哲学而在生活,即使超越,也是于现实中的超越,所谓有于无而无于有,是于非而非于是,出于人而入于出,于相离相,念念无念,执着于现实生活而不执着于现世生活,以放下的姿态和智慧,收获的是切切实实的幸福人生、圆满人生、解脱人生、审美人生。因为心是同一的、相通的、感应的,所以没有对立,没有矛盾,没有抵牾,即使是封建的专制,我们也以"仁""和"之;即使是礼教的压抑,我们也礼乐并举;即使有自然界的恐惧,我们也可以后羿射日、夸父追日、愚公移山,把它化为崇高的美感!我们把重心、本体和方法,都放在了"心"上。所有的心只是"一心",通过心心相印,达到完全的、彻底的"大同"和"中和"。"感",是中国文化的灵魂,是中国人的灵魂,也是我们的世界观和方法论。感天动地,感人以心,"刚柔相摩,八卦相荡,鼓之以雷霆,润之以风雨"(《易经·系辞》),"保合大和"(《周易·乾·象》),世界大同。

"感应"思维在类推思维的基础上,描述了一个通同感应的功能性世界关系。既然宇宙是一个彼此相连又和谐的整体,而且将天地应关系人鬼贯通一串的是气、阴阳、五行、八方等基本要素,那么,在天、地、人、鬼之间就有共同的存在方式，天、地、人、鬼之间也有可能发生神秘的但又是必然的联系和感应。如养气之术——天地有阴阳之气，人也要有相应的气。人由"气"产生并维持，"人之生，气之聚也。聚则为生，散则为死"（《庄子·知北游》），而天地也是由"气"构成的，所谓"阳气清而上升为天，阴气浊而下降为地"，那么天地与人就是一体同构，于是天地之所以永恒，是因为其气流转不息。人要像天地一样，把气吸纳、存储在（脐）下使之定固，"气沉丹田"，令其生长、保持，最后恢复其最初的自然状态（天），这样才能生命永恒，于是就有了"吹呴呼吸"，"真人之息以踵"（《庄子·大宗师》）之类的养气之术。又如各种方士技术——由于天地与人在"气"上的一致性，人与天地万物就有"感通"的渠道和途径。各种方士技术、巫术、"祝由"和"颂神"等神秘方技，都是人们通过"心"的感应，与外界之物、上天之神发生信息沟通和交换的形式。这种交换的基础和前提，就是人与天地同构，并具有同样的气感，双方能够进行信息沟通和交流。再如预测、相面、算命、易卦占卜、风角五音之术——世界是可以"感通"的方式进行超越时空的把握。既然世界是个可以把握的整体，是一个机械系统，并且与人同气相求，同声相应，外物与人心同构同一属性，那么，世界一定是按照某个原则、规律运作的，并且是可以以人心来感知的。世界之过去未来，人所不能以感觉器官把握的，却可以以心来把握；世界之彼岸、别处，虽然也远离感觉器官功能之外，却也仍然是可以通过心去看清。心如方塘，世界时空之已在未在、已发生未发生之事物，就是映射在水面的影子，心与事物，如影随形。知心即可知物，在"心斋"，在"坐忘"的状态，在禅定当中，乃至于"出神"时、梦境中，心都能发挥某种强大的感知能力、预测能力。再如政治领域——古人非常相信天对人的决定、主宰和天象灾异的预警作用。早在汉代，"天人感应"之说就成为共识。宇宙与社会、人类同源同构互感，"类同相召，气同则合，声比则应"，陆贾所说"事以类相从，声以音相应"也是此意。公孙弘则把天象与人主之德相对应，"气同则从，声比则应。今人主和德于上，百姓和合于下……故阴阳和，风雨时，甘露降，五谷登，六畜蕃，嘉禾兴，朱草生，山不童，泽不涸"。董仲舒也说气"同则合，声比则应，其验皎然也"，都相信"气同声比"时的感应。因为自然灾异与政治人事相联系，《史记》记载董仲舒

"以《春秋》灾异之变推阴阳所以错行,故求雨闭诸阳,纵诸阴,其止雨反是"。《春秋繁露》中有关于"灾异"是"天谴"、帝王将兴有"美祥",将亡有"妖孽",治世与乱世有不同征兆与不同之气等。

所以,中国文化非常重视"推己及人""心心相印""感天动地"等现象,"感"于天地、感于人心、感于人世,超越时空、跨越种别。宇宙,就是一个可被心知、可以心悟、可以直觉把握的一个有机系统。智者可以以一己之心,知人论世、知过去未来、知内外一切。应用在实践上,儒家之"恕"所谓"己所不欲,勿施于人",俗语常言"将心比心",都是要求以自己的心去体贴、体察、感知别人的心的需要和态度,进而决定人与人之间的言语和行为关系的处理方式。佛教讲"心量广大,无有虚空"(《六祖坛经·般若品》),心可以包容一切,一切即心,心即一切,心外无物,直接以心涵括万物,万法唯心,心与物的感应关系变为对心本身的体察,在更高的意义上完善了感应这一行动的效果。理学家们以天理说人欲,试图把天理与人欲同一于天理,消灭了心性本然,虽与佛教相反,却同样把心性修养提高到前所未有的高度。而心学家则提出了"人同此心,心事此理","东海有圣人出焉,此心同也,此理同也;西海有圣人出焉,此心同也,此理同也;南海北海有圣人出焉,此心同也,此理同也。千百世之上至千百世之下,有圣人出焉,此心此理,莫不同也",强调心心相通,心与心的互感互知,正是把"心"之感通作用进行了深化。

是还原?还是创造?这是萦绕中国思想界的另一个重大思维问题。同构、感应、预测,都无外乎"还原",即相信有一个客观的东西存在,无论以何种方式和途径,不过是以对客观对象状态、本质、规律的客观性"还原"。心,不过是一个手段或工具。然而,真的如此吗?心就没有主观的创造性吗?显然不是,所以古人也相信心的创造性、生发性,相信知识的来源除了客观对象世界之外,还有来自自我心性的内在创生。所以,知识的来源,有"格物致知"式的外向性还原,也有"返身而诚"的内向式建构;有古文经学的"春秋大义",也有今文经学的"托古改制";有汉学的名物训诂,也有宋学的义理阐释。从文字看,汉字是象形文字,则汉字可以"象形"世界。同时,汉字与世界也并不全是一一对应、完全表达的关系,汉字的模糊性、多义性,虽然使之不能有表达上的"尽善",却使之在意象、意境的营造上,在心情与审美表达上的"尽美",所以,汉字之"信且达",远不及其"文而雅"。故,汉字与世界意义,可以还原,却不能绝对真实地还原,更多的是某种生发能力、创意功能。故而有"名实之辨""言意之辨"——孔子要求"名正言顺",以及名实相符的一个秩序性世界。墨子学派认为"名以举实",绝对相信语言的实用、实在的表达功能。然而,名学家们却志在重新审视名与实的关系,公孙龙之"白马非马论""坚白论",对语言与逻辑表达了怀疑与不信任。老子讲"大美无言""大音希声""大智若愚""大辩若讷";继承老庄哲学并糅合佛学一些基本认识的玄学家们,则展开"言意之辨",对文字的表达功能、文字与事物及其意义的关系,进行了分离,认为语言之于世界及其意义,若"得鱼以忘筌","得意而忘言",不过是"羚羊挂角,无迹可求",语言不可能做到真正的对事相与意义的还原。因而,禅宗主张"不立文字""教外别传",唯于"拈花一笑"之间,传达只可意会不可言传之妙法。然而,即便如此,他们知道,名学之辨,也必须使用语言;玄学玄意幽远,也必须不离"清谈";"言语道断",但也离不开语言的"机锋"与"公案"。矛盾中的统一,爱恨交织的无奈,正是主客观的分裂,也是主观能力在自我心性和客观存在之间的徘徊。故而又有格物致知、返身而诚两种"穷理尽性"的致思方式和知识途径——穷理尽性为目的,而格物致知与返身而诚是两种截然相反的途径。前者向外,通过对外在事相的观察、体验,通过读书研经,达到对经典义理的"知识性"理解;后者向内,通过对内心性相的体验式直觉式把握,以"心即是理"为认识基础,认为,自我的心性即是外在世界之性,物即是心,体心即是体物,知心即是致知,达到对自我之理的创造性生发。前者重在"穷理",后者重"尽性",然而毕竟,心物不二,理性不殊,穷理尽性并无差别,是内外两个方向和途径的共同目的。这种知识性追溯与哲理性创意,也反映在经学研究上,有汉学与宋学之异,有古文经学与今文经学之别。前者重知识、文献、历史与语言,后者重哲理、意义、现实与未来和创造性发挥。前者重历史语言学,后者重哲学语言学。其实,人类思维不能没有"还原",因为人们总是意欲认识世界、把握世界的本质和规律;人类思维也不能离开"创意",因为毕竟人把自己放在主体的地位,把自我与对象世界对立起来,并突出自我的创意能力、创造能力和实践能力。尊重客观事实,同样也尊重人的自由、创新的主体意志；既对外进行知识活动，也向内进行精神创造；主观意志与客观知识相结合，在主体客观化、客体主观化的相向运动过程中，人类的认识才能无限趋于"真理"——一个既是主观又是客观的"理"，这才是完整的人文知识的认识论框架。

总之，中国古人以同构思维、推衍思维、感觉思维、还原与创意思维，构造宇宙与社会人心秩序，描述事相之间的有机关联，进行知识积累、传承与创新，把外在的客观世界与内在的心性世界，完整、圆满地统一起来，形成了完整、充实、极其有效的知识系统和精神理想，成为中华文明最为重要的文化财富与精神遗产。其具体的形式可以扬弃，但这些思维方式中所体现的辩证观念、有机体观念、中和观念以及一些传统的学术方法，却是我们可以转化的对象和创新的出发点，不容置疑否定，不可轻言放弃。

参考文献

（一）大型工具书库

《十三经注疏》，中华书局，2009。
《十三经注疏》，上海古籍出版社，1997。
《诸子集成》，中华书局，1954。
《新编诸子集成》，中华书局，2018。
《新编诸子集成续编》，中华书局，2022。
《二十四史》，中华书局，1997。
《乾隆大藏经》，中国书店，2009。
《大正新修大藏经》，大正一切经刊行会1934年版。
《卍续藏经》，京都藏书院1975年版。
《道藏》，张继禹主编，华夏出版社，2004。
《儒藏·精华编》，北京大学出版社，1970。
电子版《古今图书集成》《四库全书》。

（二）丛书套书

（以下丛书套书，每种出版时间不一，故不书出版时间）。
《理学丛书》，中华书局。
《子海精华编》，凤凰出版社。
《中国思想史资料丛刊》，中华书局。
《中华国学文库》，中华书局。
《大家小书》，北京出版集团/北京出版社。
《民国大师经典作品集》，商务印书馆。
《民国珍本丛刊》，团结出版社。
《传统文化专题研究丛书》，湖北教育出版社。

《海外学人丛书》,生活·读书、新知三联书店。
《清末民初文献丛刊》,朝华出版社。
郑家栋主编:《新传统主义》,中国社会科学出版社。
《中国文库·哲学社会科学类》,中国出版集团/商务印书馆。
《经典随行·中国文化丛书》,中华书局。
《中华现代学术名著丛书》,商务印书馆。
《民国大师经典作品集》,商务印书馆。
《中国学术论著精品丛刊》,中国书籍出版社。
《凤凰文库·宗教研究系列》,凤凰出版传媒集团/江苏人民出版社。
《凤凰文库·海外中国研究系列》,凤凰出版传媒集团/江苏人民出版社。
《人民文库·人文科学》,人民出版社。

(三) 历史

范文澜:《中国通史》,北京联合出版公司,2020。
张荫麟:《中国史纲》,商务印书馆,2015。
马东峰主编:《中国大历史》,北京理工大学出版社,2018。
吴雁南等:《中国经学史》,福建人民出版社,2001。
皮锡瑞:《经学历史》,朝华出版社,2018。
葛兆光:《中国思想史》,复旦大学出版社,2013。
任继愈:《中国哲学史》,人民出版社,2010。
唐庆增:《中国经济思想史》,中国出版集团/商务印书馆,2011。
吕思勉:《中国政治思想史》,中华书局,2014。
吕思勉:《中国文化史》,商务印书馆,2018。
萧公权:《中国政治思想史》,商务印书馆,2011。
许幻霖主编:《二十世纪中国思想史论》,东方出版中心,2000。
吕振羽:《中国政治思想史》,人民出版社,2008。
李泽厚:《中国思想史论》,安徽文艺出版社,1999。
侯外庐:《中国思想通史》,人民出版社,2021。
张立文主编:《中国学术通史》,人民出版社,2004。
张维清、高毅清:《中国文化史》,山东人民出版社,2002。
柳诒征:《中国文化史》,中国人民大学出版社,2012。

郭朋：《明清佛教》，福建人民出版社，1985。
汤用彤：《隋唐佛教史稿》，中华书局，1982。
傅勤家：《中国道教史》，团结出版社，2005。
汤用彤：《汉魏两晋南北朝佛教史》，中华书局，1963。
葛兆光：《再增订本中国禅思想史》，北京大学出版社，2022。
蒋维乔：《中国佛教史》，中华书局，2015。
任继愈：《中国佛教史（第一卷）》，中国社会科学出版社，1985。

（四）别集

《朱子全书》，安徽教育出版社，上海古籍出版社，2002。
《王阳明全集》，上海古籍出版社，1992。
《二程集》，中华书局，1981。
《陆九渊集》，中华书局，2012。
《船山全书》，岳麓书社，1996。
《萧天石先生著述系列》，华夏出版社，2007。
《梁漱溟全集》，山东人民出版社，1989~1993。
《钱穆作品系列》，生活·读书、新知三联书店，2002。
《饮冰室合集》，中华书局，1989。
《胡适全集》，安徽教育出版社，2019。
《陈寅恪集》，生活·读书、新知三联书店，2021。
《南怀瑾选集》，复旦大学出版社，2003。
《费孝通经典作品集》，湖南人民出版社，2022。
《十力丛书》，上海古籍出版社，2018。
《马一浮全集》，浙江古籍出版社，2013。
《张君劢作品集》，上海人民出版社，2020。
《冯友兰文集》，长春出版社，2017。
《皖籍思想家文库·方东美卷》，安徽人民出版社，2019。
《唐君毅全集》，九州出版社，2016。
《徐复观全集》，九州出版社，2014。
《牟宗三全集》，吉林出版集团有限公司，1970。
《成中英文集》，中国人民大学出版社，2017。
《杜维明作品系列》，生活·读书、新知三联书店，2013。

《余英时文集》，广西师范大学出版社，2004。
《庞朴文集》，山东大学出版社，2005。

（五）单行本

王引之：《经义述闻》，中华书局，2021。
徐复观：《中国艺术精神》，华东师范大学出版社，2001。
辜鸿铭：《中国人的精神》，海南出版社，1996。
梁漱溟：《中国文化的命运》，中信出版社，2013。
《中华思想文化术语》编委会：《中国传统文化关键词》，外语教学与研究出版社，2019。
曹聚仁：《中国学术思想史随笔》，生活·读书·新知三联书店，1986。
曹伯韩：《国学常识》，商务印书馆，2015。
李养正：《道教概说》，中华书局，1989。
陈立夫：《四书道贯》，中国友谊出版公司，2008。
余英时：《士与中国文化》，上海人民出版社，1987。
（美）列文森著，郑大华、任菁译：《儒教中国及其现代命运》，中国社会科学出版社，2000。
汤一介：《中国传统文化的特质》，上海教育出版社，2019。
季羡林：《传统文化之美》，中央党校出版集团、大有书局，2020。
张岂之主编：《中华优秀传统文化核心理念读本》，学习出版社，2014。
张岂之：《张岂之谈中华优秀传统文化》，江苏人民出版社，2019。
许倬云：《九堂中国文化课》，《许倬云作品》，广西师范大学出版社，2020。
谢承东：《中华传统思想渊源》，人民出版社，2004。
（美）孙隆基：《中国文化的深层结构》，广西师范大学出版社，2004。
庞朴：《忧乐圆融：中国人的人文精神》，上海教育出版社，2020。
郭齐勇：《中国思想的创造性转化》，上海教育出版社，2020。
韩书堂：《中国传统文化33个关键词》，人民出版社，2022。
顾作义、钟永宁：《守望中国价值：中国传统文化26讲》，南方出版传媒、广东人民出版社，2019。
徐小跃：《禅与老庄》，江苏人民出版社，2020。
陈来：《有无之境 王阳明哲学的精神》，北京大学出版社，2013。